कबीर के कुछ और आलोचक

कबीर के आलोचक-2

कबीर के कुछ और आलोचक

डॉ. धर्मवीर

वाणी प्रकाशन

वाणी प्रकाशन

4695, 21-ए, दरियागंज, नयी दिल्ली 110 002

शाखा

अशोक राजपथ, पटना 800 004

फ़ोनः +91 11 23273167 फ़ैक्स: +91 11 23275710

www.vaniprakashan.in
vaniprakashan@gmail.com
sales@vaniprakashan.in

KABIR KE KUCHH AUR AALOCHAK
by Dr. Dharamveer

ISBN : 978-81-7055-989-4

Criticism

प्रथम संस्करण 2002
आवृत्ति 2017

मूल्य : ₹ 450

सिटी प्रेस, दिल्ली-110 095 में मुद्रित

वाणी प्रकाशन का लोगो मक़बूल फ़िदा हुसेन की कूची से

बाबा साहेब डॉ. बी. आर. अम्बेडकर को
जिन्होंने भारत की संसद में खड़े हो कर
दिनांक 20 सितम्बर, 1951 को कहा था कि
ब्राह्मणों का पर्सनल कानून
'impossible for anybody to practice'[1]
है।

–धर्मवीर

---

1. Dr. Babasaheb Ambedkar : Writings and Speeches, Vol. 14, Part Two, Section IV, Dr. Ambedkar and the Hindu Code Bill, Edited by Vasant Moon, Education Department, Govt. of Maharashtra. Ist Edition 1995, p. 1162

"कबीर सही माने में इस देश के निम्न वित्त के बुनकरों और साधारण लोगों के दार्शनिक थे, जो अपने ताने-बाने और अपने घर में एकांत भाव में बैठे अपनी जिंदगी बिता रहे थे। उच्च वर्ण और वर्गों से अलग निम्न वर्ग और वर्ण आज नहीं तो कल अपना एक दर्शन विकसित करेंगे ही और जब ऐसा होगा तब उन्हें कबीर, दादू, रैदास...जैसे दार्शनिकों का आश्रय लेना ही पड़ेगा।"[1]

—ठाकुर प्रसाद सिंह

1. सर्वनाम-39, संपादक विष्णुचंद्र शर्मा, जुलाई-सितंबर, 1995, ई-11 सादतपुर, दिल्ली-110094, पृ. 12-14 पर ठाकुर प्रसाद सिंह का लेख 'आशावादी दार्शनिक—कबीर' ग्राम लोक, जुलाई 1981 से पुनर्प्रकाशित।

भूमिका

'कबीर के आलोचक' में मैंने कबीर के कई आलोचक शामिल कर लिए थे और कुछ बाकी आलोचकों को 'कबीर : नई सदी में' के तीनों खंडों में विवेचित कर लिया था। लेकिन बात वहीं तक थमी नहीं रह सकी और ऐसे बढ़ी कि अभी तक भी पूरी नहीं हुई है। वैसे, मैं मूलतः कबीर के ब्राह्मण आलोचकों को ही अपनी समीक्षा के दायरे में ले कर चलना चाहता था लेकिन मुझसे उम्मीद की गई कि मैं उन जनवादियों के बारे में भी लिखूँ जिन्होंने कबीर के बारे में अपने विचार व्यक्त किए हैं। मैंने वह काम किया तो मुझसे अगली उम्मीद यह रखी गई कि मैं कबीर साहित्य के विदेशी विद्वानों के बारे में भी अपनी राय जाहिर करूँ। यह परिक्रमा पूरी हो गई है इस कमी के साथ कि मुसलमान लेखक अब भी छूट गए हैं।

बात यह है कि मैं हिंदी साहित्य में 'जनवाद', 'आधुनिकता' और 'उत्तर-आधुनिकता' के शब्दों को महत्व नहीं देता हूँ। मेरी राय में दलित जीवन का इस बात से कुछ लेना-देना नहीं है कि आज कौन-सा दिन है। उसके लिए हफ्ते के सातों दिन, महीने के दोनों पक्ष, साल के बारह मास और सदी के सौ साल एक से चल रहे हैं। दिन में भी सुबह और शाम का अंतर न करके उसके लिए सदियाँ, सहस्राब्दियाँ बन रही हैं। इसलिए कबीर के बारे में मैं हिंदी साहित्य को ब्राह्मण साहित्य, ब्राह्मणेतर द्विज साहित्य, मुसलमान साहित्य और विदेशी साहित्य के वर्गीकरणों में रख कर देखना चाहता हूँ। बीसवीं सदी के रहस्यवाद, छायावाद, प्रगतिवाद, प्रयोगवाद, जनवाद, आधुनिकता और उत्तर-आधुनिकता के सारे वाद कबीर की भाषा में 'पंडित बाद बदै सो झूठा'[1] बन कर रह गए हैं। इन सारे वादों से दलित के बारे में कोई समझ पैदा नहीं होती। दलित के सामने इस देश में पिछले तीन हजार सालों से एक ही वाद चल रहा है 'दमनवाद' और हिंदी साहित्य इसका अपवाद नहीं है।

---

1. कबीर वाङ्मय : खंड 2 : सबद, संपादन डॉ. जयदेव सिंह और डॉ. वासुदेव सिंह, विश्वविद्यालय प्रकाशन, चौक, वाराणसी-221001, संस्करण 1998 ईस्वी, पृ. 211

अध्ययन करने से पता चलता है कि कबीर के हिंदी आलोचकों में ब्राह्मणों का ही बोलबाला है। रणनीति के हिसाब से खुद ब्राह्मणों ने अपने आप को दो मोटे भागों में बाँट लिया है—एक शास्त्रवादी और दूसरे उदारवादी। हिंदी के ब्राह्मणेतर द्विज आलोचक उदारवादी ब्राह्मणों के साथ हो लिए हैं। उनकी अपनी कोई विशिष्ट और स्वतंत्र दृष्टि विकसित नहीं हो सकी और वे ब्राह्मणों के जगदगुरुपन के नामी-गिरामी शिष्य बने हुए हैं। उधर, कबीर के विदेशी विद्वानों की एक अच्छी विशेषता यह है कि वे कबीर को उनकी दलित जुलाहे जाति से और कबीरपंथ से जोड़ कर देखते हैं। मेरी खोज है कि ब्राह्मणों ने और ब्राह्मणों के शिष्यत्व में ब्राह्मणेतर द्विज आलोचकों ने कबीर को उनकी दलित जुलाहे जाति से और कबीरपंथ से काट कर अपने वैदिक घर के बाहर पिंजड़े में सगुण का रामनाम जपने वाला परकैंच तोताराम बना दिया है। यूँ, मेरे द्वारा अब तक के किए गए कबीर के अध्ययन के निम्न तीन परिणाम निकलते हैं :

1. यह नहीं माना जा सकता कि कबीर को ले कर ब्राह्मणों के चिंतन में कोई सुधार या बदलाव संभव है क्योंकि उनकी दृष्टि पिछले तीन हजार सालों से पूरी, परिपक्व और एक सी है।
2. ब्राह्मणेतर द्विज आलोचक ब्राह्मणों के शिष्यत्व से बाहर आ सकते हैं। वे अपनी बौद्ध, जैन और सिक्ख परंपराओं से जान-पहचान बढ़ाएँ तो उनकी स्वतन्त्र पहचान बन सकती है।
3. विदेशी विद्वान कबीर को सामाजिक संदर्भ देने के अपने शोध-कार्य में जुटे हुए ही हैं।

अंत में, इतना ही कहना है कि मेरा किसी से कोई बैर-भाव नहीं है। उत्तर वैसे ही दिए गए हैं जैसे प्रश्न उभरे थे। कहीं-कहीं शैली भी वैसी ही बन पड़ी है जैसी शैली में वे प्रश्न खड़े किए गए थे। बिना किसी से गिले-शिकवे किए मैं यह मान रहा हूँ कि मैं सटीक, प्रामाणिक और साहित्यिक उत्तर दे रहा हूँ। इधर, डॉ. पुरुषोत्तम अग्रवाल ने मुझ पर और कबीर पर मेरी पुस्तकों के बारे में पत्रों और पत्रिकाओं में कई लेख लिखे हैं। मैं उन सबका जवाब अलग से दे रहा हूँ।

मुझे खुशी है कि मेरे पाठक बहुत हैं और उनकी संख्या लगातार बढ़ रही है। उन्हें सूचना दे रहा हूँ कि नेति-नेति के इस काम के बाद अब मैं कबीर को लेकर एति-एति के काम पर आ रहा हूँ जिस में मुझे किसी की कोई आलोचना नहीं करनी पड़ेगी।

जनवरी, 2002 —**धर्मवीर**

तिरुवनंतपुरम, केरल

अनुक्रम

तीसरा भाग–विदेशी विद्वान

पहला भाग

भाषा की आतिशबाजी

अध्याय-1

कबीर : महर्षि दयानंद सरस्वती की सारस्वत भाषा

कबीर के विमर्श में अब सबसे ज्यादा महत्वपूर्ण और चर्चित बात भाषा के प्रयोग की हो गई है। पहले यह बहस का मुद्दा नहीं था लेकिन अब इसी बात को ले कर द्विज-लेखकों के सारे धनुष-बाण मेरी ओर तन गए हैं। ऐसा लगता है मानो बावले गाँव में ऊँट आ बड़ा हो। इस बात से परेशानी नहीं कि विद्वान लोग ऐसा व्यवहार क्यों कर रहे हैं लेकिन तनिक जान लिया जाए कि द्विजों ने कबीर के बारे में किस भाषा का प्रयोग किया है। इसमें पिछली शताब्दी के महर्षि दयानंद सरस्वती के 'सत्यार्थ प्रकाश' में कबीर के बारे में प्रयुक्त किए गए सुभाषितों को पढ़ा जा सकता है।

'सरस्वती' नामधारी महर्षि दयानंद की लेखनी से कैसी भाषा निकल रही है? शब्द उद्‌धृत किए जा सकते हैं–"जब वह (कबीर) बड़ा हुआ तब जुलाहे का काम करता था। किसी पंडित के पास संस्कृत पढ़ने के लिए गया। उसने उसका अपमान किया। कहा कि हम जुलाहे को नहीं पढ़ाते। इसी प्रकार कई पंडितों के पास फिरा परंतु किसी ने न पढ़ाया। तब ऊटपटांग भाषा बना कर जुलाहे आदि नीच लोगों को समझाने लगा। तंबूरे लेकर गाता था; भजन बनाता था। विशेष पंडित, शास्त्र, वेदों की निंदा किया करता था। कुछ मूर्ख लोग उसके जाल में फँस गए। जब मर गया तब लोगों ने उसको सिद्ध बना लिया।"[1] भाषा के इस प्रयोग में ऐसा माना गया है मानो कबीर किसी सम्मान के लायक न हों। इतना भी ध्यान नहीं रखा गया कि कबीर हिंदुस्तान और संसार के महान पुरुषों में गिने जाने वाले व्यक्ति हैं। कुछ भी न हो, कबीर दयानंद के देश के पूर्वज जरूर थे। विरोध करने की मनाही नहीं है लेकिन भाषा का संयम–उसके बारे में क्या कहा जाए?

महर्षि दयानंद सरस्वती की भाषा का बचाव किया जा सकता है कि उनकी मातृभाषा हिंदी नहीं थी–अर्थात वे हिंदी का मिजाज नहीं जानते थे। लेकिन मातृभाषा न होने पर भी वे हिंदी का इतना स्वभाव जरूर जानते थे। 'प्रश्न' में अच्छी हिंदी भाषा का प्रयोग किया गया है जो स्वयं उनका है। यह इस प्रकार है–"कबीर साहब

फूलों से उत्पन्न हुए और अंत में भी फूल हो गए। ब्रह्मा, विष्णु, महादेव का जन्म जब नहीं था तब भी कबीर साहब थे। बड़े सिद्ध; ऐसे कि जिस बात को वेद, पुराण भी नहीं जान सकता उसको कबीर जानते हैं।''[2] यहाँ कबीर को सम्मानीय और बहुमानसूचक के रूप में जाना गया है। कबीर 'कबीर साहब' हैं और बहुवचन के रूप में उच्चरित हैं। लेकिन यह संबोधन प्रश्न तक सीमित है।

'उत्तर' में कबीर खुद नीच और मूर्ख हो जाते हैं। महर्षि दयानंद सरस्वती कबीर के बारे में अपना अंतिम वाक्य लिखते हैं—''यह केवल लड़कों के खेल के समान लीला है।''[3] वे कबीर को 'लड़का' कह रहे हैं! हिंदी के सारे विद्वान मिल कर बताएँ कि यह कबीर के बारे में कितनी सभ्य और साहित्यिक भाषा का प्रयोग है। आखिर, द्विजों के इन सरस्वती-पुत्रों से आचार-विचार का क्या सीखा जाए? यह आँख के अंधे और नाम नयनसुख वाली बात ही हुई।

क्या महर्षि दयानंद सरस्वती ने अन्य निर्गुणी संतों के साथ भी इसी भाषा का प्रयोग किया है? कबीर के प्रशंसक नानक के बारे में उन्होंने दूसरी भाषा का प्रयोग किया है। इसके कुछ उदाहरण दिए जा सकते हैं :

1. नानक जी का आशय तो अच्छा था परंतु विद्या कुछ भी नहीं थी।[4]
2. क्या ... नानक जी आदि अपने को अमर समझते थे।[5]
3. ... जो नानक जी वेदों का ही मान करते तो उनका संप्रदाय न चलता... ।[6]
4. यह सच है कि जिस समय नानक जी पंजाब में हुए थे उस समय पंजाब संस्कृत विद्या से सर्वथा रहित मुसलमानों से पीड़ित था।[7]
5. नानक जी के सामने कुछ उनका संप्रदाय वा बहुत से शिष्य नहीं हुए थे।[8]
6. इसमें इनके चेलों का दोष है, नानक जी का नहीं।[9]
7. नहीं जो नानक जी ने कुछ भक्ति विशेष ईश्वर की लिखी थी उसे करते आते तो अच्छा था।[10]

महर्षि दयानंद सरस्वती ने नानक की परंपरा में गुरु गोविंद सिंह को भी इसी संबोधन से संबोधित किया है। इसके भी उदाहरण दिए जा सकते हैं :

1. अर्थात् इनका गुरु गोविंद सिंह जी दशमा हुआ।[11]
2. इनमें गोविंद सिंह जी शूरवीर हुए।[12]
3. इसीलिए यह रीति गोविंद सिंह जी ने अपनी बुद्धिमत्ता से उस समय के लिए की थी।[13]

यह अच्छा हुआ कि महर्षि दयानंद सरस्वती ने नानक और गुरु गोविंद सिंह के नामों के साथ आदर सूचक 'जी' शब्द का प्रयोग किया है। इससे यह पता चलता

है कि वे हिंदी में 'जी' शब्द के अर्थ को भलीभाँति जानते थे और उसका प्रयोग भी करते थे। फिर ऐसा क्यों हुआ कि 'कबीर' के साथ उन्होंने इस शब्द का प्रयोग नहीं किया? जहाँ तक वेद की बात है तो कबीर की तरह ही उनकी प्रशंसा नानक ने भी नहीं की है। स्वयं महर्षि दयानंद सरस्वती ने अपने 'सत्यार्थ प्रकाश' में नानक के इन शब्दों को उद्धृत किया है :

वेद पढ़त ब्रह्मा मरे चारों वेद कहानि।
संत कि महिमा वेद न जी।।
ब्रह्मज्ञानी आप परमेश्वर।[14]

मैंने अपनी पी-एच.डी. के लिए शोधकार्य किया था। वह वाइवा का दिन था। मेरे शोध-कार्य की भाषा के बारे में मेरे परीक्षकों ने अपने नोट बना रखे थे। उन्होंने मुझे बताया कि 'शंकर कहता है', 'बुद्ध कहता है', 'गाँधी कहता है' जैसे प्रयोग हिंदी भाषा की दृष्टि से उचित नहीं हैं। उन्होंने मुझे समझाया कि 'शंकर कहते हैं', 'बुद्ध कहते हैं', 'गाँधी कहते हैं' प्रयोग ही किए जाने चाहिए। उन्होंने मुझे सलाह दी कि पुस्तक के छपते समय इस बात का ख्याल रखा जाए। मैंने उनकी बात मान ली कि पुस्तक को छपवाते समय भाषा बदल दूँगा। मैंने उन्हें यह भी बताया कि मैंने 'शंकर कहता है' आदि क्यों लिखा था। मेरे स्पष्टीकरण से वे पूरी तरह सहमत थे। लेकिन अब राममूर्ति त्रिपाठी के बारे में क्या कहा जाए जो सन् 2001 के अपने लेख 'कबीर और विपक्षी मुद्दे' में लिखते हैं—''सात्वतवंशियों के पुरोहित मधुबन में तरोरत शांडिल्य इसके आचार्य हैं इसे नारदी भक्ति भी कहा जाता है। कबीर कहता है— ''भगति नारदी मगन सरीरा। इहि विधि भव तरि कहै कबीरा।''[15]

माना जा सकता था कि शायद राममूर्ति त्रिपाठी से भूल हो गई होगी या यह मुद्रण की त्रुटि छूट गई होगी, लेकिन वे अपने इस लघुलेख में आगे भी ऐसा ही लिखते हैं—''जो कबीर, ब्रह्मा, विष्णु, महेश को भी कुछ नहीं समझता—उसे दलित चेतना की ग्रंथि है?''[16] क्या इन्हें समझाने वाले आज तक ऐसे कोई परीक्षक नहीं मिले कि 'कबीर कहते हैं,' और 'जो कबीर ब्रह्मा, विष्णु, महेश को भी कुछ नहीं समझते' लिखा जाना चाहिए? कैसा लगेगा जब कोई दलित चिंतक लिखेगा—'तुलसी कहता है', 'सूर कहता है', 'रामचंद्र शुक्ल कहता है', 'हजारी प्रसाद द्विवेदी कहता है' और 'राममूर्ति त्रिपाठी...'?

द्विज लेखकों की भाषा बिलकुल बिगड़ चुकी है। वे भाषा और साहित्य के रखेरे बनते हैं लेकिन उनमें साहित्यिकता नाम की कोई चीज़ बाकी नहीं रह गई है। राममूर्ति त्रिपाठी अपने इसी लेख में कबीर के दर्शन में भौतिकवाद देखने वालों का विरोध करते हुए लिखते हैं—''आध्यात्मवादी अन्यायी शहजोर और सदाचारी कमजोर में कमजोर के लिए पक्ष का समर्थन करता है। इसमें भौतिकवाद को घुसेड़ने की

क्या पड़ी है?''[17] जाने 'घुसेड़ने' शब्द का प्रयोग यहाँ किसको साहित्यिक और अच्छा लगेगा?

डॉ. वासुदेव सिंह ने भी अपने लेख 'भारतीय चिन्तन और कबीर' में भाषा के इस प्रश्न को उठाया है। वे मेरे विरोध में लिखते हैं—''...भाषा अत्यंत कटु हो गई है और विचार असंतुलित हो गए हैं। वस्तुतः शालीनता समीक्षा का अनिवार्य गुण है जिसका यहाँ सर्वथा अभाव दिखाई पड़ता है।''[18] आरोप लगाने की इस परबी पर डॉ. पुरुषोत्तम अग्रवाल भी गंगा में गोते लगाने नहीं भूलते। वे भी इस पक्ष को ले कर मेरे खिलाफ अपना हाथ साफ करते हैं। वे लिखते हैं—''धर्मवीर इसीलिए आचार्य द्विवेदी पर चौतरफा हमला बोलते हैं। शालीन-अशालीन का विवेक सजग रूप से त्यागते हुए।''[19] ये वे ही डॉ. पुरुषोत्तम अग्रवाल हैं जो मेरे खिलाफ लिख चुके हैं—''हर ब्राह्मण ब्राह्मणवादी ही है—ऐसा मानना अमिश्रित मूर्खता के अलावा कुछ नहीं...।''[20]

साहित्य में भद्र भाषा के प्रयोग का मुद्दा अब हिंदी में सर्वत्र उठ गया है। कुमार पंकज, राम स्वरूप चतुर्वेदी के पक्ष में डॉ. नामवर सिंह का विरोध करते हुए अपने लेख, '' 'यहाँ से कबीर को देखिए' बनाम 'कबीर को भगवा ?' '' में लिखते हैं—''नामवर जी को सर्वाधिक आपत्ति है 'तातैं हिंदू रहिए' की चतुर्वेदी जी की व्याख्या से। उनके अनुसार चतुर्वेदी जी ने अर्थ का अनर्थ कर दिया है थोड़ी देर के लिए मान लिया जाए कि चतुर्वेदी जी की व्याख्या गलत है तो क्या उनकी भर्त्सना के लिए जिस भाषा का इस्तेमाल नामवर जी ने किया है, वह श्लाघनीय है?''[21] एक उदाहरण देते हुए कुमार पंकज पूछते हैं—''क्या नामवर जी ऐसी ही गलतियों के लिए उसी भाषा का प्रयोग अपने गुरु के लिए करेंगे, जो उन्होंने चतुर्वेदी जी के लिए की है?''[22] जगद्‌गुरु बनवाने की कैसी ख्वाहिश है कि सोच का वारापार नहीं है ! खुद ही समझ रहे हैं कि 'उम्र के इस पड़ाव पर नामवर जी अब क्या 'खाक मुसलमाँ' होंगे।'[23] लेकिन खुद ही अपेक्षा रख रहे हैं कि डा. नामवर सिंह रामस्वरूप चतुर्वेदी को अपना गुरु माने। हे भगवान, लेखक न हो गए, साहित्य के हर चौराहे पर ये घमंड के बुत खड़े हो गए हैं!

पता चला है कि डा. नामवर सिंह के 75वें जन्म दिवस के अवसर पर नई दिल्ली में बोलते हुए डॉ. पुरुषोत्तम अग्रवाल ने आपत्ति उठाई थी कि डॉ. धर्मवीर ने अपनी पुस्तक में कैसी भाषा का प्रयोग किया है। उन्होंने मेरे शब्द उद्धृत किए थे—''कबीर के गुरु मक्खी और मच्छर हो सकते थे, कबीर के गुरु कुत्ते और बिल्ली हो सकते थे लेकिन रामानंद ब्राह्मण उनके गुरु कभी नहीं हो सकते थे।''[24] लेकिन सच्चाई यह है कि दलित चिंतक रामानंद को अपनी तरफ से कुछ नहीं कहने जा रहा है—यह काम उल्टे द्विज विद्वानों ने किया है कि रामानंद को कबीर का गुरु कहा है। यदि द्विज विद्वान यह कहना छोड़ दें कि रामानंद कबीर के गुरु थे तो दलित

चिंतक इस मुद्दे को बिलकुल नहीं उठाएँगे। तब उन्हें यह कहने की जरूरत नहीं पड़ेगी कि कबीर के गुरु रामानंद नहीं थे। झगड़ा खुद द्विज विद्वानों द्वारा उठाया जाता है लेकिन जब दलितों की तरफ से उसका माकूल खण्डन सामने आता है तो तब उन्हें बुरा लगने लगता है। इन्होंने लड़ाई गलत शुरू कर रखी है। इनके कुरुक्षेत्र के नियम ही गलत हैं। कबीर को नाले का पानी कह दिया और रामानंद को गंगाजल बता दिया।[25] इनके यहाँ रामानंद ब्राह्मण हैं और कबीर कमीनी जाति के 'बन्दे' हैं।[26] कबीर कीट हैं और रामानंद भ्रमरी हैं![27] जरूरत यह है कि डॉ. पुरुषोत्तम अग्रवाल उस भाषा को खोज कर लाएँ जिसमें इन कथनों का सटीक प्रत्युत्तर दिया जा सके। आखिर, डॉ. हजारी प्रसाद द्विवेदी परंपराओं, प्रसिद्धियों और किंवदंतियों को आधार बना कर क्यों कहते हैं कि कबीर के गुरु रामानंद थे? उनमें ताकत है तो इतिहास के आधार पर सिद्ध करके बेझिझक कहें कि कबीर के गुरु रामानंद थे। जो कौम तीन हजार साल के पुराने अपने वेदों को बिना मात्रा और वर्ण बढ़ाए या घटाए कंठस्थ रखती है वह कौम कुल पाँच सौ वर्षों के पहले कबीर के समय को परंपरा, प्रसिद्धि और किंवदंती के अंधेरे में क्यों झोंक देती है?

कोई तरीका निकाला जाए कि झूठ पर रोक लगे—साहित्य में भी। झूठ ने आज तक कला से लेकर साहित्य तक में किसी का भला नहीं किया है। आखिर, द्विजों का या किसी का भी साहित्य सच पर आधारित क्यों नहीं हो सकता? इसमें बुराई क्या है? समीक्षा में साहित्य की प्रशंसा की जानी होती है, झूठ की नहीं। झूठ को साहित्य से अलग निकाल कर साहित्य की रक्षा की जानी चाहिए। इसलिए, दलित चिंतन साहित्य और कला के खिलाफ नहीं है बल्कि इनमें छिपे झूठ के खिलाफ है। झूठ को साहित्य और कला का लबादा कैसे ओढ़ने दिया जाएगा? साहित्य और कला जीवन की ऊँची चीजें हैं जबकि झूठ इन्हें नीचे गिराता है। दुर्भाग्य से, द्विज लेखकों ने साहित्य को झूठ बोलने का परिरक्षित क्षेत्र बना दिया है। कबीर से ले कर आज तक दलित साहित्य झूठ के इस किले को सच की तोपों से तोड़ने में लगा हुआ है। आश्चर्य की बात है कि द्विज लेखकों को यह बात समझनी मुश्किल हो रही है कि साहित्य में सच भी लिखा जा सकता है।

बहस फिर उसी जगह लाई जाए कि महर्षि दयानंद सरस्वती अपने ग्रंथ 'सत्यार्थ प्रकाश' में अन्यत्र लिखते हैं—''अब दूसरी इनकी शाखा 'खेड़ाया' ग्राम मारवाड़ देश से चली है। उसका इतिहास—एक राम दास नामक जाति का ढेढ़ बड़ा चालाक था। उसकी दो स्त्रियाँ थीं। वह प्रथम बहुत दिन तक औंधा हो कर कुत्तों के साथ खाता रहा। पीछे वामी कूण्डापंथी। पीछे 'रामदेव' का कामड़िया बना। अपनी दोनों स्त्रियों के साथ गाता था। ऐसे घूमता-घूमता 'सीथल' में ढेढ़ों का गुरु 'रामदास' था; उससे मिला।''[28] शब्द 'कामड़िया' की टिप्पणी भाग में व्याख्या की गई है—''राजपूताने में 'चमार' लोग भगवे वस्त्र रंग कर 'रामदेव' आदि के गीत, जिनको वे 'शब्द' कहते

हैं, चमारों और अन्य जातियों को सुनाते हैं। वे 'कामड़िये' कहलाते हैं।''[29] पूछा जाए कि क्या यह अपने विरोधियों के बारे में बहुत अच्छी भाषा का प्रयोग है। क्या यहाँ भाषा के फूल बरस रहे हैं? ऐसी भाषा के प्रयोग से क्या खुद 'सत्यार्थ प्रकाश' की गरिमा नीचे नहीं गिरती? लेकिन जड़ क्या है? इन लोगों के बारे में ऐसी भाषा का प्रयोग वे क्यों कर रहे हैं? उत्तर इस जानने में है कि महर्षि दयानंद सरस्वती ने इस मत के लोगों की दूसरी कमियाँ गिनाई हैं–''इन सब में ऊपर के रामचरण के वचनों के प्रमाण से चेला करके ऊँच नीच का कुछ भेद नहीं। ब्राह्मण से अन्त्यज पर्यंत इन में चेले बनते हैं। ...वर्णाश्रम को नहीं मानते। जो ब्राह्मण रामस्नेही न हो तो उसको नीच और चाण्डाल रामस्नेही हो तो उसको उत्तम जानते हैं।''[30] इनके हिसाब से यही मूल बुराई है। यहीं बाबा साहेब डॉ. अंबेडकर वाले संविधान का कुरुक्षेत्र चल रहा है कि सारे मनुष्य समान हैं। द्विजों को यह बात समझने में जाने कितने हजार वर्ष लगेंगे? समानता की बात सामने आते ही उनकी भाषा बिगड़ जाती है। तब उनका हर संयम बर्बाद और उन के हर संतुलन का खूना हो जाता है। समाधि में विघ्न पैदा हो जाते हैं।

संदर्भ

1. सत्यार्थ प्रकाश, महर्षि दयानंद सरस्वती, आर्ष साहित्य प्रचार ट्रस्ट, 455, खारी बावली, दिल्ली-110006, 28वाँ संस्करण, अक्टूबर 1982, पृ. 257
2. वही, पृ. 257, 3. वही, पृ. 257, 4. वही, पृ. 258, 5. वही, पृ. 258, 6. वही, पृ. 258,
7. वही, पृ. 258, 8. वही, पृ. 258, 9. वही, पृ. 258, 10. वही, पृ. 258, 11. वही, पृ. 259
12. वही, पृ. 259, 13. वही, पृ. 259, 14. वही, पृ. 258
15. कबीर और विपक्षी मुद्दे, राममूर्ति त्रिपाठी, अक्षरा, सितंबर से अक्टूबर, 2001, मध्य प्रदेश राष्ट्र भाषा प्रचार समिति, हिंदी भवन, भोपाल, पृष्ठ-66
16. वही, पृ. 67, 17. वही, पृ. 67
18. भारतीय चिंतन और कबीर, वासुदेव सिंह, परिचय-2, अप्रैल 2001, बड़ा महादेव कालोनी, पीर नगर, गाजीपुर-233001, पृ. 24-5
19. 'जात ही पूछो साधु की...' अस्मितावादी अतिचार के सामने कबीर की कविता, पुरुषोत्तम अग्रवाल, बहुवचन-6, महात्मा गाँधी अन्तरराष्ट्रीय हिंदी विश्वविद्यालय, 16, दूसरी मंजिल, सीरी फोर्ट रोड, नई दिल्ली-110049, पृ. 319
20. कबीर और रामानंद : क्या बताती हैं किंवदंतियाँ, पुरुषोत्तम अग्रवाल, बहुवचन-3, अप्रैल-मई-जून 2000, महात्मा गाँधी अंतरराष्ट्रीय हिंदी विश्वविद्यालय, 16 दूसरी मंजिल, सीरी फोर्ट रोड, नई दिल्ली-110049, पृ. 180
21. 'यहाँ से कबीर को देखिए' बनाम 'कबीर को भगवा ?', कुमार पंकज, अक्षरा, सितंबर से अक्टूबर 2001, मध्य प्रदेश राष्ट्र भाषा प्रचार समिति, हिंदी भवन, भोपाल, पृ. 68
22. वही, पृ. 69, 23. वही, पृ. 71
24. कबीर के आलोचक, डॉ. धर्मवीर, 21 ए, दरियागंज, नई दिल्ली-110002, द्वितीय आवृत्ति 1998, पृ. 96

25. कबीर : कबीर के व्यक्तित्व, साहित्य और दार्शनिक विचारों की आलोचना, डॉ. हजारी प्रसाद द्विवेदी, हिंदी ग्रंथ रत्नाकर कार्यालय, बम्बई-4, तृतीय परिवर्द्धित संस्करण, जुलाई, 1950, पृ. 141
26. वही, पृ. 152, 27. वही, पृ. 152
28. सत्यार्थ प्रकाश, महर्षि दयानंद सरस्वती, आर्ष साहित्य प्रचार ट्रस्ट, 455, खारी बावली, दिल्ली-110006, 28वाँ संस्करण, अक्टूबर 1982, पृ. 261
29. वही, पृ. 261, 30. वही, पृ. 261

अध्याय-2

कबीर को हरामजादा कहने की गाली

महर्षि दयानंद सरस्वती ने अपने 'सत्यार्थ प्रकाश' में कबीर के जन्म के बारे में लिखा है—"यहाँ जो बात सुनी जाती है वही सच्ची होगी कि कोई जुलाहा काशी में रहता था। उसके लड़के बालक नहीं थे। एक सभय थोड़ी-सी रात्रि थी। एक गली में चला जाता था तो देखा सड़क के किनारे में एक टोकनी में फूलों के बीच में उसी रात का जन्मा बालक था। वह उसको उठा ले गया; अपनी स्त्री को दिया; उसने पालन किया। जब वह बड़ा हुआ तब जुलाहे का काम करता था।"[1] यह बात महर्षि दयानंद सरस्वती ने 19वीं सदी की आखिरी चौथाई अर्थात् सन् 1875 में मान्य की थी। सन् 1941 में डॉ. हजारी प्रसाद द्विवेदी ने अपनी 'कबीर' नामक किताब में इस मान्यता का विशदीकरण करते हुए लिखा था—"प्रसिद्ध यह है कि ये (कबीर) किसी विधवा ब्राह्मणी के पुत्र थे। माता ने सामाजिक भय से काशी के लहरतारा तालाब के पास इन्हें फेंक दिया था, वहीं नीरू और नीमा नामक जुलाहा दम्पति ने उन्हें प्राप्त किया और पाल पोस कर बड़ा किया।"[2]

बताइए, कबीर को यह कितनी बड़ी गाली दी गई है कि कबीर हरामजादा था। क्या इन शब्दों में 'हरामजादा', 'हरामजादा', 'हरामजादा' की गालियाँ हिंदी के विद्वानों के कानों में नहीं पड़ रही हैं? यह ब्राह्मण विद्वानों का कौन सा सलीका है जो वे उन्हें चुनौती देने वाले कबीर को 'हरामजादा' कहते हैं? और इधर, डॉ. पुरुषोत्तम अग्रवाल हिंदी साहित्य के कैसे समीक्षक विद्वान हैं जिनका आज तक इस 'हरामजादे' की गाली पर ध्यान नहीं गया? एक महर्षि दयानंद सरस्वती और दूसरे डॉ. हजारी प्रसाद द्विवेदी की बात नहीं, द्विजों के सारे साहित्यकार कबीर को एक स्वर से 'हरामजादा' कह कर संबोधित कर रहे हैं। कबीर पर अगली कोई बात बाद में कही जाती है, पहले उन्हें 'हरामजादा' कह दिया जाता है। उनका जन्म ही एक 'हरामजादे' का बता दिया जाता है। आखिर, यह लड़ाई का कौन-सा तरीका है जो साहित्यिक भी माना जा रहा है?

बात साहित्य तक ही सीमित रखी जाए कि डॉ. हजारी प्रसाद द्विवेदी ने इस बारे में यह लिखा है कि 'प्रसिद्ध यह है कि ये किसी विधवा ब्राह्मणी के पुत्र थे।' यदि डा. हजारी प्रसाद द्विवेदी एक जिम्मेदार साहित्यकार होते तो उन्हें ऐसा कदापि नहीं लिखना चाहिए था। ऐसी प्रसिद्धियों और किंवदंतियों को सच्चे साहित्यकारों द्वारा काट-फेंक दिया जाता है। इसलिए, उन्हें इस प्रसिद्धि की या तो तह तक जा कर इसे सिद्ध या असिद्ध करना चाहिए था, नहीं तो इस मामले का जिक्र नहीं करना चाहिए था। यह दूसरों के धार्मिक विश्वास का मामला है। उन्हें कल्पना करनी चाहिए थी कि मुझ जैसे व्यक्ति पर कितना जोर पड़ेगा कि जिसे मैं अपना मसीहा और महानतम मानता हूँ, वह डॉ. हजारी प्रसाद द्विवेदी की दृष्टि में हरामजादा और हराम की औलाद है। मेरे मसीहा को हरामजादा तब कहा जाए जब वह ऐसा हो। ताकत तो यह होती है कि यदि कबीर ऐसी औलाद होते तो भी किसी को उनके बारे में ऐसे अपशब्द नहीं कहने दिए जाते लेकिन द्विज विद्वानों की कलम का तहजीब से छत्तीस का नाता है। इन्हें साहित्य के क्षेत्र में कौन सभ्य बना सकता है कि ये अपनी प्रसिद्धियों और किंवदंतियों में झूम कर हमारे कबीर को हरामजादा कहते हैं ?

ब्राह्मणों द्वारा कबीर को गालियाँ देने में क्या बचा रह गया था? उन्हें अनपढ़ और अक्खड़ घोषित कर रखा था। उन्हें नाले का पानी, कमीनी जाति का और कीड़ा-मकौड़ा मान रखा था। उन्हें छुआ नहीं जा सकता था, वे अछूत थे। तब भी यदि उनमें मान-सम्मान की कोई जगह बचती थी तो अंत में उन्हें हराम की औलाद कह दिया। इसमें उनके साथ क्या बुरा नहीं हुआ? यूँ, द्विजों की परंपराओं, प्रसिद्धियों और किंवदंतियों ने उन्हें अछूतों में भी किसी लायक नहीं छोड़ा था। पुनः कहा जाए कि किसी भी समाज में किसी व्यक्ति को दी जाने वाली सबसे बड़ी गाली उसे हरामजादा कहने की होती है। किसी भाषा के भीतर इससे बड़ी गाली अभी तक दूसरी नहीं खोजी गई। लेकिन यदि कोई व्यक्ति इसे साहित्यिक भाषा में प्रयोग करने लगे तो उसे क्या कहा जाएगा? कई सभ्यताएँ उन्हें असभ्य ही कहेंगी।

डॉ. हजारी प्रसाद द्विवेदी ने लिख दिया है कि—"प्रसिद्ध यह है कि ये किसी विधवा ब्राह्मणी के पुत्र थे।"[3] लेकिन यदि प्रसिद्ध यह है तो अफवाह क्या है? क्या डॉ. द्विवेदी ने इस खोजबीन को अपने लेखन का विषय बनाया है? वे इस प्रसिद्धि का जिक्र करके आराम से आगे क्यों बढ़ जाते हैं? यहाँ उन्हें रुक कर गंभीरता से सोच-विचार करना चाहिए था। क्या उन्हें मालूम है कि वे क्या कह कर चल दिए हैं? उन्हें और उनके प्रशंसकों को भारत की सुप्रीम कोर्ट के शब्द याद दिलाए जा सकते हैं जो उसने अपने 'गौतम कुन्दू बनाम पश्चिम बंगाल राज्य' वाले मामले में लिखे हैं। सुप्रीम कोर्ट ने अपने निर्णय में लिखा है—"भारत में धर्मजत्व की प्रास्थिति को विधि ने विशेष संरक्षण प्रदान किया है। भारत में इस प्रकार के साक्ष्य के संबंध में विधि बहुत कठोर है जो किसी संतान के धर्मजत्व की उपधारणा का खंडन करने

के लिए दिया जा सकता है।"[4] सुप्रीम कोर्ट आगे लिखती है–"किसी के माथे पर लगा अधर्मजता का लांछन बहुत कठोर होता है।"[5] एक तरफ इतनी कठोर विधि है कि सुप्रीम कोर्ट कानून की व्याख्या करते हुए पितृत्व सिद्ध करने के लिए, रक्त परीक्षण की अनुमति न देती हुई लिखती है–"...संतान की प्रास्थिति को यों चुटकियों में न उड़ाए जाने के अनेक कारण हैं।"[6] लेकिन दूसरी तरफ यहाँ साहित्य में क्या हो रहा है? यहाँ कबीर जैसे महापुरुष के पितृत्व और मातृत्व दोनों को प्रसिद्धियों की चुटकियों में उड़ाया जा रहा है। साहित्यकारों को सबसे ज्यादा सभ्य होना चाहिए था। ये दूसरों को तहजीब सिखाने का दावा करते हैं पर ये खुद तहजीब कब सीखेंगे?

क्या साहित्य-समीक्षा में किसी जाँच-पड़ताल की जरूरत नहीं पड़ती? यदि साहित्यकारों ने अपना समीक्षाशास्त्र मजबूत आधारों पर खड़ा नहीं किया है तो ऐसे समय में वे दर्शनशास्त्र और साक्ष्यशास्त्र का सहारा ले सकते हैं। दर्शनशास्त्र का उद्देश्य यह है कि असत्य को सत्य से अलग हटाया जाए और साक्ष्यशास्त्र का लक्ष्य यह है कि अफवाहों को सच्चाइयों से दूर किया जाए। पर क्या हिंदी समीक्षाशास्त्र का लक्ष्य केवल यह है कि कैसे झूठ और अफवाह को सत्य बना कर पेश किया जाए? साहित्य का समीक्षाशास्त्र दर्शन का तर्कशास्त्र और कानून का साक्ष्यशास्त्र नहीं होता लेकिन वह इनका विरोधी भी तो नहीं हो सकता। ऐसा कैसे हो जाएगा कि जबकि दर्शन का तर्कशास्त्र असत्य को सत्य से और कानून का साक्ष्यशास्त्र अफवाह को सच से अलग करने में लगे हों तब साहित्य का समीक्षाशास्त्र इन सारी प्राप्तियों को उलटा करने में लग जाएगा?

ऐसी स्थिति में, डॉ. मोहन कृष्ण वोहरा द्वारा लगाए गए मुझ पर अभद्र भाषा के आरोप को मैं कैसे करके लूँ? एक छोटे से लेख में उन्होंने मुझ पर इस आरोप की झड़ी लगा दी है। वे लिखते हैं–"इस निरूपण (कबीर पर धर्मवीर की तीन पुस्तकों) के अंतर्विरोध और अभद्र भाषा व्यवहार विस्मित और चिंतित करने वाले हैं।"[7] वे पुनः लिखते हैं–"उन (धर्मवीर) की ये पुस्तकें उसी तिलमिलाहट की अभद्र अभिव्यक्ति हैं।"[8] डॉ. वोहरा आगे पूछते हैं–"वे (धर्मवीर) उन (डॉ. हजारी प्रसाद द्विवेदी) से असहमत हो सकते हैं। लेकिन असहमति में अभद्रता क्यों?"[9] बताइए, बिना प्रमाणों के कबीर को हराम की औलाद कहने वाले लोग भद्र होने का दावा कर रहे हैं! शायद गालिब ने ऐसे लोगों से ही पूछा होगा :

> हर एक बात पे कहते हो तुम, कि तू क्या है।
> तुम्हीं कहो कि ये अन्दाज-ए-गुफ़्तगू क्या है?[10]

संदर्भ

1. सत्यार्थ प्रकाश, महर्षि दयानंद सरस्वती, आर्ष साहित्य प्रचार ट्रस्ट, 455 खारी बावली, दिल्ली-6, 28वाँ संस्करण, अक्टूबर, 1982, पृ. 257
2. हजारी प्रसाद द्विवेदी ग्रंथावली, खंड-3, राजकमल प्रकाशन प्राइवेट लिमिटेड, 8, नेताजी सुभाष मार्ग, नई दिल्ली-110002, प्रथम संस्करण, अगस्त 1981, पृ. 323
3. वही पृ. 323
4. गौतम कुन्दू बनाम पश्चिमी बंगाल राज्य और एक अन्य : (1994) 3 उम. नि. प. : 149
5. वही, पृ. 150
6. वही, पृ. 150
7. ऐसे तो नहीं कबीर, मोहन कृष्ण वोहरा, जनसत्ता, दिल्ली, 8 अप्रैल, 2001
8. वही, 8 अप्रैल, 2001
9. वही, 8 अप्रैल, 2001
10. गालिब : व्यक्तित्व और कृतित्व, लेखक नूर नबी अब्बासी और डॉ. नुरुल हसन नक़वी, प्रकाशक, शब्दकार, 2203, गली डकौतान, तुर्कमान गेट, दिल्ली-110006, प्रथम संस्करण, अगस्त 1969, पृ. 213

दूसरा भाग

साहित्यिक विद्वान

अध्याय-3

डॉ. रामस्वरूप चतुर्वेदी : तातैं ब्राह्मण रहिए!

कबीर को ले कर हिंदी साहित्य के विद्वान बड़ी मौज में थे। सन् 1941 में डॉ. हजारी प्रसाद द्विवेदी की पुस्तक 'कबीर' के आने के बाद वे एक तरह से चैन की नींद सो रहे थे। इस पुस्तक में उन्हें बड़ी सुहावनी लोरी दी गई थी। उन्हें बताया गया था कि ब्राह्मणो, अब फिक्र करने की कोई जरूरत नहीं है, आराम से सोते रहो, मैंने कबीर को वैष्णव सिद्ध कर दिया है, उन्हें दलित खेमे की क्रांति से बाहर निकाल लिया है और पुनर्जन्म में विश्वास करने वाला बता दिया है। लेकिन सन् 1997 में 'कबीर के आलोचक' नामक पुस्तक के आने के बाद पता चला कि ब्राह्मणों की यह नींद एक भारी गफलत की नींद थी। अपने-अपने बिस्तरों और मठों में सारे ब्राह्मण चौंक उठे। उन्हें समझ नहीं आ रहा था कि वे इस पुस्तक पर क्या प्रतिक्रिया दें। वे हिंदी साहित्य के इतिहास में आधुनिकता के गड्ढों और उत्तर-आधुनिकता की खाइयों में गिरते-पड़ते फिर रहे थे। लेकिन अब उन्होंने कबीर को ले कर मोर्चे संभालने शुरू कर दिए हैं। डॉ. रामस्वरूप चतुर्वेदी ने अपना एक आलेख 'कबीर : पुनर्विचार का समय'[1] लिखा है तो प्रभात त्रिपाठी ने एक दूसरा लेख 'कबीर का पुनराविष्कार'[2] लिखा है। डॉ. रमेश चंद्र मिश्र ने 'कबीर अकेला' शीर्षक से एक पुस्तक लिख कर कबीर को पूर्णतः ब्राह्मणों के लिए हानि रहित रूप में पेश कर दिया है।

लेकिन ये सारे विद्वान अनजाने में एक घेरे में फँस गए हैं कि अब इनमें से कोई कबीर का विरोध नहीं कर रहा है। 'कबीर के आलोचक' और इस विषय पर अन्य तीन 'धर्मवीरीय पुस्तकों' का विरोध हो रहा है, लेकिन गनीमत यह है कि कबीर का किंचित भी विरोध नहीं हो रहा है। एक पुस्तक के नाते यह 'कबीर के आलोचक' की सफलता है। वैसे, इनके मन में कबीर का विरोध भरा पड़ा है और यदि मैं उसे भी जनवादूँ तो यह मेरी और बड़ी सफलता होगी।

डॉ. रामस्वरूप चतुर्वेदी की कबीर संबंधी सारी बहस इस जगह सिमट कर आ गई है कि कबीर ने अपने आगे चर्चित पद में 'आधा हिंदू रहिए' गाया है या

'तातैं हिंदू रहिए' गाया है। कबीर वाणी के हर किसी दूसरे पद को उन्होंने दरकिनार कर दिया है। उनके लिए कबीर के बारे में इसके सिवा और कुछ जानना-समझना आवश्यक नहीं है। तब अच्छा रहेगा कि इन्हें इनकी इसी कोठरी में पकड़ा जाए क्योंकि ये फँसने के स्तर तक इसमें खुद दुरमुंद हो गए हैं।

यह भाषा के ज्ञान का साधारण मामला है। बच्चों को भाषा का ज्ञान देते समय मास्टर द्वारा कक्षा में उनसे तरह-तरह के अभ्यास करवाए जाते हैं। ऐसा एक अभ्यास वाक्य को शुद्ध करने का होता है। अब डॉ. रामस्वरूप चतुर्वेदी नाम के बालक के लिए उनके अध्यापक ने यह अशुद्धि रख दी है कि इसे शुद्ध कीजिए :

सुनत कराई तुरुक जौ होनाँ तौ औरति कौ का कहिए।
अरध सरीरी नारि न छूटै तातैं हिंदू रहिए।।[3]

लेकिन डॉ. रामस्वरूप चतुर्वेदी नाम के विद्यार्थी को यही समझ नहीं आ रहा है कि इसमें अशुद्धि क्या है। इसमें आश्चर्य की कोई बात नहीं है क्योंकि ऐसा उन सारे बच्चों के साथ होता है जिनका भाषा का ज्ञान अभी कम होता है। बेशक, डॉ. रामस्वरूप चतुर्वेदी को इसमें जीरो नंबर मिलेंगे। मास्टर को उनकी रिपोर्ट में यह भी दर्ज करना पड़ेगा—'सख्त परिश्रम की आवश्यकता है।'

इस बार डॉ. राम स्वरूप चतुर्वेदी नाम के बालक की कुछ और मदद की जाती है। उन्हें क्लू दे कर दो वाक्यों में से सही वाक्य पर टिक लगाने की छूट दी जाती है। वे क्रम से इस प्रकार हैं :

1. सुनत कराई तुरुक जो होनाँ तौ औरति कौं का कहिए।
   अरध सरीरी नारि न छूटै तातैं हिंदू रहिए।
2. सुनत कराई तुरुक जो होनाँ तौ औरति कौं का कहिए।
   अरध सरीरी नारि न छूटै आधा हिंदू रहिए।

डॉ. रामस्वरूप चतुर्वेदी पुनः क्रम संख्या एक पर सही का निशान लगा देते हैं। परिणाम यह निकलता है कि इस बारी भी उनके नंबर कट जाते हैं। मास्टर को उनकी रिपोर्ट में फिर दर्ज करना पड़ेगा—''माता-पिता को साथ लाएँ।''

डॉ. रामस्वरूप चतुर्वेदी ने कबीर के इस पद के दो पाठ खोज निकाले हैं। वे बताते हैं कि पारसनाथ तिवारी और राम कुमार वर्मा के संस्करणों में यह पाठ 'तातैं हिंदू रहिए' के रूप में मिलता है। चूंकि, डॉ. रामकुमार वर्मा का पाठ 'श्री गुरु ग्रंथ साहब' के पाठ पर आधारित है इसलिए ये दो पाठ एक ही हैं। माता प्रसाद गुप्त और नागरी प्रचारिणी सभा के संस्करणों में यह पाठ 'आधा हिंदू रहिए' के रूप में मिलता है। लेकिन डॉ. रामस्वरूप चतुर्वेदी को एक तीसरे संभावित पाठ का ख्याल नहीं आया। पता नहीं यह उनके ख्याल में क्यों नहीं आया क्योंकि यही उनके

पक्ष और परंपरा की पूरी बात थी। खैर, उनकी मदद की जा सकती है कि तीसरा संभावित पाठ 'तातैं ब्राह्मण रहिए' के शब्दों का है। समस्या केवल एक बनती है कि इस तीसरे पाठ को मुख्य चर्चा में कैसे लाया जाए। सो, उसकी वे ज्यादा चिंता न करें। वे आज ईसवी सन् के 2002 वें वर्ष में कबीर वाणी का डॉ. रामस्वरूप चतुर्वेदी के नाम से एक नया संस्करण तैयार कर लें, जिसमें 'तातैं ब्राह्मण रहिए' लिखा होना चाहिए। आज हर कोई पूछेगा कि डॉ. रामस्वरूप चतुर्वेदी कबीर वाणी का यह पाठ कहाँ से ले आए लेकिन प्रक्षिप्त करने की अपनी महान परंपरा में इस बात से उन्हें किंचित चिंतित और विचलित नहीं होना चाहिए। उन्हें जानना चाहिए कि यह पाठ वे अपने समकालीन समीक्षकों के लिए तैयार नहीं कर रहे हैं बल्कि उनका निशाना लंबा है। यह दस-बीस साल का मामला नहीं है बल्कि सौ-दो-सौ और चार सौ सालों के बाद तक जारी रहेगा। उन्हें विश्वास रखना चाहिए कि पाँच सौ साल बाद उनके डॉ. पुरुषोत्तम अग्रवाल जैसे प्रिय पाठक पैदा होंगे जो उनके पाठ को पूर्णतः प्रामाणिक और बहस-योग्य मानेंगे। इसलिए संकोच किए बिना डॉ. रामस्वरूप चतुर्वेदी को अपनी निगाह लंबी रखनी चाहिए। तब के डॉ. पुरुषोत्तम अग्रवालों के लिए तब के डॉ. नामवर सिंहों से आज के डॉ. रामस्वरूप चतुर्वेदी की तरह यह भी पूछने की जरूरत नहीं रहेगी कि 'तातैं ब्राह्मण रहिए' में 'रहिए' प्रयोग 'सामान्य वर्तमान' का न माना जा कर 'विधि' का माना जाना चाहिए। तब न किसी वैयाकरण के मत की अपेक्षा रहेगी और न किसी कवि-प्रयोग को दिखा कर इसे सिद्ध करने की आवश्यकता रहेगी कि ऐसा नहीं है।

'तातैं ब्राह्मण रहिए' का तीसरा पाठ तैयार करने में डॉ. रामस्वरूप चतुर्वेदी प्रक्षिप्त रचने की अपनी महान परम्परा का पूरा अनुकरण कर सकते हैं। उनके लिए प्रक्षिप्तीकरण ही शक्ति अर्जित करने का मूल बीज मंत्र है। पहले ही पुराने प्रक्षिप्तकारों ने इस तीसरे पाठ तक आने की आधार-भूमि तैयार कर रखी है। कबीर के संबंध में 'पिछले जन्म हम ब्राह्मण होते' लिखा मिलता ही है। हजार उल्टे शीर्षासन करके पुराने ब्राह्मणों ने आज कबीर के बारे में इस भ्रम को सत्य की तरह चर्चा का मुख्य विषय बना ही रखा है कि वे एक विधवा ब्राह्मणी के पुत्र थे। ब्राह्मण रामानंद को कबीर का गुरु घोषित करने की दुंदुभी विश्व में बजा ही रखी है। इससे आगे डॉ. हजारी प्रसाद द्विवेदी ने लिख ही रखा है कि कबीर वैष्णव थे और पुनर्जन्म में विश्वास रखते थे। अब आगे-पीछे की इस पक्की चारदिवारी में डॉ. रामस्वरूप चतुर्वेदी को पत्थर पर इतना लिख कर ही तीसरे पाठ का शिलान्यास करना है कि 'तातैं ब्राह्मण रहिए'। तब डॉ. नामवर सिंह के 'कबीर को भगवा' और 'कबीर को अगुवा' जैसे शीर्षकों के उन जैसे विद्वानों की नींद उड़ाने वाले लेख नगाड़ों और धौंसों के बीच तूती की आवाज बन कर अनसुने रह जाएंगे। हाँ, प्रक्षिप्तीकरण की इस तीसरी यज्ञ-प्रक्रिया में एक डर बराबर व्याप्तता रहेगा कि अगले जमानों में 'कबीर के

आलोचक' का कोई लेखक कदमताल करता हुआ साथ-साथ न चलता रहे।

कबीर और रामानंद के संबंध में डॉ. रामस्वरूप चतुर्वेदी, डॉ. राम विलास शर्मा को उद्धृत करते हैं–"यहाँ रामविलास शर्मा का रेखांकन बहुत स्पष्ट है–"भक्ति और उसका प्रेमतत्व कबीर ने रामानंद से प्राप्त किया है।" "[4] लेकिन इससे डॉ. राम स्वरूप चतुर्वेदी की बात मजबूत नहीं हो जाती। मुझे इस बारे में यह कहने से कैसे रोका जा सकता है कि एक प्रक्षिप्तकार अपने से पहले प्रक्षिप्तकार को अपने पक्ष में उद्धृत कर रहा है ? झूठ को डॉ. राम स्वरूप चतुर्वेदी बोलें या डॉ. राम विलास शर्मा बोलें–इससे झूठ के आकार-प्रकार पर कोई फर्क नहीं पड़ता। डॉ. राम विलास शर्मा द्वारा बोले जाने पर झूठ सच में नहीं बदल जाएगा। लेकिन डॉ. राम स्वरूप चतुर्वेदी ने यह इतने सुभीते का रास्ता चुना है कि इसमें उन्हें यह भी नहीं कहना पड़ा कि रामानंद कबीर के गुरु थे।

डॉ. रामस्वरूप चतुर्वेदी ने कबीर से निबटने का एक नया रास्ता खोजा है। वे लिखते हैं–"कबीर जन्म से हिंदू थे या मुसलमान, यह महत्वपूर्ण नहीं है, महत्वपूर्ण यह भी नहीं कि वे किस धर्म में मरे।"[5] इतने दिनों से ब्राह्मण विद्वान इन्हीं विषयों पर घमासान मचाए हुए थे लेकिन अब 'कबीर के आलोचक' और 'कबीर : नई सदी' में आने के बाद युद्ध के ये मोर्चे छोड़ दिए गए हैं। इन्होंने सोच लिया है कि अब जीवन और मृत्यु के इन दो छोरों की पहाड़ियों के युद्ध में सैनिक की तरह इनके लिए जीतना सम्भव नहीं है इसलिए अब ये अपने धनुष-बाणों को आतंकवादी बन कर घाटियों में लिए फिरते हैं। अब डॉ. रामस्वरूप चतुर्वेदी लिखते हैं–"भाषा साहित्य का किसी धर्म विशेष से अनिवार्य संबंध नहीं होता, संस्कृति से होता है, जिसे धर्म का मूल कह सकते हैं।"[6] अजीब बात है, दलित चिंतन ब्राह्मण विद्वानों को हजारों साल से इसी बात को सिखाता आ रहा है लेकिन उन्होंने आज तक यह बात कबूल करके नहीं दी। आज यही बात दलित चिंतन के विरोध में खड़ी की जा रही है। लेकिन एक ब्राह्मण विद्वान कितनी देर तक प्रक्षिप्त रच सकता है? डॉ. रामस्वरूप चतुर्वेदी का प्रक्षिप्तकार तत्काल उजागर हो कर रह जाता है जब वे बिना अपनी कलम रोके आगे यह लिखते हैं ? "इस दृष्टि से महत्वपूर्ण यह है कि धार्मिक रूढ़ियों का जहाँ कबीर ने सर्वत्र जम कर खंडन किया, वहीं सूक्ष्म धर्म-चेतना उनमें बराबर अंतर्व्याप्त रही। आत्मालोचना की बड़ी प्रखर परंपरा हिंदू मानस की विशेषता है, कबीर जिसका श्रेष्ठतम रूप में प्रतिनिधित्व करते हैं। इसलिए कबीर को लाड़ने-पुचकारने के बावजूद किसी अन्य साहित्य या संस्कृति-परंपरा में यह साहस नहीं होता कि उन्हें हथियाने की कुछ भी कोशिश करे। कबीर का होना सिर्फ हिंदू परंपरा में ही संभव है।"[7] जाने ऐसा लिख कर डॉ. राम स्वरूप चतुर्वेदी ने कौन से तीर मार लिए हैं? इतना फालतू लिखने से क्या फर्क पड़ गया है? यह साहित्य की कौन-सी परिक्रमा है कि घूम-फिर कर कबीर को हर बार हिंदू कहना है? ये

विद्वान शब्दों का कौन-सा तमाशा खड़ा कर रहे हैं? तनिक इनके शब्दों का विश्लेषण किया जाए। इन्हीं के शब्दों को इनके सामने रखा जाए। इनका कहना है :

1. यह बात महत्वपूर्ण नहीं कि कबीर जन्म से हिंदू थे या मुसलमान थे।
2. यह बात भी महत्वपूर्ण नहीं कि कबीर किस धर्म में मरे थे।
3. भाषा-साहित्य का किसी धर्म से संबंध नहीं होता।
4. भाषा-साहित्य का संस्कृति से संबंध होता है।
5. धर्म का मूल संस्कृति होती है।
6. कबीर ने धार्मिक रूढ़ियों का खंडन किया है।
7. कबीर में सूक्ष्म धर्म-चेतना बराबर अंतर्व्याप्त मिलती है।
8. हिंदू मानस की विशेषता आत्मालोचना की है।
9. कबीर आत्मालोचना करते थे।
10. इसलिए कबीर का होना सिर्फ हिंदू परंपरा में संभव है।
11. इसलिए कबीर हिंदू थे।

कहने का मतलब यह है कि कितना भी बुलवा लो पर इन विद्वानों का पतनाला यहीं गिरेगा। भला, जब कबीर को हिंदू ही कहना था तो भाषा, साहित्य, संस्कृति के वाया-रास्ते क्यों खोले गए? जब नाक हाथ से सीधे पकड़ी जा सकती है तो सिर के पीछे को हाथ ला कर पकड़ने की कसरत क्यों की जाए?

इन का विचित्र तर्क है, न कबीर हिंदू के रूप में जन्मे हैं और न कबीर हिंदू के रूप में मरे हैं पर कबीर हिंदू के रूप में रहे हैं। इनके तर्क का और भी विस्तार किया जा सकता है। कबीर मुसलमान के रूप में जन्मे हों और कबीर मुसलमान के रूप में मरे हों पर कबीर हिंदू के रूप में जिए हैं। इनके तर्क का आखिरी रूप है—कबीर कुछ भी जन्मे और कुछ भी मरे हों, हमें इससे क्या लेना-देना, बस, हमें इतना कहना है कि कबीर हिंदू थे। इन्हें जरूरत पड़े तो ये हजरत मौहम्मद को हिंदू कह देंगे। ज्ञान-ध्यान और शोधादि से इनका कोई सरोकार नहीं है। ऐसी स्थिति में, डॉ. राम स्वरूप चतुर्वेदी हिंदी साहित्य के विद्वान न हो कर हिंदू धर्म के सनातन धर्मी रक्षक ज्यादा लगते हैं। मेरी बात गलत भी हो सकती है क्योंकि वे धुरंधर आर्य समाजी प्रचारक भी हो सकते हैं लेकिन उसकी वजह से भी मेरे विश्लेषण और मूल्यांकन में कोई फर्क नहीं पड़ता। मेरे लिए आर्यसमाजी और सनातन धर्मी दोनों एक हैं। दलित की आँखों को ऐसे धोखे नहीं हुआ करते। बाबा साहेब डॉ. अंबेडकर ने इसी वजह से आर्य समाज के मंच से 'एन्निहिलेशन ऑफ कास्ट' नाम का भाषण तैयार किया था जिसका विरोध सनातनी महात्मा गांधी ने किया था।

अपने इस 'कबीर : पुनर्विचार का समय' शीर्षक के लेख में डॉ. रामस्वरूप

चतुर्वेदी एक बात कुछ ज्यादा ही अच्छी लिख गए हैं। ऐसा लिखा जाना उन्हीं की परंपरा में संभव था। उन्होंने लिखा है—"क्षेपक एक प्रकार से मूल रचनाकार की विलोम जारज-संतान हैं। विलोम इसलिए कि सामान्यतः रचनाकार पाठक में रचनाधान करता है, यहाँ उलटे पाठक रचनाकार में अपना रचनाधान करता है।"[8] मेरी समझ में इनसे ज्यादा अच्छे दूसरे शब्दों का प्रयोग नहीं किया जा सकता था। अब महत्वपूर्ण बात कबीर और उनकी रचना की नहीं रह गई है बल्कि स्मृतिशास्त्रों की मानसिकता की पूरी शब्दावली अस्तित्व में आ गई है। वर्ण, जाति, अनुलोम, प्रतिलोम और जारज संतान आदि—की शब्दावली के पैकेज के प्रयोग के बिना इस मानसिकता की कोई बात पूरी नहीं हो सकती। यहाँ भी बात कबीर के प्रक्षिप्त पाठ की चल रही थी लेकिन याद सब कुछ और ही आ गया। समाधान में उसी शब्दावली का प्रयोग करते हुए डॉ. रामस्वरूप चतुर्वेदी ने लिखा है—"...विलोम जारज पाठों से बचना होगा।"[9]

डॉ. रामस्वरूप चतुर्वेदी डॉ. पुरुषोत्तम अग्रवाल की तरह दो कोले हाथ एक-साथ रखते हैं। वे लिखते हैं—"पुनर्विचार-प्रक्रिया आरंभ करते समय उचित होगा कि कबीर के कवि-रूप को केंद्र में रखा जाए, जो कई तरह के विवादों के बीच आवृत-सा हो गया है।"[10] बताइए, इन्हें कौन मना करता है कि ये कबीर के कवि-रूप को केंद्र में न रखें? ये खुद ही हैं जो कबीर के कवि रूप को गौण रख कर उनके बारे में हिंदू होने की झूठी चर्चा को केंद्र में रखते हैं। आखिर, इन्हें कबीर को कवि सिद्ध करने के लिए यह लिखने की क्या जरूरत थी कि 'कबीर का होना सिर्फ हिंदू परंपरा में ही संभव है।'[11] यह इनका एक साथ दो कोले हाथ रखना है।

कहना चाहिए कि जब डॉ. रामस्वरूप चतुर्वेदी 'कबीर के कवि-रूप को केंद्र में' रखने चले हैं तो उनसे फिर गलती हो जाती है। शायद, इन विद्वानों की कुछ किस्मत ही ऐसी है कि कबीर को ले कर इन से कोई काम ठीक नहीं बन सकता। डॉ. रामस्वरूप चतुर्वेदी ने कबीर के नाम से जो साखी उद्धृत की है वह इस प्रकार है :

सती जरन कौ नीकसी, चित धरि एक बिबेक।
तन मन सौंपा पीव कौ, अंतरि रही न रेख।।[12]

अब इन्हें कौन बताए कि यह कबीर की साखी नहीं है? यह किसी कबीर-विरोधी की साखी है जो कबीर के नाम से चलाई गई है। डॉ. रामस्वरूप चतुर्वेदी को, इस साखी को उद्धृत करने से पहले, इतना ध्यान रखना चाहिए था कि मानसिक भ्रमों और धार्मिक अन्धविश्वासों को जड़मूल से नष्ट करने वाले कबीर सती जैसी कुप्रथा के समर्थक नहीं थे। आखिर, कबीर को सती प्रथा के समर्थन में साखी लिखने की क्या जरूरत पड़ी थी? वे मुसलमान पैदा होने के बाद हिंदुओं की इन घातक रूढ़ियों को ओढ़ने और ढोने की कोशिश क्यों करेंगे? वे इन रूढ़ियों से कोरी होने के कारण पहले से ही मुक्त थे। उनके दलित समाज में विधवा विवाह का चलन था। कबीर

के हाथ औरतों को आग में जलने से बचाने के लिए बढ़े थे, उन्हें बाँह से पकड़ कर चिता में जलाने के लिए नहीं। सती प्रथा का गुणगान द्विजों की प्रथा में खपता है, दलितों के व्यवहार में नहीं। ऐसे समय मास्टर यही कर सकता है कि डॉ. रामस्वरूप चतुर्वेदी सरीखे विद्यार्थी का स्कूल से नाम ही काट देगा कि कक्षा में यह विद्यार्थी बिलकुल नहीं चल सकेगा। कबीर वाणी के बाग को इस उछल-कूद ने जंगल भी नहीं रहने दिया है। इनकी वजह से कबीर का साहित्य साहित्य न रह कर पूरा शमशान बन गया है।

डॉ. रामस्वरूप चतुर्वेदी के तर्क को आगे बढ़ाया जाए तो वे खुद अपने जाल में बुरी तरह फँसते हैं। कारण यह है कि 'अरध सरीरी नारि न छूटै' वाली कबीर की बात 'तुरुक' पर ही नहीं बल्कि 'ब्राह्मण' पर भी लागू होती है। शब्दों की कड़ी इस प्रकार है :

घालि जनेऊ ब्राह्मण होना, मेहरी का पहिराया।
वै ले जन्म की सूद्रिन परसैं, तुम पांडे क्यों खाया।।[13]

महंत बंसूदास कबीर पंथी ने इस पंक्ति का अर्थ इन शब्दों में लिखा है—''तुम तो जनेऊ पहन कर ब्राह्मण बन गए परंतु अपनी स्त्री को क्या पहनाया है? वे जन्म की शूद्रिन परसती हैं और तुम ब्राह्मण हो कर क्यों खाते हो?''[14] वे कबीर के मुख से कहलवाते हैं—''पंडित जी! यह चिह्न माननीय नहीं हो सकता क्योंकि यह तुम लोगों का बनाया हुआ है, ईश्वर का नहीं। इतना चिह्न बनाने पर भी तुम पूरे ब्राह्मण नहीं हुए। क्योंकि तुम तो जनेऊ पहन कर ब्राह्मण हो गए, परंतु अपनी अर्द्धांगिनी स्त्री को क्या पहनाया? वह तो जनेऊ रहित जन्म से शूद्रिन ही बनी हुई है।''[15]

कबीर के चिंतन में बात इससे भी आगे बढ़ी हुई है। यदि वे 'तुरुक' से कुछ कहते हैं तो वे उसी साँस में ब्राह्मण को भी ललकारते हैं—''और तुमने भी जो जनेऊ पहना है, वह न जनम होने पर था, न मरने पर रहेगा, केवल बीच में पहन रखा है।''[16] काव्य-पंक्ति इस प्रकार है—''जन्मत शूद्र मुये पुनि सुद्रा, क्रितिम जनेऊ घालि-जग दुन्द्रा।''[17] इसका महंत बंसूदास कबीर पंथी ने इन शब्दों में अर्थ किया है—''जनेऊ से रहित उत्पन्न हुए तब भी शूद्र फिर मरने पर भी जनेऊ न रहेगा तब भी शूद्र। केवल बीच में कृत्रिम (बनावटी) जनेऊ कंधे में घालि (डाल) तुमने संसार में दुंद्रा (दुंद-झगड़ा) मचा रखा है।''[18]

कहा जा सकता है कि महंत बंसूदास कबीरपंथी ने इन पंक्तियों का सही-सही अर्थ किया है लेकिन यदि इनका अर्थ डॉ. रामस्वरूप चतुर्वेदी की तर्ज पर किया जाए तो वह अर्थ कैसा होगा? फिर तो अर्थ 'तातैं हिंदू रहिए' की जगह 'तातैं शूद्र रहिए' ही करना पड़ेगा। यदि कबीर ने 'अरध सरीरी नारि' को ले कर 'तुरुक' के सामने 'तातैं हिंदू रहिए' का तर्क पेश किया है तो डॉ. रामस्वरूप चतुर्वेदी को जरूर

मानना चाहिए कि उन्होंने 'वै ले जनम की सुद्रिन परसै' को ले कर 'ब्राह्मण' के सामने 'तातैं सुद्रन रहिए' का तर्क पेश किया है। ऐसे समय क्या डॉ. रामस्वरूप चतुर्वेदी अपने तर्क पर कायम रहना चाहेंगे या महंत बंसूदास कबीरपंथी की शरण में जाना चाहेंगे–'बाबा, मुझे बचा ?' वास्तव में, डॉ. रामस्वरूप चतुर्वेदी के पास अपने जाल से मुक्त होने का कोई उपाय नहीं है जब कबीर वाणी में यह भी लिखा मिलता है–''पेट काहू न बेद पढ़ाया, सुनति कराय तुरुक नहिं आया।''[19] कबीर ने तुरुक और ब्राह्मण को एक तराजू पर तोल रखा है–पेट में पड़ते ही किसी को वेद नहीं पढ़ाया गया और पेट में ही सुनत करवा कर कोई तुरुक नहीं आया है।

यह जान लिया जाए कि डॉ. रामस्वरूप चतुर्वेदी ने इस पूरे पद को डॉ. पारसनाथ तिवारी के संकलन 'कबीर-ग्रंथावली' से लिया है। उन्होंने इसे उनकी पुस्तक के 1961 के संकलन से लिया है। अच्छा होगा इस पद को यहाँ उतार दिया जाए जो उनके अनुसार इस प्रकार है :

काजी, तैं कवन कतेब बखानीं।
पढ़त-पढ़त केते दिन बीते गति एकौ नहीं जानीं।।
सकति सनेह पकरि, करि सूनति मैं न बदउंगा भाई।
जौ रे खुदाई तुरुक मोहिं करता तौं आपहि कटि किन जाई।।
सुनत कराई तुरुक जौ होनाँ तौ औरति कौं का कहिए।
अरध सरीरी नारि न छूटै तातैं हिंदू रहिए।।
हिंदू तुरुक कहाँ तै आए किन एह राह चलाई।
दिल महिं खोजि देखि खोजा दे भिस्ति कहाँ तैं आई।।
छाँड़ि कतेब राम भजु बउरे जुलुम करत है भारी।
कबीर पकरी टेक राम की तुरुक रहे पचि हारी।।[20]

बताया जा सकता है कि महंत बंसूदास कबीर पंथी ने इस पद को इस प्रकार रखा है :

काजी! तुम कवन कितेब बखानी।
झंखत बकत रहहु निसु बासर, मति एकौ नहिं जानी।।
सकति अनुमाने सुनति करत हो, मैं न बदौंगा भाई।
जो खुदाय तोर सुनति करत है, आपुहि कटि क्यों न आई।।
सुनति कराय तुरुक जो होना, औरत को का कहिए।
अरध शरीर नारि बखानी, ताते हिंदुइन रहिए।।
घालि जनेऊ ब्राह्मन होना, मेहरी का पहिराया।
वै जनम की सुद्रिन परसै, तुम पांडे क्यों खाया।
हिंदू-तुरुक कहाँ ते आया, किन यह राह चलाई।

> दिल महँ खोजि देखु खो जादे, भिस्त कहाँ किन पाई।।
> कहहिं कबीर सुनहु हो संतो, जोर करत हैं भाई।
> कबिरन ओट राम की पकरी, अंत चले पछिताई।।[21]

इस पद में तीन मुख्य बाते हैं :

1. 'तातैं हिंदू रहिए' के बजाय 'तातें हिंदुइन रहिए' का प्रयोग हुआ है।
2. 'घालि जनेऊ ब्राह्मन होना, मेहरी का पहिराया।
   वै जनम की सुद्रिन परसै, तुम पांडे क्यों खाया।।'
   की अतिरिक्त दो पंक्तियाँ आई हैं।
3. 'तुरुक रहे पचि हारी' के बजाय 'अंत चले पछिताई' का प्रयोग हुआ है।

तीनों बातें सही हैं। यदि शब्द 'तातैं' रखा जाता है तो फिर 'अरध सरीरी नारि' के चलते 'हिंदू' के बजाय 'हिन्दुइन' शब्द का प्रयोग एकदम उचित है। दूसरी बात यह है कि जब कबीर तुरुक को कुछ कहते हैं तो तब वे ब्राह्मण को माफ नहीं कर देते। उनकी लड़ाई एक साथ दो मोर्चों पर छिड़ी हुई थी। इसलिए इस पद में 'घालि जनेऊ ब्राह्मन होना' की शब्दकड़ी का होना पूरी तरह वाजिब है। यदि ऐसा न होता तो डॉ. रामस्वरूप चतुर्वेदी द्वारा प्रस्तुत पद में 'हिंदू तुरुक कहाँ तैं आए' के शब्द तत्काल कहाँ से आ जाते? तीसरी बात यह है कि डॉ. रामस्वरूप चतुर्वेदी ने अंतिम पंक्ति में 'तुरुक रहे पचि हारी' को सही मान कर इस पूरे पद को एकांगी बना कर तुरुक को संबोधित वाला बना कर छोड़ दिया है। कबीर के मिजाज और उनकी समस्या को देखते हुए 'तुरुक रहे पचि हारी' की जगह 'अंत चले पछिताई' मौजूं लगता है। सीधी-सी बात है, कबीर अपने युद्ध के बारे में यह क्यों कहेंगे कि 'तुरुक रहे पचिहारी'? कबीर तुरुक को युद्ध में हरा रहे हैं लेकिन उन्हें तुरुक पर अपनी विजय की कहानी लिखने की जरूरत नहीं है। इसलिए इस पद में 'तुरुक रहे पचिहारी' के बोल किसी और की कारस्तानी हैं। यह कोई और व्यक्ति है जो ब्राह्मण बन कर तुरुक से लड़ रहा है। यह वह व्यक्ति है जो गले में जनेऊ डाल कर और मनुष्यों से छुआछूत बरतने के कारण अपनी कमजोरी में और अपने चरित्र की वजह से तुर्क से लगातार हार रहा था। तब वह कबीर के कंधे पर रख कर अपनी बन्दूक चलानी चाह रहा था।

डॉ. रामस्वरूप चतुर्वेदी के बारे में यह बात जोर दे कर कही जा सकती है कि उन्होंने इस पद को उद्धृत करने के लिए डॉ. पारसनाथ तिवारी की पुस्तक 'कबीर ग्रंथावली' को प्रमाण माना है। ऐसे समय बात डॉ. रामस्वरूप चतुर्वेदी के बजाय डॉ. पारसनाथ तिवारी के संकलन पर आ टिकती है। उनके साथ पहली अच्छी बात यह है कि उन्होंने इस पद को ले कर 25 पाद-टिप्पणियाँ दी हैं। उन्होंने इस पद

को ले कर दादूपंथी प्रति, निरंजनी प्रति, श्री गुरु ग्रंथ साहब की प्रति, बीजक प्रति तथा सर्वंगी प्रति के फर्क बता दिए हैं। यह बेहद ईमानदारी की बात है। लेकिन यहाँ सवाल उनके द्वारा सही पाठ पर मोहर लगाने का है। इन पाँच आधार-प्रतियों के अंतर देने पर भी उन्होंने सही किस पाठ को माना है? यह पाठ वह है जो डॉ. रामस्वरूप चतुर्वेदी ने उद्धृत किया है।

यहाँ मेरी मंशा डॉ. पारसनाथ तिवारी की पूरी पुस्तक 'कबीर-ग्रंथावली' पर अपनी राय जाहिर करने की नहीं है। कड़ाहे में पकते हुए चावलों को देखने के लिए मैं 178वें पद के रूप में केवल एक दाना उठाता हूँ। इस पद का पीछे पूरा विश्लेषण कर लिया गया है। अब बात केवल डॉ. पारस नाथ तिवारी के वातावरण की रह जाती है। इस काम में उनके गुरुजन कौन थे? उन्होंने किन लोगों से दिशा-निर्देश लिए थे?

अच्छी बात यह है कि इस बारे में डॉ. पारस नाथ तिवारी ने अपने पाठकों को धुंध में नहीं रखा है। वे 5 अक्टूबर, 1961 को अपनी पुस्तक के प्रथम संस्करण की प्रस्तावना में लिखते हैं–''यह संपूर्ण कार्य मैंने डॉ. माता प्रसाद गुप्त के निर्देशन में किया है और आचार्य हजारी प्रसाद द्विवेदी से (जो संयोगवश मेरे निर्देशक डॉ. गुप्त के साथ इस निबंध के परीक्षक भी नियुक्त थे) समय-समय पर अनेक उपयोगी सुझाव मिलते रहे जिनका यथास्थान समावेश करने से इस प्रबंध की उपयोगिता में निश्चय ही वृद्धि हो गई है। वास्तव में यह विषय इतना जटिल था कि सामग्री तथा उपयोगी साहित्य के रहते हुए भी उचित निर्देशन के अभाव में मेरा सीमित ज्ञान कहाँ बह कर लगता, उसकी मैं आज कल्पना भी नहीं कर सकता। उक्त गुरुजनों की कृपा पा कर मैं अपने को सचमुच ही बहुत गौरवान्वित और सौभाग्यशाली समझ रहा हूँ।''[22]

उनकी इस स्वीकारोक्ति में आचार्य हजारी प्रसाद द्विवेदी का नाम पढ़ने से माथा ठनक जाता है। आचार्य हजारी प्रसाद द्विवेदी के बारे में पहले ही कबीर पर लिखी अपनी चार पुस्तकों में मैं बहुत कुछ लिख चुका हूँ। भला, आचार्य हजारी प्रसाद द्विवेदी कबीर को ले कर अपने किसी शिष्य या परीक्षार्थी को सही सलाह देंगे–यह कैसे माना जा सकता है? उल्टे वे तो अच्छी दिशा में चलने वाले शोधार्थी का भी दिमाग खराब कर देंगे। डॉ. पारसनाथ तिवारी के उक्त उल्लेख से मैं यहाँ तक सोचने को विवश हूँ कि उन्होंने जरूर आचार्य हजारी प्रसाद द्विवेदी से इस पंक्ति को ले कर पूछा होगा कि 'आधै हिंदू रहिए' को प्रमाण मानूँ या 'तातैं हिंदू रहिए' को रखूँ। तब आचार्य हजारीप्रसाद द्विवेदी ने निर्देशक और परीक्षक के नाते आदेश दिया होगा कि 'तातैं हिंदू रहिए' रखिए।

लेकिन यह बात सच नहीं है। डॉ. हजारी प्रसाद द्विवेदी ने उन्हें ऐसा आदेश नहीं दिया होगा। कारण यह है कि खुद डॉ. हजारी प्रसाद द्विवेदी ने अपनी पुस्तक

में 'आधा हिंदू रहिए'[23] को प्रमाण माना है। लेकिन इस में दूसरी बात सच है कि उन्होंने इस पद की व्याख्या में कबीर को मुसलमान होने के खेमे से बाहर निकाल लिया है। वे लिखते हैं—"कबीर-पंथियों का और कोई दावा ठीक हो या नहीं, उनका यह दावा सोलह आने संगत है कि कबीरदास मुसलमान नहीं थे, क्योंकि मुसलमानी वंश में जन्म और लालन-पालन होना ही किसी को मुसलमान नहीं बना देता। जन्म से वे मुसलमान रहे हों या नहीं, विश्वास में वे एकदम मुसलमान नहीं थे। ... और उन्होंने कहीं भी अपने को मुसलमान नहीं कहा।"[24] वास्तव में, डॉ. हजारी प्रसाद द्विवेदी को विश्वास था कि 'आधा हिंदू रहिए' को प्रमाण मानने पर भी वे कबीर को पूरा हिंदू सिद्ध कर देंगे। बाद में, उनके इस विचार का विकास दूसरे ब्राह्मण विद्वानों के दिमाग में होता रहा है। डॉ. भगवत स्वरूप मिश्र ने इस अर्द्धपंक्ति को इस प्रकार लिखा है—"आधा (तातैं) हिंदू रहिए।"[25] वे इस पद की व्याख्या करने के बाद विशेष रूप से 'टिप्पणी' में लिखते हैं—" 'सुन्नत' का अपने साथ संबंध स्थापित किया देख कर कुछ विचारक कबीर के मुसलमान होने के अनुमान की पुष्टि समझते हैं; पर वास्तव में यह इससे उल्टा है। 'आधा हिन्दू रहिए' से कबीर के हिन्दू होने की पुष्टि अधिक है। भक्ति और दर्शन आदि के अन्य निर्णायक प्रमाणों से भी वह स्पष्ट है।"[26]

ऐसा नहीं है कि डॉ. पारसनाथ तिवारी केवल डॉ. हजारी प्रसाद द्विवेदी के पाठ से ही अलग चले हों बल्कि वे अपने निर्देशक डॉ. माता प्रसाद गुप्त के पाठ से भी हट कर चले हैं। डॉ. माता प्रसाद गुप्त ने 'आधा हिंदू रहिए'[27] को ही प्रामाणिक माना है जिसका अर्थ उन्होंने इन शब्दों में किया है—"(खैर) मुझे यदि तुमने सुन्नत करके तुर्क किया भी तो औरत से क्या कहा जाए? अर्ध-सरीरी नारी छूटती नहीं है, (और वह सुन्नत न हो सकने के कारण से हिंदू बनी ही रहती है,) इस से आधा लोक तो हिंदू ही रह जाता है।"[28] इस प्रकार, लगता है कि 'कबीर-वाणी' का पाठ निर्धारित करने में डॉ. पारसनाथ तिवारी ने अपने गुरुजनों समेत किसी की नहीं मानी और अपनी चलाई है।

ऐसे समय विनाण्ड एम. कल्लेवेयर्ट का काम याद आता है। उन्हें इस पद के जितने भी पाठ मिले उन्होंने वे सब अपनी पुस्तक में ज्यों के त्यों एक साथ रख दिए हैं। उनके पास जो प्रतियाँ हैं वे 1675 की पंचवाणी, 1658 की पंचवाणी, 1660/1669 की हस्तलिखित पोथियाँ, 1627 की गोपाल दास की सर्वंगी, 1620 की रजब कीं सर्वंगी और 1604 की आदि ग्रंथ की प्रतियाँ हैं।[29] इन सात पाठों के छह पाठों में 'आधा हिंदू रहिए' और केवल एक पाठ में 'ता ते हिंदू ही रहीअै' है। ऐसी स्थिति में, डॉ. रामस्वरूप चतुर्वेदी से क्या बहस की जाए? उनसे संवादहीनता का सिद्धांत ही कायम रखा जाए तो बेहतर है।

बात बड़ी सीधी-सी है। कबीर ने 'आधा हिंदू रहिए' कहा हो या 'तातैं हिंदू

रहिए' कहा हो, इससे डॉ. रामस्वरूप चतुर्वेदी को क्या खुशी हो रही है? उन्हें इतना जान कर चुप रह जाना चाहिए कि कबीर ने 'तातैं ब्राह्मण रहिए' नहीं कहा है। बाकी इस पद को ले कर उनकी सारी कतर-ब्यौंत बेकार है। कबीर का संवाद काजी से चल रहा है पर इस संवाद में ब्राह्मण की प्रशंसा कैसे हो जाती है? कबीर ने काजी के स्थान पर ब्राह्मण से भी संवाद स्थापित किया है तो क्या तब ब्राह्मण के लिए उसके तुर्क होने की सिफारिश कर रहे हैं?

यहाँ एक बात और कही जा सकती है। यदि डॉ. रामस्वरूप चतुर्वेदी के अनुसार कबीर के इस पद का अर्थ यह है कि कबीर हिंदू थे तो उनके अनुसार तुलसी के इस पद का अर्थ यह होना चाहिए कि तुलसी मुसलमान थे—"मांगि कै खैबे, मसीत को सोइबे, लेबे को एक न देबे को दोऊ।"[30] तब कबीर के उपरोक्त पद के साथ-साथ तुलसी के इस पद को भी जरूर पढ़ाया जाना चाहिए। जब डॉ. रामस्वरूप चतुर्वेदी 'कबीर : पुनर्विचार का समय' शीर्षक से अपना यह आलेख तैयार कर चुके हैं तो अब इस पद की वजह से लगे हाथ उन्हें अपने समीक्षक जीवन का सबसे महत्वपूर्ण आलेख 'तुलसी : पुनर्विचार का समय' भी लिख ही देना चाहिए। रही बात व्याकरण की तो डॉ. नामवर सिंह एक अच्छे अध्यापक की तरह उन्हें इस पद में आए 'खैबे' और 'सोइबे' के शब्दों का शरीर-शास्त्र समझा सकते हैं। यहाँ तुलसी के मुसलमान होने में आधे और पूरे की शंका का भी सवाल पैदा नहीं है क्योंकि तुलसी के इस पद के दो पाठ उपलब्ध नहीं हैं बल्कि जो उपलब्ध है वह एक ही पाठ है। कहा नहीं जा सकता कि आधुनिक शिक्षा-शास्त्र की बच्चे को दण्ड न देने की प्रणाली से विश्व का कितना फायदा या नुकसान हुआ है लेकिन पुराने जमाने में मास्टर लोग कक्षा में कान खींच कर शब्दों के गलत अर्थ लगाने से बच्चों को जरूर रोक दिया करते थे। लगता है, भारत में ब्राह्मण द्वारा प्रक्षिप्त रचने की विशेष परिस्थितियों को ध्यान में रखते हुए इस देश में पहली शिक्षा प्रणाली समानांतर रूप में जारी रखी जानी चाहिए।

इन सारे विचारों में असली बहस बहुत पीछे छोड़ दी गई है कि कबीर की वाणी क्या है। कुमार पंकज ने अपने लेख 'यहाँ से कबीर को देखिए' बनाम 'कबीर को भगवा?' में लिखा है—"थोड़ी देर के लिए मान लिया जाए कि चतुर्वेदी जी की व्याख्या गलत है।"[31] वे आगे रामस्वरूप चतुर्वेदी का बचाव करते हुए लिखते हैं—"अतः यदि चतुर्वेदी जी 'तातैं हिंदू रहिए' की आधुनिक संदर्भों में व्याख्या करते हुए इस निष्कर्ष पर पहुँचते हैं कि कबीर का उपर्युक्त पद न केवल हिंदू-निष्ठा की ओर संकेत करता है, बल्कि धर्मांतरण का विरोध भी करता है तो यह...अर्थगर्भत्व ही है...।"[32] कहने का मतलब यह है कि कबीर के बारे में कुछ भी मानने और कुछ भी कहने की छूट ली जा रही है। लेकिन यहाँ सवाल व्याख्या का नहीं, प्रक्षिप्त रचने का है। कबीर के चिंतन में ब्राह्मणों की पूरी सोच शक के घेरे में है। उनकी कोई भी साहित्यिक

व्याख्या 'झूठ, प्रक्षिप्त, किंवदंती, पुराण और कपट' के पैकेज की है। यह एक पूरा पैकेज है जिससे कबीर अपने समय में लड़ रहे हैं। इस पैकेज वालों का यह कोई अधिकार नहीं है कि ये लोग विश्व के अच्छे क्रान्तिकारियों के साथ अपना नाम जोड़ें। इस पैकेज के विद्वानों का काम क्रान्ति करने से नहीं बल्कि भ्रांति फैलाने से है। कबीर खुद को हिंदू नहीं कहते और डॉ. रामस्वरूप चतुर्वेदी उन्हें हिंदू कह रहे हैं —यह भ्रान्ति नहीं तो क्या है? यह 'ब्राह्मण-पैकेज' का हिस्सा नहीं तो और क्या है? साहित्यिक व्याख्या जरूर आगे बढ़े पर कभी झूठ पर रोक लगेगी कि नहीं? व्याख्या और झूठ को एक साथ क्यों मिलाया जाता है? यदि व्याख्या झूठ के साथ चिपकी रहेगी तो झूठ के पिटने में वह भी पिटेगी। इसलिए, यदि व्याख्या को अपनी इज्जत बचानी है तो उसे 'झूठ, प्रक्षिप्त, किंवदंती, पुराण और कपट' के पैकेज से खुद को दूर रखना होगा। नियम यह है कि जब कबीर-वाणी के दो पाठ मिल रहे हैं तो जो पाठ अपनी व्याख्या में दलित के विरोध में और ब्राह्मण के पक्ष में जा रहा है, वह निश्चित रूप से प्रक्षिप्त पाठ है।

सन्दर्भ

1. कबीर : पुनर्विचार का समय, आलेख डॉ. रामस्वरूप चतुर्वेदी, दिल्ली में आयोजित एक गोष्ठी में प्रस्तुत
2. कबीर का पुनराविष्कार, प्रभात त्रिपाठी, मधुमती, दिसम्बर 2000, राजस्थान साहित्य अकादमी, हिरण मगरी, सेक्टर-4, उदयपुर-313002, पृष्ठ 40-51
3. कबीर : पुनर्विचार का समय, आलेख, डॉ. रामस्वरूप चतुर्वेदी, पृ. 3, दिल्ली में आयोजित एक गोष्ठी में प्रस्तुत
4. वही, पृ. 2, 5. वही, पृ. 3, 6. वही, पृ. 3, 7. वही, पृ. 3, 8. वही, पृ. 5, 9. वही, पृ. 5
10. वही, पृ. 5, 11. वही, पृ. 3, 12. वही, पृ. 6
13. विश्वगुरु सद्गुरु कबीर साहिब का मानव-सन्देश, महंत बंसूदास कबीरपंथी, बहुजन कल्याण प्रकाशन, 360/193, मातादीन रोड, लखनऊ, अष्टम संस्करण, 1996, पृ. 22
14. वही, पृ. 22, 15. वही, पृ. 22, 16. वही, पृ. 22, 17. वही, पृ. 22, 18. वही, पृ. 22-3
19. वही, पृ. 24
20. कबीर ग्रंथावली, डॉ. पारसनाथ तिवारी, राका प्रकाशन, 40 ए, मोती लाल नेहरू रोड, इलाहाबाद-211002, पुनर्मुद्रित संस्करण, 1989, द्वितीय खंड, पृ. 104
21. विश्वगुरु सद्गुरु कबीर साहिब का मानव-संदेश, महंत बंसूदास कबीरपंथी, बहुजन कल्याण प्रकाशन, 360/193, मातादीन रोड, लखनऊ, अष्टम संस्करण, 1996, पृ. 33
22. कबीर ग्रंथावली, डॉ. पारसनाथ तिवारी, राका प्रकाशन, 40 ए, मोती लाल नेहरू रोड, इलाहाबाद-211002, पुनर्मुद्रित संस्करण, 1989, प्रथम संस्करण की प्रस्तावना, पृ. 3 उ
23. कबीर : कबीर के व्यक्तित्व, साहित्य और दार्शनिक विचारों की आलोचना, डॉ. हजारी प्रसाद द्विवेदी, हिंदी ग्रंथ रत्नाकर कार्यालय, हीरा बाग, गिरगाँव, बम्बई-4, तृतीय परिवर्द्धित संस्करण, जुलाई 1950, पृ. 136, पाद-टिप्पणी।
24. वही, पृ. 136

25. कबीर-ग्रंथावली : संजीवनी व्याख्या सहित, डॉ. भगवत् स्वरूप मिश्र, विनोद पुस्तक मंदिर, हॉस्पिटल रोड, आगरा-3, तृतीय संशोधित एवं परिवर्द्धित संस्करण, 1977, पृ. 257
26. वही, पृ. 257, 27. वही, पृ. 181, 28. वही, पृ. 181
29. The Millennium Kabir Vani : A Collection of Pad-s, Winand M. Callewaert in collaboration with Swapna Sharma and Dieter Taillieu, Manohar Publishers & Distributors, 4753/23 Ansari road, Daryaganj, New Delhi-110002, First Published 2000, pp-173-5
30. परंपरा का मूल्यांकन, राम विलास शर्मा, राजकमल प्रकाशन प्राइवेट लिमिटेड, 8, नेताजी सुभाष मार्ग, नई दिल्ली-110002, प्रथम संस्करण, 1981, पृ. 70
31. 'यहाँ से कबीर को देखिए' बनाम 'कबीर को भगवा?', कुमार पंकज, अक्षरा, सितंबर से अक्टूबर 2001, मध्य प्रदेश राष्ट्र भाषा प्रचार समिति, हिंदी भवन, भोपाल, पृ. 68
32. वही, पृ. 69

अध्याय-4

डॉ. रमेश चन्द्र मिश्र : पिंजड़े में कबीर

I

'कबीर के आलोचक' के बाद कबीर के ब्राह्मण समीक्षकों का चिंतन जिद पर अड़ गया है। तर्कों से उनका पहले भी कोई वास्ता नहीं था लेकिन अब वे पूर्णतया उजागर हो गए हैं। डॉ. रमेश चन्द्र मिश्र अपनी पुस्तक 'कबीर अकेला' में 'कबीर के आलोचक' के जवाब में लिखते हैं—" 'ब्राह्मण' होने के नाते रामानंद पर कितने ही दोष क्यों न लगाए जाएँ अथवा यह कहा जाए—'कबीर के गुरु मक्खी और मच्छर हो सकते हैं, कबीर के गुरु कुत्ते और बिल्ली हो सकते हैं। लेकिन रामानंद ब्राह्मण उनके गुरु कभी नहीं हो सकते। (दे.—कबीर के आलोचक, पृ. 94), तो भी स्वा. रामानंद का कबीर पर प्रभाव नकारा नहीं जा सकता।"[1] इससे पहले वे लिख ही चुके हैं—"...लगता है कि कबीर का कोई शरीरधारी मनुष्य गुरु ही रहा होगा और तभी ध्यान स्वा. रामानंद के प्रभावी व्यक्तित्व की ओर जाता है, जो उस समय के धार्मिक आंदोलन के सूत्रधार माने जाते हैं।"[2] वे इससे भी पहले इस मामले में अपना फतवा दे चुके हैं—"जनश्रुति है कि ब्राह्मण वर्ग के स्वामी रामानंद द्वारा शूद्र वर्ग के कबीर को दीक्षा न देने से, कबीर का उनके प्रति समर्पण-भाव आहत हुआ होगा और किशोर मन के संकल्प को एक ठेस पहुँची होगी। शायद इसी आधार पर कुछ समीक्षक रामानंद को कबीर का गुरु न मानने की बात कहते हैं। पर मुझे लगता है कि तभी कबीर के किशोर मन ने दृढ़ निश्चय किया होगा कि दीक्षा लेनी है, तो इन्हीं से।"[3] बाद में इस किंवदंती को 'मुझे लगता है' के सहारे उन्होंने साक्ष्य अधिनियम का निश्चायक सबूत बनाते हुए लिख दिया है—"काशी के कबीर जुलाहे ने तब रामानंद की गुरु-परंपरा में अपने को खड़ा करके, जाति-पाँति की उपेक्षा कर 'हरि को भजै सो हरि का होई' की ऊर्जा लेते हुए, अपने पैरों को नई गति देते हुए काशी के चौराहे पर भुजा उठा कर, अपना पहला पाठ जन मानस के बीच कह सुनाया...।"[4] अब उन्हें दम भरने वाले समीक्षाकार श्री भगवान सिंह भी मिल गए हैं जो उनकी इस पुस्तक की समीक्षा

में लिखते हैं कि डॉ. मिश्र डॉ. धर्मवीर के संबंध में सही लिखते हैं कि "कबीर वाणी के समीक्षकों पर लिखी गई ऐसी निंदात्मक समीक्षा समीक्षा-साहित्य के दायरे में न हो कर मतवादों की टकराहट से जन्मी, मताग्रही पक्षों की समीक्षा कही जा सकती है।"[5] जाहिर है, श्री भगवान सिंह को भी इस बारे में संदेह था कि 'कबीर के आलोचक' के बाद ब्राह्मण रामानंद को जुलाहे कबीर का गुरु कैसे घोषित किया जा सकता था। लेकिन ब्राह्मणी विद्वत्ता की माया में कुछ भी अतार्किक घट सकता है।

अच्छा होता, डॉ. रमेश चन्द्र मिश्र मेरी मान्यता को प्रामाणिक ढंग से काटते। लेकिन अब मैंने उनके काम को अपनी पुस्तक 'कबीर और रामानंद : किंवदंतियाँ' लिख कर और भी ज्यादा मुश्किल बना दिया है। उन्हें ध्यान होना चाहिए कि यहाँ किंवदंती के पक्ष या विपक्ष में वोट नहीं पड़ रहे हैं। यह वोट का नहीं, गवाही का मामला है। उनके पक्ष में पाँच सौ वोट पड़े तो भी मेरी अकेले की गवाही उन सारे वोटों को काट देगी। यह इतिहास की खोज का मामला है, यहाँ प्रमाण और गवाही दीजिए, किंवदंती और राय नहीं। 'कबीर अकेला' लिख कर उन्होंने अपने पक्ष में केवल मत बटोरे हैं, प्रमाण नहीं। यह साहित्य की समीक्षा का रास्ता नहीं है। उनकी इस मताग्रही परिक्रमा का कोई मूल्य नहीं है।

डॉ. रमेश चंद्र मिश्र एक अड़ पकड़ कर बैठ गए हैं कि कबीर के कोई गुरु जरूर होने चाहिए। उनके मत में, यदि कबीर के कोई गुरु नहीं हैं तो फिर उन्हें 'निगुरा' या 'गुरुमार' मानना पड़ेगा।[6] उन्हें कौन समझाए कि उनकी ये दोनों बातें एक साथ गलत सिद्ध हो सकती हैं? तब वे बुद्ध के गुरु किसे मानेंगे? ईसा और मौहम्मद के गुरु कौन सिद्ध किए जाएँगे? उन्हें पता होना चाहिए था कि जब वे कबीर पर अपनी लेखनी चलाने बैठे हैं तो उनके सामने कोई छोटी हस्ती नहीं है। कबीर को निगुरा तभी कहा जा सकता था जब वे कोई छोटी चीज होते। इतनी बड़ी हस्ती को इतनी छोटी कसौटी पर नहीं कसा जा सकता कि वे गुरुमार थे। वास्तव में, कबीर गुरुओं के गुरु थे। डॉ. रमेश चन्द्र मिश्र को यह भी ध्यान रखना चाहिए था कि यदि कबीर के गुरु रामानंद होते तो उन्हें खुद को 'न हिंदू' न कहना पड़ता। सच्चाई यह है कि कबीर के गुरु न कोई हिंदू रामानंद हैं और न कोई शेख तकी मुसलमान क्योंकि न कबीर हिंदू हैं और न कबीर मुसलमान हैं। फिर, रामानंद उनके गुरु इस दृष्टि से भी नहीं हो सकते थे क्योंकि वे वर्णवादी ब्राह्मण होने के नाते म्लेच्छ और जुलाहे कबीर को अपनी छाती से लगा कर प्रेम नहीं कर सकते थे।

II

डॉ. रमेश चन्द्र मिश्र ने बड़े जोर-शोर से लिखा है—" 'भक्ति' में कोई जाति नहीं होती।"[7] इतना लिखने में डॉ. मिश्र ने ब्राह्मण होने के नाते भले ही पहाड़ तोड़

दिए हों लेकिन दलित समीक्षा में उनके इस वक्तव्य का कुछ भी खास अर्थ नहीं है। यह ब्राह्मणवादी चिंतकों का एक के बाद दूसरा झाँसा है। यह ब्राह्मणों द्वारा उतनी मान्यता देने के बराबर है कि बौद्ध भिक्षु बनने के लिए किसी की जाति पूछने की दरकार नहीं रहती। बौद्ध धर्म में भी यह सवाल ज्यों का त्यों खड़ा है कि यदि कोई भिक्षु संघ से बाहर है तो जाति उसके नाम से चिपकी हुई है। बौद्ध धर्म को दलित की चुनौती यह है कि जो व्यक्ति भिक्षु संघ से बाहर है वह जाति को तोड़ कर या सामाजिक स्तर पर सब को बराबर मान कर दिखाता। यही सवाल हिंदी साहित्य के भक्ति काल के संबंध में है। यदि कोई व्यक्ति निर्गुण भक्ति में आ गया है तो उसकी जाति पर विचार नहीं किया जाएगा लेकिन यदि कोई इस भक्ति में सम्मिलित नहीं है तो जाति उसका पीछा करती रहेगी। लेकिन जाति को ले कर कबीर का युद्ध भक्ति के बिटोड़े तक चढ़ने का नहीं है। वह युद्ध ऐसी भक्ति के पार भी लड़ा जाना है। पहली बात, ब्राह्मण समीक्षक भले ही ऐसा कहते हों लेकिन कबीर अपनी जुलाही जाति को ब्राह्मण की जाति से छोटी नहीं मानते। असल में, कबीर अपनी जाति को मिटा नहीं रहे हैं बल्कि सब के साथ बराबरी पर तोल रहे हैं। इसलिए कबीर को इस झाँसे वाली शर्त के साथ न जोड़ा जाए कि निर्गुण भक्ति से जुड़ने पर कोई जाति नहीं होती, और बाकी सब जगह जाति होती है। असल में, कबीर इस सब जगह के जाति वाले अखाड़े में ब्राह्मण को बराबरी की चुनौती देते हुए कुश्ती के लिए खड़े हैं। सगुण भक्ति में भी यह जाति क्यों बनी रहेगी? यदि कोई निर्गुण और सगुण दोनों प्रकार की भक्ति से अलग या परे हो तो भी यह जातियों की ऊँच-नीच क्यों रहेगी? कोई भक्त है या नहीं है—पर जाति का इससे क्या लेना-देना? एक मलमूतर से पैदा होने पर ब्राह्मण और शूद्र में फर्क कैसा? लेकिन ब्राह्मणवादी समीक्षकों की सीमा है कि जाति के तर्क को वे इस सीमा तक नहीं ला सकते। वे जाति के मामले पर कुछ शर्तें लगा कर उसमें ढील देने को तैयार हो सकते हैं। वे इस पर कबीर का चौतरफा हमला बर्दाश्त नहीं कर सकते। वे यही कहेंगे—निर्गुण भक्ति पर नहीं पहुँचे हो तो तुम जाति के मामले में मेरे अधीन हो।

आखिर, डॉ. रमेश चन्द्र मिश्र ने भी कबीर की जाति का बखान किया ही है। वे लिखते हैं—"कबीर-वाणी में आत्मकथ्य के रूप में इतना ही मिलता है कि पहले जन्म में वे ब्राह्मण थे। पर, ओछे कर्म करने के कारण, विधाता ने उन्हें पकड़ कर जुलाहा बना दिया।"[8] 'कबीर ग्रंथावली' के पुनर्जन्म में विश्वास रखने वाले इस प्रक्षिप्त पद का सहारा लेने के बाद डॉ. रमेश चन्द्र मिश्र ने विधवा ब्राह्मणी की कोख से जन्म लेने वाली किंवदंती का पल्ला पकड़ा है। फिर लिखा है—"यदि नीरू और नीमा कबीर के पालक-पोषक माता-पिता हैं, तो कबीर किसकी औरस संतान हैं, यह प्रश्न अब भी अनिर्णीत है।"[9] अच्छा होता यदि यह प्रश्न अनिर्णीत ही रह जाता लेकिन खुद डॉ. रमेश चंद्र मिश्र ने इसे अनिर्णीत नहीं रहने दिया है। उन्होंने 'नीरू

और नीमा' से पहले लगी 'यदि' की शर्त भी हटा कर निश्चायक रूप में लिख दिया है—''लोक-लाज के कारण जननी-जनक द्वारा परित्यक्त हो कर सरोवर की कोख से जन्मे और नीरू-नीमा की चाहत भरी प्रेम-गोद में पोषित हो कर बड़े हुए कबीर और उनकी युग-बोधमयी वाणी के शब्दों का जीवंत-प्रभाव, जनमानस पर इसलिए भी अचूक हो कर पड़ता रहा है कि कबीर के शब्दों के तेवर, सामाजिक विसंगतियों—विषमताओं के बीच से, 'मध्य' की ऊर्जा को स्वयं में समाहित करते रहे हैं।''[10]

III

डॉ. रमेश चन्द्र मिश्र ने अपनी पुस्तक में कबीर-वाणी की समीक्षा का एक सर्वेक्षण किया है। इस सर्वेक्षण में उन्होंने सभी कुछ को समेटना चाहा है। उनका मुख्य लक्ष्य 'कबीर के आलोचक' में उठे सवालों का जवाब देना है। जवाब उन्होंने इस रूप में दिया है कि हर समीक्षा का अपना महत्व है। यदि किसी समीक्षा का महत्व नहीं है तो वह 'कबीर के आलोचक' है। असल में, इस पुस्तक को उन्होंने समीक्षा ही नहीं माना। उन्होंने 'कबीर के आलोचक' की वजह से माना है कि अयोध्या सिंह उपाध्याय 'हरिऔध', डॉ. श्याम सुंदर दास, आचार्य राम चंद्र शुक्ल, डॉ. हजारी प्रसाद द्विवेदी और डॉ. रामनिवास चण्डक की समीक्षाओं में बेहद कमियाँ हैं लेकिन वे फिर भी उन समीक्षाओं के योगदान को मानते हैं। लेकिन 'कबीर के आलोचक' में बेहद अच्छाइयाँ होते हुए भी यह पुस्तक समीक्षा के दायरे से बाहर की चीज है। उन्होंने इस पुस्तक को दलित समीक्षा का भी दर्जा नहीं दिया।

अयोध्या सिंह उपाध्याय 'हरिऔध' के बारे में वे लिखते हैं—''हरिऔध जी जब यह लिखते हैं कि 'कबीर साहब के ग्रंथों का आदर कविता की दृष्टि से नहीं, विचार की दृष्टि से है'... तो लगता है कि हरिऔध अपनी निजी आग्रहों के कारण कबीर-वाणी के मर्म को नहीं समझ पाए हैं।''[11] इतना लिखने के बाद वे हरिऔध के पक्ष में तर्क देने लगते हैं मानो अन्यथा हरिऔध शमशान से उठ कर अपनी छड़ी से उन्हें पीटने लगेंगे—''ऐसा कहने का एक कारण यह भी है कि उनके समय से अब तक कबीर-वाणी समीक्षा के और भी अनेक आयाम जुड़ते, उद्घाटित होते रहे हैं। इसलिए उक्त मुखबंध की कबीर वाणी समीक्षा को प्रारम्भिक समीक्षा ही मानना चाहिए जो खड़ी बोली गद्य में लिखी होने के कारण महत्वपूर्ण है। अतः कबीर संबंधी उनकी समीक्षा की सीमाओं को जानते हुए भी, वाणी के चयन-संपादन संबंधी श्रम को ध्यान में रखते हुए, कबीर वाणी की इस शताब्दी की आरम्भिक समीक्षा समझनी चाहिए।''[12] वे आगे 'कबीर के आलोचक' का विरोध करते हुए लिखते हैं—''उस समीक्षा पर मताग्रह के कारण इस प्रकार का कुठाराघात भी उचित नहीं है, जिसमें हरिऔध जी की समीक्षा को कबीर वाणी पर **'ब्राह्मणी दृष्टि'** होने के कारण **'पहला**

आक्रमण' कहा जाए। वास्तव में कबीर-वाणी के मर्म में रस-बस कर, उक्त प्रकार के कथनों को **'ब्राह्मणी दृष्टि'** की काट तो कहा जा सकता है। पर, ऐसे कथन कबीर-वाणी के विराट व्यक्तित्व के सामने बड़े एकांगी और बौने-से लगते हैं।''[13]

डॉ. श्याम सुंदर दास की समीक्षा के बारे में डॉ. रमेश चंद्र मिश्र को लिखना पड़ गया है–''आज समीक्षा-जगत में उक्त प्रकार की तुलनाएँ पुराने समय की समीक्षा-सी लगती हैं। वह समय था जब तराजू ले कर समीक्षक मूल्यांकन करते थे और लफ्फाजी के वजन से अपने माल को भारी भरकम करार देते थे। वैसे भी, डॉ. श्याम सुंदर दास ने कबीर की भाषा के संबंध में संवेदना रहित जो निष्कर्ष दिए हैं, वे उनकी सीमित, क्लासिकल (आभिजात्य) कही जाने वाली दृष्टि के ही परिचायक हैं। वास्तव में जो काव्य-भाषा की शक्ति कही जाती है अर्थात भाषा का जनाधार, उसे उन्होंने गँवारू, अक्खड़ आदि विशेषणों से जोड़ कर, अपनी निष्प्राण सीमा का ही परिचय दिया है।''[14] वे आगे लिखते हैं–''कबीर-वाणी के संदर्भ में डॉ. श्याम सुंदर दास के उक्त कथन कि 'कबीर की कविता में साहित्यिकता का अभाव है' यह कहने के लिए विवश होना पड़ता है कि यदि कबीर-काव्य साहित्यिक तत्वों से रहित है, तो निश्चित ही डॉ. श्याम सुंदर दास का हृदय, जिसमें सहृदय समीक्षक का गुण नहीं है, संवेदन शून्य रहा होगा। या फिर उनकी चेतना पर आभिजात्यपन का मुलम्मा चढ़ा रहा होगा, जिस से वे कबीर-वाणी रूप मृत्तिका घट में संचित जल-संसर्ग की भीनी गंध का अनुभव नहीं कर सके।''[15] फिर भी, वे बात को संभालते हुए लिखते हैं–''अतः कह सकते हैं कि डॉ. श्याम सुंदर दास द्वारा लिखित 'प्रस्तावना' समीक्षा, यद्यपि कबीर-वाणी के मानदंडों पर खरी नहीं उतरती। फिर भी, कबीर-ग्रंथावली का संपादन, प्रकाशन, कबीर-वाणी-समीक्षा के ऐतिहासिक विकास क्रम में एक महत्वपूर्ण योगदान है।''[16] वे 'कबीर के आलोचक' के विरोध में लिखते हैं–''उनकी कबीर संबंधी समीक्षा 'प्रारंभिक' होते हुए भी, समीक्षा-जगत से निकाल फेंक देने वाली 'वस्तु' नहीं है। 'कबीर के आलोचक' पुस्तक में डॉ. श्याम सुंदर दास की समीक्षा को कबीर पर **'दूसरा आक्रमण'** बताया गया है और इसलिए त्याज्य बताया गया है। क्योंकि यह **ब्राह्मणवादी** अथवा **हिंदूवादी** दृष्टिकोण से लिखी बताई गई है। लिखते वक्त यदि ईसाइयत के प्रचार-प्रसार के समय की कबीर-संबंधी समीक्षा को भी ध्यान में रखा जाता, तो शायद ऐसे आक्षेप लिख कर प्रकाशित न किए जाते।''[17] लेकिन मैं यहाँ 'कबीर के आलोचक' से भी आगे बढ़ कर यह कहना चाहता हूँ कि इन ब्राह्मणवादी और हिंदूवादी लेखकों को उन दिनों कबीर की तरफ देखने की जरूरत इसलिए पड़ गई थी क्योंकि यूरोपीय विद्वानों और ईसाई मिशनरियों ने कबीर को समझने में अपनी गहरी रुचि दिखाई थी। यदि विदेशी विद्वान कबीर के साहित्य और उससे भी ज्यादा कबीरपंथ और कबीर के अनुयायियों के बारे में खोज शुरू न करते तो हिंदू विद्वान कबीर को ले कर और भी सोते रहते। इन्हें चौकन्ना इसलिए होना पड़ा कि कहीं

कबीरपंथी चमारों की बड़ी जमात को विदेशी मिशनरी लोग ईसाई न बना लें। यदि इन्हें यह डर न व्यापता तो ये किस कबीर पर समीक्षाएँ लिखने वाले थे? पर क्या तब समीक्षाएँ, डर, लोभ या दबाव में ही लिखी जानी चाहिए? फिर विद्वानों की ईमानदारी नाम की चीज क्या है? सीधी-सी बात है, आधुनिक युग में कबीर पर पहला काम विदेशी विद्वानों ने किया है, हिंदुओं और ब्राह्मणों ने बाद में।

चलते-चलते इस विषय पर डॉ. रमेश चन्द्र मिश्र ने 'कबीर के आलोचक' पर यह भी लिख दिया है–"उक्त प्रकार की समीक्षा के संबंध में इतना कहना ही काफी है कि कबीर ने अब के ऐसे लेखकों के लिए ही **कुसबद** और **निंद्या कौ अंग** भी लिखे हैं और कबीर-वाणी के (वैष्णव)–जिज्ञासुओं के लिए 'पीव **पिछाणन** कौ अंग', 'हेत प्रीति कौ अंग' तथा 'दया निर्बैरता कौ अंग' भी लिखे गए हैं।"[18] उन्होंने मुझे सलाह दी है–"जो कबीर-वाणी को सीमित दृष्टि से देखना चाहते हैं, वे कबीर-वाणी के उक्त अंगों की साखियों का, जिज्ञासु-भाव से मनन करें। तभी उनकी चेतना का विकास हो सकेगा। निश्चित ही कबीर की ज्योतिष्मती प्रज्ञा, ऐसे आग्रहों की सीमा का व्यतिक्रम करती रही है। सच तो है कि कबीर की व्यापक वाणी-विचार-भूमिका को, एक खूँटे से बाँध कर देखना, कबीर-चेतना की हत्या के समान ही समझना चाहिए।"[19] लेकिन मुझे खूब मालूम है कि मुझे, कबीर को ले कर, डॉ. रमेश चन्द्र मिश्र वाली चेतना के इस व्युविकास में शामिल नहीं होना है कि कबीर के गुरु रामानंद थे और वे किसी विधवा ब्राह्मणी के फेंके हुए पुत्र थे। मुझे यह भी मालूम है कि यहाँ कबीर-चेतना की स्वीकृति तब होती है जब डॉ. रमेश चन्द्र मिश्र मुझ से अपने इस मत को मनवा लेंगे कि कबीर ने पुनर्जन्म में विश्वास वाली और ब्राह्मण के सामने जुलाहे के रूप में खुद को नीच मानने वाली ये पंक्तियाँ लिखी हैं :

> पूरब जनम हम बाह्मन होते ओछे करम तपहीना।
> रामदेव की सेवा चूका पकरि जुलाहा कीन्हा।[20]

पुराने ब्राह्मणों ने कबीर के नाम से प्रक्षिप्त रच कर इन दो पंक्तियों में कबीर की दो बार हत्या की है। अब नए ब्राह्मण डॉ. रमेश चन्द्र मिश्र इन पंक्तियों को बड़ी खुशी से उद्धृत कर रहे हैं। कबीर के सच का इनके पास एक खोटा पैसा भी नहीं है जबकि ये अपने पास असली डालर और पौंड होने की बात करते हैं।

डॉ. रमेश चन्द्र मिश्र को 'कबीर के आलोचक' के दबाव में आचार्य रामचंद्र शुक्ल के बारे में यह लिखना पड़ गया है–"आज इस बीसवीं शती के अंतिम दशक में जब हम शुक्लीय समीक्षा का पुनरीक्षण करते हैं, तो उनकी समीक्षा में अनेक विरोधाभास तथा प्रतिपादन में आग्रह एवं दृष्टि में पक्षपातपूर्णता झलकती दिखाई देती है। उदाहरण के लिए–आचार्य शुक्ल ने कबीर के जीवन संबंधी कुछ प्रवादों, जैसे विधवा ब्राह्मणी का पुत्र होना, रामानंद की शिष्यता का जो उल्लेख किया है

अथवा जायसी या तुलसी से जहाँ वे कबीर की तुलना करते हैं, या फिर कबीर की 'निर्गुण' कही जाने वाली वाणी का शास्त्रीय विवेचन प्रस्तुत करते हैं,...तब आचार्य शुक्ल के वक्तव्य पूर्व-निर्धारित निष्कर्षों से संचालित दिखाई देते हैं, जिनमें शुक्ल-दृष्टि के पूर्वाग्रह बोलते दिखाई देते हैं। उदाहरण के लिए जब आचार्य शुक्ल कबीर के 'पंथ' अथवा 'वाणी' की विशेषताओं के संबंध में लिखते हैं, तब कबीर-चिंतन की मौलिकता को नकारते दिखाई देते हैं।''[21] लेकिन इस स्वीकार के बाद भी डॉ. रमेश चन्द्र मिश्र 'कबीर के आलोचक' के विरोध में लिखते हैं–''आज जब कबीर-वाणी संबंधी, विविध आयामों से संपन्न समीक्षा हमारे सामने है, तब आ. शुक्ल की समीक्षा को, स्वतंत्रता प्राप्ति से पूर्व की समीक्षा कहना उचित लगता है। आज की समीक्षा में और अनेक (पहलू)–दृष्टिकोणों को अपनाया जाने लगा है। समीक्षा के देशी-विदेशी और अनेक औजारों के इस्तेमाल से कबीर-वाणी में निहित सामर्थ्य को उजागर करके देखा जा रहा है। सन् 1960 से पहले, कबीर-वाणी को वर्गवादी या मार्क्सवादी विचार-चिंतन अथवा जनवादी विचार-कसौटी पर नहीं परखा गया था और न अस्सी के दशक से पहले जातिवादी अथवा दलित चेतनाकारी समीक्षा का दृष्टिकोण ही इतने सार्थक अर्थों में सामने आ पाया था। अतः उठ रहे जातिवादी उभार को सब कुछ समझ कर, कबीर-वाणी की पूर्व समीक्षा को निरस्त कर देना अथवा अनर्गल बताना भी समीचीन नहीं लगता। उदाहरण के लिए आ. शुक्ल के कबीर-वाणी संबंधी विचारों को, शुक्ल दृष्टिकोण का दुराग्रह एवं कबीर-वाणी पर 'वार' (=आक्रमण) बताना, जातीय वैमनस्य का आक्रोश ही कहा जा सकता है, वाणी-समीक्षा नहीं।''[22] ब्राह्मणी मताग्रहों को ब्राह्मणी कह कर उनका विरोध करने वाली पुस्तक 'कबीर के आलोचक' के संबंध में वे लिखते हैं–''कबीर-वाणी के समीक्षकों पर लिखी गई ऐसी निंदात्मक समीक्षा, साहित्य-समीक्षा के दायरे में न हो कर मत-वादों की टकराहट से जन्मी, मताग्रही पक्षों की समीक्षा कही जा सकती है।''[23] कहने का मतलब है कि डॉ. रमेश चन्द्र मिश्र 'कबीर के आलोचक' को तभी साहित्य-समीक्षा की पुस्तक मानते जब उसमें सबसे पहले ब्राह्मणों को पालागन कहा जाता। लगता है, वे 'कबीर के आलोचक' में इन्हीं शब्दों को ढूँढ रहे थे जिनके कहीं भी न मिलने पर वे झुंझलाहट में इस पुस्तक को साहित्य-निकाला दे गए हैं। इससे पता चलता है कि मुसलमानों के उलेमा ही फतवे नहीं देते बल्कि हिंदू धर्म के ब्राह्मण भी फतवे देने के आदी हैं।

डॉ. हजारी प्रसाद द्विवेदी के बारे में डॉ. रमेश चन्द्र मिश्र ने लिखा है–''...**आचार्य हजारी प्रसाद द्विवेदी**...द्वारा लिखित **कबीर** पुस्तक, कबीर-वाणी समीक्षा में, मील के पत्थर की तरह सामने आई। तब से अब तक कबीर का कोई भी विद्यार्थी ऐसा नहीं होगा, जिसने यह पुस्तक पढ़ी अथवा उद्धृत न की हो। वास्तव में आज भी कबीर-समीक्षा में इसकी गिनती मानक ग्रंथ के रूप में होती है।''[24] लेकिन 'कबीर के आलोचक' के आने से वे पूरे परेशान हो गए हैं। वे लिखते हैं–''कुल मिला कर

कह सकते हैं कि आचार्य द्विवेदी द्वारा रचित **कबीर** पुस्तक की प्रतिपादन शैली एवं प्रतिपाद्य को हम सबने पढ़ा और सुना है और उससे कबीर-वाणी संबंधी दिशा-निर्देश भी सब ने लिए हैं। किंतु, सन् 1997 में प्रकाशित 'कबीर के आलोचक' पुस्तक में **'डॉ. हजारी प्रसाद द्विवेदी : सूर्य पर पूरा ग्रहण'** शीर्षक लेख पढ़ कर अब ऐसा लगता है कि पिछले 50-55 वर्षों से 'कबीर' शीर्षक पढ़ते हुए, हम सबने बड़ा भारी गुनाह किया है। गुनाह यह कि कबीर जैसे सूर्य को आ. द्विवेदी जैसे राहु (=राक्षस) ने पूरी तरह ग्रस लिया। फिर क्यों राहु की लोग प्रशंसा करते हैं?''[25] आगे डॉ. रमेश चन्द्र मिश्र ने स्वीकार किया है—''यह माना कि आ. द्विवेदी की 'कबीर' पुस्तक में दिए गए कुछ निष्कर्षों से बहुतों की सहमति न हो। और ऐसे कुछ निष्कर्ष इस प्रकार के हो सकते हैं।''[26]

ऐसे पाँच उदाहरण दे कर वे आगे डॉ. द्विवेदी का बचाव करते हैं—''किंतु आ. द्विवेदी द्वारा की गई कबीर-वाणी की समीक्षा ही नहीं दृष्टि को भी लांछित करते हुए यह कहना कहाँ तक उचित है कि...।''[27] अब वे 'कबीर के आलोचक' से आठ उदाहरण देते हैं। फिर, स्वयं संतोष कर लेते हैं—''आ. द्विवेदी की कबीर संबंधी समीक्षा एवं वाणी-संकलन के प्रयत्न तथा उद्देश्य को समझे बिना, उक्त प्रकार के मताग्रहों की अभिव्यक्ति का होना स्वाभाविक ही है।''[28] लेकिन वे मुझसे क्या कहते हैं जब अपनी इस पुस्तक में स्वयं लिखते हैं—''आ. द्विवेदी, कबीर वाणी के पाठ-शोधन के प्रति किंचित भी दत्तचित्त दिखाई नहीं देते।''[29] जब आधार ही गलत हो तब उन्हें कैसे बख्शा जाएगा? जब पाठ तय नहीं है तब समीक्षा किस बात की हो रही है? इस 'अंधे की लकड़ी के अग-बग जा' का मैं क्या करूँ? क्या समीक्षा-पुस्तक लिखने में ये कोई अच्छे काम हैं?

'कबीर के आलोचक' की पूरी परिक्रमा करते हुए अंत में डॉ. रमेश चन्द्र मिश्र अपना ब्राह्मणी फतवा इन शब्दों में देते हैं—''...अपनी पूर्व निर्धारित आग्रही प्रमेय के आधार पर डॉ. धर्मवीर ने **कबीर के आलोचक** पुस्तक में जो आरोप और आक्षेप किए हैं, उनके भाषा-स्वर, दलितवादी समीक्षा के ठोस आधार प्रस्तुत करने पर, मताग्रही झुँझलाहट भरी प्रतिक्रिया ही प्रकट करते रहे हैं।''[30] लगता है, डॉ. रमेश चन्द्र मिश्र के मन में एक चोर घात लगाए हुए बैठा है कि हिंदी साहित्य में दलित समीक्षा भी ब्राह्मण लिखेंगे कि मुर्गे की तीन टाँगें होती हैं और भैंस के पाँच पैर होते हैं।

IV

डॉ. रमेश चन्द्र मिश्र ने 'कबीर के आलोचक' और मेरे साथ जो किया सो किया लेकिन जानने लायक बात यह है कि उन्होंने खुद कबीर के साथ क्या किया है। मुझे उसी की फिक्र है और वह उन्होंने बहुत बुरा किया है। उत्तर में बताया जा सकता है कि छह हिंदू समीक्षकों की कबीर संबंधी समीक्षाएँ पढ़ कर मैंने एक

निष्कर्ष निकाला था जो डॉ. रमेश चन्द्र मिश्र को पसंद नहीं आया है। उन्होंने मेरे उन शब्दों को अपनी पुस्तक में उद्धृत किया है–"ये सारे हिंदू लेखक कबीर को मारने में एक-दूसरे के पूरक हैं।...इन छहों की समीक्षाओं को एक-साथ मिला कर पढ़ा जाए तो कबीर इतिहास में रक्त और मांस विहीन कंकाल मात्र बचते हैं।"[31] लेकिन अब यदि उन छहों में इन सातवें डॉ. रमेश चन्द्र मिश्र को भी शामिल कर लिया जाए तो फिर कबीर कैसे बचते हैं ? फिर कबीर अकेले बचते हैं। इन्होंने अपनी 320 पेजों की पूरी किताब का नाम ही 'कबीर अकेला' रखा है। ब्राह्मण सकेले और कबीर अकेले–क्या युद्ध की ठानी है? यह कबीर को 'ना हिंदू, ना मुसलमान' कहने का दंड मिला है। कबीर को अकेला कर दिया गया है। अब अकेले कबीर को कहीं भी धर दबोचो। यह अच्छा मौका है। कबीर निहत्था और अकेला है, उसे चारों ओर से घेर लो। यह चक्रव्यूह का आखिरी युद्ध-द्वार है। कबीर के पक्ष में कोई हाथ नहीं उठेगा। वास्तव में, किसी दार्शनिक को अकेला कर देना उसे मार देना है। उसका कोई अनुयायी नहीं है। समाज से उसका नाता तोड़ दिया गया है। पुस्तक 'कबीर अकेला' में कबीर के साथ यही किया गया है। वे असंग और निस्संग हैं। अब कबीर के परिवर्तनकामी और क्रांतिकारी विचार से भय खाने की कोई जरूरत नहीं। ये समाज से काट कर व्यक्ति को अकेले में मोक्ष देते हैं। इनके चातुर्वर्ण्य समाज और ब्राह्म विवाह के पर्सनल कानून में दखल करके कोई आजादी हासिल नहीं कर सकता। सबको संन्यास की सामाजिक मृत्यु के शमशान में रफा-दफा कर देते हैं। यही बुद्ध के लिए रास्ता छोड़ा था कि समाज में दखलंदाजी करनी छोड़ कर विहार में जा कर निर्वाण ले ले, उम्र पूरी करता हुआ व्यतीत हो जा, बुझ जा, मिट जा, तू पैदा क्यों हो गया था?

किसी आदमी को अकेला कहने का क्या मतलब है? इसके इतने पक्ष हो सकते हैं :

1. क्या वह इकलखोर है?
2. क्या इकला रह कर वह अपना कोई मोक्ष, निर्वाण या कैवल्य प्राप्त कर रहा है?
3. क्या वह अकेला रह जाने पर भी आगे बढ़ने का हौंसला रख रहा है?
4. क्या व्यवस्था ने आदमी को अकेला छोड़ दिया है? क्या व्यवस्था गंदी है?

इनमें से कौन-सी बात कबीर पर लागू होती है? जाहिर है, कबीर के लिए यह शीर्षक गलत है। जबकि कबीर जन-जन की जबान पर चढ़े हुए हों उस समय उन्हें अकेला कहना उचित नहीं है। इसमें मंशा गलत है। कबीर अकेले-दुकेले या तिकेले नहीं हैं बल्कि उनके पीछे जनसंख्या और जनमत का भारी बल है। 'संसार शुद्धि' के आदर्श के आजीवक दार्शनिक अकेले नहीं रहा करते।

लेकिन कबीर के बारे में उनके अकेले का दर्शन खड़ा करने के बाद भी एक होशियारी बरती गई है कि डॉ. रमेश चन्द्र मिश्र दोमुँहे होते गए हैं। वे भूमिका में ही लिखते हैं–'अतः अपनी निबंध (=चौहद्दी, बेहद) मानसिकता के कारण कबीर अकेला हो कर भी, सबसे जुड़ा रहा है।"[32] वे अपनी इसी रट को आगे लिखना जारी रखते हैं–"क्यों न हो, अपने पराए की दीवाल ही जब ढह जाए, तब फिर समता भाव की अनुभूति, चेतना को जो विशदता प्रदान करती है, उस चैतन्यमयी विशदता के अनुभव में, कबीर अकेले हो कर भी सब के हो जाते हैं।"[33] वे पुनः लिखते हैं–"अकेले रह कर भी कबीर ने अपना वचन-बीज, जन-मानस में निरंतर बोया है, जिससे लोक, भटकाव से उभरा रह सके।"[34]

बताया जाए कि ये सीधे शब्द नहीं हैं, बल्कि डॉ. रमेश चन्द्र मिश्र के चतुराई भरे शब्द हैं। मेरा मानना है कि इतना हर कोई ब्राह्मण विद्वान जानता है। कोई ब्राह्मण विद्वान ऐसा नहीं है जो इस बात को न जानता हो कि जरूरत पड़ने पर ऐसी भाषा का प्रयोग किया जाए। इसमें उनका मूल उद्देश्य यह होता है कि चिंतक को उसके समाज से काट दिया जाए। इस प्रकार के कटने से वह ब्राह्मणों की बंधीबंधाई व्यवस्था में दखलंदाजी नहीं कर सकता। बताइए, अपने-पराए की दीवाल को ढहाए बिना इनके यहाँ समता की प्राप्ति नहीं हो सकती ! यह 'समता' जैसे क्रांतिकारी और संवैधानिक शब्द का अध्यात्म की भाषा में कितना ज्यादा दुरुपयोग है ! डॉ. मिश्र को पता होना चाहिए कि कबीर के यहाँ 'समता' का एक लौकिक अर्थ भी है। 'समता' उन लोगों की बपौती नहीं है जो वेदांत की पारमार्थिक भाषा की अर्थतोड़ कसरत के अद्वैती हो गए हैं। कबीर के यहाँ कथनी और करनी का अर्थ न रखते हुए समता का लौकिक समाज में क्रांतिकारी अर्थ है कि ब्राह्मण और चांडाल में सामाजिक स्तर पर भी ऊँच-नीच और छुआछूत नहीं बरती जा सकती। लेकिन समता का ऐसा लौकिक अर्थ किसी ब्राह्मण को स्वीकार्य नहीं है। स्वीकार्य होता तो खुद डॉ. रमेश चन्द्र मिश्र अपनी इस पुस्तक में यह न लिखते–"अब डॉ. धर्मवीर अपमान ढोने वाले अछूत नहीं रहे, आई.ए.एस. अफसर हैं।...आज 'अछूत' है कौन?"[35]

विशेष ध्यान देने की बात यह है कि डॉ. रमेश चन्द्र मिश्र ने 'पंथ' की लीक पर न चलने वाले[36] कह कर ही कबीर को अकेलेपन और समत्व से जोड़ा है। कबीर ने हिंदू और मुसलमान धर्मों की राह पर न चलने की बात क्या कह दी, ब्राह्मणों ने कबीर को पंथहीन ही घोषित कर दिया है। यह मन की कौन-सी दुश्मनी और लड़ने का कौन-सा कौशल है? जवाब यह है कि जब कबीर न हिंदू हैं और न मुसलमान हैं तो इतना कहने से वे अकेले नहीं हो गए हैं। वे अपने आजीवक समाज के साथ पूरी तरह सकेले हैं जिन्हें आज दलित कहा जाता है। साथ ही, समता और सबसे जुड़ने की कबीर की यह प्राप्ति बीच में अनिर्वचनीयता की लंबी और गहरी खाई वाली आध्यात्मिकता से न जुड़ कर कथनी और करनी में अभेद रखती 'संवैधानिक'

स्तर पर चरितार्थ होती है—और इसी खास जगह को समझा जाना है जो ब्राह्मण विद्वानों के लिए स्वीकार करना मुश्किल है।

यहाँ मैं फिर वैसे ही प्रश्न पूछना चाहता हूँ जैसे मैंने डॉ. हजारी प्रसाद द्विवेदी की आलोचना में पूछे थे :

1. यदि कबीर अकेले हैं तो हिंदी के उस पूरे भक्तिकाल में सकेले कौन हैं?
2. यदि यह सिद्ध हो जाए कि कबीर सकेले भी थे तो उस बाबत डॉ. रमेश चन्द्र मिश्र की प्रतिक्रिया क्या होगी?
3. डॉ. रमेश चन्द्र मिश्र द्वारा अकेले की परिभाषा क्या है और सकेले की परिभाषा क्या है?

डॉ. रमेश चन्द्र मिश्र ने मेरे बारे में कुछ व्यक्तिगत प्रश्न भी उठाए हैं। उनकी दृष्टि से प्रश्न बहुत महत्वपूर्ण हैं। वे पूछते हैं—"प्रश्न जिज्ञासाएँ हुईं कि क्या 'अछूत' कहे जाने वाले पक्ष की वैसी ही आपत्तियाँ या प्रपत्तियाँ हैं, जो आजादी प्राप्ति के पूर्व थीं। अब स्थिति बदली है। अब डॉ. धर्मवीर अपमान ढोने वाले अछूत नहीं रहे, आई. ए. एस. अफसर हैं। क्या डॉ. धर्मवीर को मुस्लिम दलित और ईसाई दलितों की भी कोई चिंता रही है?"[37] वे पुनः पूछते हैं—"फिर से प्रश्न उठता है कि आखिर दलित है कौन, आजादी से पहले वाला अथवा आजादी, प्राप्ति के बाद का? विशेष अधिकारों से संपन्न संविधान संरक्षित अधिकारी क्या 'दलित' है?"[38] वे अंत में फिर जोर दे कर पूछते हैं—"पाठक स्वयं विचार करें कि आज के प्रजातंत्र वाले स्वाधीन भारत में, अछूत या दलितों की स्थिति कबीर-युग जैसी है? आज 'अछूत' है कौन?"[39]

डॉ. रमेश चन्द्र मिश्र के बार-बार एक ही प्रश्न को जोर-जोर से पूछने पर सब कुछ समझ में आ रहा है। इन प्रश्नों का उत्तर देने को जी नहीं चाहता। मेरा विश्वास है कि उन्हें अपने इन सारे प्रश्नों के उत्तर अच्छी तरह ज्ञात हैं। इसलिए ऐसे प्रश्नों के उत्तर न देना ही ज्यादा ठीक रहता है। लेकिन यदि उन्हें सचमुच ही इन प्रश्नों के उत्तर ज्ञात नहीं हैं तो वे मुझसे कृपया इन्हें दुबारा पूछें। तब मैं उन्हें निराश नहीं करूँगा। मैं पूरे हिज्जे करके उत्तर दूँगा। मैं भारत में इस विषय का विशेषज्ञ हूँ।

संदर्भ

1. कबीर अकेला, डॉ. रमेश चन्द्र मिश्र, संत साहित्य संस्थान, 3611, नेताजी सुभाष मार्ग, दरिया गंज, नई दिल्ली-110002, प्रथम संस्करण 1999, पृ. 41
2. वही, पृ. 40-1, 3. वही, पृ. 39, 4. वही, पृ. 102
5. कुछ और किताबें, श्री भगवान सिंह, समकालीन भारतीय साहित्य, मार्च-अप्रैल-2001, रवीन्द्र भवन, 35, फिरोज शाह मार्ग, नई दिल्ली-110001, पृ. 187

6. कबीर अकेला, डॉ. रमेश चन्द्र मिश्र, संत साहित्य संस्थान, 3611, नेताजी सुभाष मार्ग, दरिया गंज, नई दिल्ली-110002, प्रथम संस्करण 1999, पृ. 38

7. वही, पृ. 186, 8. वही, पृ. 33, 9. वही, पृ. 33-4, 10. वही, पृ. 103, 11. वही, पृ. 286

12. वही, पृ. 286, 13. वही, पृ. 286, 14. वही, पृ. 287, 15. वही, पृ. 287, 16. वही, पृ. 288,

17. वही, पृ. 288, 18. वही, पृ. 288, 19. वही, पृ. 288, 20. वही, पृ. 102, 255, 21. वही, पृ. 289, 22. वही, पृ. 290, 23. वही, पृ. 290, 24. वही, पृ. 292, 25. वही, पृ. 294,

26. वही, पृ. 294, 27. वही, पृ. 294, 28. वही, पृ. 295, 29. वही, पृ. 296, 30. वही, पृ. 313,

31. वही, पृ. 313 पर उद्धृत, 32. वही, पृ. 5, 33. वही, पृ. 9, 34. वही, पृ. 258, 35. वही, पृ. 314, 36.वही, पृ. 260 37. वही, पृ. 314, 38.वही, पृ. 314, 39.वही, पृ. 314

अध्याय-5

डॉ. राजदेव सिंह : बिगुल पर रोक

क. वर्ण-व्यवस्था : बुद्ध, महावीर और नानक

कबीर को ले कर लड़ने-झगड़ने की जरूरत नहीं है। उसकी कोई गुंजाइश नहीं है। जबकि कबीर की चर्चा को ले कर फायदा यह होता है कि भारतीय समाज के मुद्दे सबसे अच्छी तरह समझे जाते हैं। यदि भारत के इतिहास, समाज, साहित्य, धर्म, दर्शन और संस्कृति पर कोई मुकदमा चलाना हो तो सबसे साफ मुद्दे कबीर को ले कर तय किए जा सकते हैं। मुकदमे की अगली कार्यवाही तब शुरू हो जब पहले मुद्दे तय हों जिन पर बात होनी है। यदि मुद्दे तय नहीं हैं तो संवाद बेकार है। फिर संवाद में आगे नहीं बढ़ना चाहिए क्योंकि आगे द्विज चिंतन के कथनी और करनी के अंतर की लंबी दुर्वह वैतरणी पड़ती है।

संवाद के साथ सबसे बड़ी त्रासदी तब घटित होती है जब बिना मुद्दों के बात की जाती है। तब वह हवाओं में की गई बात होती है। अमूर्त की मानसिकता में डराया जाता है या पुनर्लोक के स्वप्नों में झुलाया जाता है। इसके विपरीत, मुद्दे बनने का लाभ यह होता है कि हर बहस की सीमा तय की जाती है। सीमा से उत्तरदायित्व बढ़ता है। ऊल-जलूल और गैर-सरोकार की चीजों पर अंकुश लगता है। समय और दिमाग की बर्बादी नहीं होती। तर्काभासों से बचा जाता है। कबीर की भाषा में फिजूल की बातें फटक दी जाती हैं और सार-सार को गहा जाता है।

यह बात मानी हुई है कि कुछ लोगों को संवाद में मुद्दे बनने से परेशानी होती है। वे गैर-मुद्दों पर एक हजार किताबें लिखना चाहते हैं लेकिन मुद्दे वाली एक पुस्तक से डरते हैं। ऐसे लोग कौन हैं जो मुद्दे तय करने से डरते हैं? एक बात सच है कि कोर्ट में हर जार, हर चोर और हर अपराधी मुद्दे तय किए जाने से डरता है। ऐसे समय वह कोर्ट में हाजिर ही नहीं होना चाहता। पेशकारों की सहायता से उसके नाम की आवाजों पर आवाजें लगती रहती हैं, पर उसका कहीं पता नहीं होता। वह ढूँढे नहीं मिलता।

भारत के अर्वाचीन और प्राचीन इतिहास में एक मुद्दा क्षत्रिय के चिंतन का है। इस मुद्दे पर तफसील से बात की जानी चाहिए। कुछ लोग कहना चाहेंगे कि भारत में क्षत्रिय के चिंतन का कोई मुद्दा नहीं है। सबसे पहले ऐसी बात ब्राह्मण ही कहेंगे। वे क्यों मानेंगे कि क्षत्रियों का कोई चिंतन होता है? चिंतन के लिए उन्होंने अपनी वर्ण-व्यवस्था में केवल खुद को अधिकारी घोषित कर रखा है। लेकिन यदि विश्वामित्र की पौराणिकता और उपनिषदों के क्षत्रिय चिंतन को एक तरफ छोड़ा जाए तो भी केवल एक ब्राह्मण की वजह से बुद्ध, महावीर और नानक की ऐतिहासिकता को नजर अंदाज नहीं किया जा सकता। इन तीन महान क्षत्रियों ने विश्व को अपने-अपने तीन महान धर्म दिए हैं।

बुद्ध, महावीर और नानक—इन तीनों क्षत्रियों ने वर्ण-व्यवस्था को ले कर एक ही बात कही है। इस बारे में बुद्ध के वचन इस प्रकार हैं—"वाशिष्ठ, क्षत्रिय, ब्राह्मण, वैश्य और शूद्र चार वर्ण हैं।"[1] बुद्ध मान्यता देते हैं—"जहाँ अम्बष्ठ, आवाह-विवाह होता है...,वहीं पर जातिवाद..., गोत्रवाद..., मानवाद, 'मेरे तू योग्य है', 'मेरे तू योग्य नहीं है' कहा जाता है।"[2] उधर, जैन ग्रंथ 'णाय कुमार चरिउ' में लिखा मिलता है—"चत्तारि वण्ण सण्णिहिय धम्मि चउरासम गुरुपा णियय कम्मि। (उस राजा ने चारों वर्णों को अपने-अपने धर्म में प्रवृत्त कराया था और चारों आश्रमों के कर्मों का नियमन किया था।"[3]

सिक्ख धर्म क्षत्रियों का तीसरा धर्म है। इससे पहले भारत के क्षत्रिय इस देश को बौद्ध और जैन धर्म के नामों से दो धर्म दे चुके थे। क्षत्रियों के तीनों धर्मों की विशेषता यह है कि ये तीनों वर्ण-व्यवस्था और पुनर्जन्म में विश्वास रखते हैं। वर्ण-व्यवस्था के बारे में बौद्ध धर्म और जैन धर्म के प्रमाण पहले दिए जा चुके हैं, यहाँ सिक्ख धर्म के प्रमाण दिए जा सकते हैं। वर्ण-व्यवस्था के पक्ष में श्री गुरु ग्रन्थ साहिब में लिखा हुआ है :

"खत्रीआ त धरमु छोडिआ मलेछ भाखिआ गही।
स्रिसटि सभ इक वरन होई धरम की गति रही।।"[4]

इन पंक्तियों का गद्य की हिंदी में अनुवाद इन शब्दों में किया गया है—"क्षत्रियों ने (धर्म की रक्षा का) क्षत्रिय कर्म त्याग दिया है, जिन्हें ये मुँह से म्लेच्छ कह रहे हैं, उन्हीं की बोली ग्रहण कर चुके हैं। इनके धर्म की मर्यादा समाप्त हो चुकी है। (अब) तमाम सृष्टि एक ही वर्ण की हो चुकी है।"[5]

अच्छा होगा कि वर्ण-व्यवस्था को ले कर क्षत्रिय लेखकों का चिंतन बुद्ध, महावीर और नानक के इसी चिंतन के क्रम में समझा जाए। आगे डॉ. राजदेव सिंह की बात समाने रखी जा रही है। उन्होंने कबीर को ले कर एक छोटी परंतु महत्वपूर्ण पुस्तक 'कबीर : आधुनिक सन्दर्भ में' लिखी है। यह पुस्तक महत्वपूर्ण इसलिए है क्योंकि

इससे भारतीय इतिहास के मुद्दे तय करने में बड़ी मदद मिलती है।

डॉ. राजदेव सिंह ने चार वर्णों वाली व्यवस्था के बारे में लिखा है–"सामंती समाज में संपत्ति का स्वामी भूस्वामी वर्ग होता है। संस्कृति और शिक्षा का काम पुरोहित वर्ग के हाथ में रहता है। समाज के शेष सदस्य खेती, कारीगरी आदि के द्वारा उच्च वर्गों की सेवा करते हैं। चार वर्णों वाली व्यवस्था संसार के प्रत्येक सामंती समाज की विशेषता है।"[6] यहाँ इस पर इतना ही कहा जा सकता है कि डॉ. राजदेव सिंह को वर्ण व्यवस्था का ऐसा सरलीकरण नहीं करना चाहिए था कि यह संसार में सर्वत्र पाई जाती है। यदि वे ऐसा कह रहे हैं तो अपने संस्कारों के कारण ही। ध्यान होना चाहिए कि कोई दलित चिंतक वर्ण-व्यवस्था को सार्वभौमिक नहीं मानता। लेकिन डॉ. राजदेव सिंह लिखते ही चले जाते हैं–"चतुर्वर्ण व्यवस्था संसार के हर सामंती समाज की विशेषता है...।"[7] असल में, यह वर्ण-व्यवस्था का गुणगान है जो ब्राह्मण और क्षत्रिय दोनों वर्ण करते हैं।

डॉ. राजदेव सिंह को ऐसा लिखते समय कबीर की वाणी का तनिक भी ध्यान नहीं रहा। खुद उनके द्वारा संकलित 'कबीर वाणी' के 29वें पद में इस प्रकार लिखा गया है :

> एक रुधिर एक मलमूतर एक चाम एकै गूदा।
> एक बूंद तैं सृष्टि रची है कौन बाम्हन कौंन सूदा।।[8]

इसके साथ 30वें पद में यह भी लिखा मिलता है :

> जो पै करता बरन विचारें।
> तौ जनतै तीनि डांड़ि किन सारै।।[9]

यहाँ वर्ण को ले कर एक और साखी देखी जा सकती है :

> कबीर हरदी पीयरी चूना ऊजल भाइ।
> राम स्नेही यूँ मिलै दोनउ बरन गँवाइ।।[10]

ऐसी स्थिति में, डॉ. राजदेव सिंह वर्ण-व्यवस्था की अनिवार्यता कैसे घोषित कर सकते हैं ? वे ब्राह्मणों और क्षत्रियों की इस वर्ण-व्यवस्था को सार्वभौमिकता का बाना कैसे पहना सकते हैं? खुद उनके कबीर ही इसका खंडन कर रहे हैं। फिर, यह कहने से भी काम नहीं चलेगा कि वर्ण-व्यवस्था सामंती समाज की देन है। उन्हें पता होना चाहिए कि ब्राह्मणों और क्षत्रियों की यह व्यवस्था हर आर्थिक, राजनैतिक और सामाजिक काल में जीवित है। इसके साथ ही, इस व्यवस्था का पौराणिक काल के शम्बूक से ले कर आधुनिक इतिहास के बाबा साहेब डॉ. अम्बेडकर तक के हर दलित चिंतक ने विरोध किया है। इसलिए, वर्ण-व्यवस्था को मार्क्सवाद और समाजवाद

के हिसाब से सामंती समाज की देन और आवश्यकता नहीं माना जा सकता। यह आज के पूँजीवादी और वैज्ञानिक काल में भी पूरी तरह से जीवित है। न कमाने के बावजूद आज भी कोई ब्राह्मण भंगी नहीं बना है। इस वर्ण-व्यवस्था और जाति-पाँति का बीज इतना गहरा बुआ हुआ है कि डॉ. राजदेव सिंह ने इसे ले कर एक अच्छी बात यह लिखी है—''ऊँच-नीच और जाति-धर्म को भक्ति के क्षेत्र में एकदम बहिष्कृत मानने वाले हो कर भी भक्त इन्हें व्यावहारिक जीवन में स्वीकार करते हैं और भक्ति के लिए वेद की अपेक्षा 'स्वभाव' को मान्यता दे कर भी मर्यादा को अस्वीकार नहीं कर पाते।''[11] यहां उन्होंने सच्चाई खोल कर सामने रख दी है।

हिंदुस्तान का क्षत्रिय वर्ण का कोई व्यक्ति यह नहीं चाहेगा कि चातुर्वर्ण्य व्यवस्था भंग हो जाए। अपनी तरफ से वह इसे क्या तोड़ेगा, वह यह बर्दाश्त नहीं करेगा कि कोई दूसरा व्यक्ति इसे तोड़ने की बात करे। यह उसकी मानसिकता, बौद्धिकता और वास्तविकता है। वह अपनी वास्तविकता से बाहर नहीं निकल सकता। कोई विचार अभी तक इतना मजबूत पैदा नहीं हुआ है कि मनुष्य में से संभावित अतिमानव की पैदायश हो जाए। वह समता की बात ऐसे ही याद रखता है जैसे शेर अपना भोजन तलाशता है। उपनिषदों और अपने तीनों धर्मों समेत वर्ण-व्यवस्था में उसकी लड़ाई का मुद्दा ब्राह्मण से श्रेष्ठता का है, वैश्य, शूद्र और अन्त्यज से बराबरी का नहीं। असल में, वर्ण-व्यवस्था की प्रशंसा एक मामूली से इस सुधार की शर्त पर हर क्षत्रिय चिंतक करता है कि क्षत्रिय ब्राह्मण से ऊँचा या उसके बराबर है। पहले उद्धृत किया जा चुका है कि बुद्ध ने अपनी वर्ण-व्यवस्था के क्रम में क्षत्रिय के बाद ब्राह्मण का स्थान रखा है।

वर्ण-व्यवस्था निषेधात्मक और व्यक्तिगत चीज नहीं है। यह विधेयात्मक और समाजगत व्यवस्था है। किसी व्यक्ति को इसके विरोध की अनुमति नहीं है। यदि कोई विरोध करना ही चाहता है तो वह घर-गृहस्थी को छोड़ कर संन्यास धारण कर सकता है। यदि कोई संन्यास धारण नहीं करना चाहता तो उसके विरोध को व्यक्तिगत बता कर हवा में गेंद की तरह उछाल दिया जाता है। पूरे चिंतन में यही हो रहा है। ब्राह्मण, और बाद में क्षत्रिय, दोनों इस रणनीति में शामिल हैं।

ख. व्यक्ति बनाम संस्था का तर्क

डॉ. राजदेव सिंह ने इस बात को बड़ी शिद्दत के साथ उठाया है कि कबीर व्यक्ति थे, संस्था नहीं। उन्होंने माना है कि कबीर संस्था बनाने में विश्वास नहीं रखते थे। वे लिखते हैं—''मध्यकालीन धर्म साधकों में कबीर अकेले हैं जो न किसी संप्रदाय में स्वयं दीक्षित हुए और न किसी को अपने समुदाय में दीक्षित किया। दीक्षित करना

तो दूर, उन्होंने अपने जीवन काल में अपने अनुभवों का प्रचार करने वाला कोई पंथ या सम्प्रदाय भी नहीं बनने दिया।"[12] वे अपना तर्क रखते हैं–"अनुभव को महत्व देने वाला संस्थाएँ स्थापित करने, लोगों को समझाने और उन्हें अपने मार्ग पर ले आने के पक्ष में नहीं होता। व्यक्तिगत साधना का समर्थन करने वाले की दृष्टि में लोगों को समझाने का कोई अर्थ नहीं होता...।"[13] उन्होंने कबीर को इस स्तर तक पहुँचा दिया है कि लिख दिया है–"...कबीर ने अपने आस-पास की परिस्थितियों को बदल डालने के लिए किसी सामाजिक संगठन की जरूरत नहीं समझी।"[14] वे आगे लिखते हैं–"जो मनुष्य की स्वतंत्रता का विश्वासी है, जो अपने लिए ही नहीं, दूसरों के लिए भी 'आत्म-उत्तरदायित्व' का अधिकार चाहता है, जो मनुष्य को हर प्रकार से अपनी निर्मिति का एकमात्र उत्तरदायी मानता है, वह संस्थाओं और पंथों का न तो निर्माण करता है, न उनकी निर्मिति का आदेश ही देता है।"[15]

विचार किया जाना चाहिए कि डॉ. राजदेव सिंह ने भी डॉ. हजारी प्रसाद द्विवेदी की तरह कबीर को संस्थाओं से दूर केवल व्यक्तिगत क्यों माना है। इस प्रश्न का एक सामान्य उत्तर यह है कि कोई भी ब्राह्मण और क्षत्रिय लेखक कबीर को या किसी भी दूसरे दलित चिंतक को संस्थागत रूप में चुनौती देने वाले के रूप में देखना नहीं चाहता। यह संभव नहीं है कि ये दोनों वर्ग अपने विरोधी वर्ग को व्यक्तिगत होने से ज्यादा मान्यता दें। इसी क्रम में ब्राह्मणों ने क्षत्रिय कुमार बुद्ध के धर्म स्थापना तक के काम को व्यक्तिगत शुचिता का काम कह कर उसकी व्याख्या की है। आगे चल कर ब्राह्मणों और क्षत्रियों ने कबीर की महानता को व्यक्तिगत आचरण तक सीमित करने की कसम खा रखी है।

बात को पूरी तरह विश्लेषित किया जाए। डॉ. राजदेव सिंह बिना अपनी सामाजिकता के दर्शन के नहीं हैं। उनके पास पहले से चार वर्णों की अपनी व्यवस्था है। यह समाजगत बात हुई। कहने का मतलब यह है कि उनका समाज बिना संस्था का नहीं है। उनके पास अपना पंथ हिंदू धर्म भी एक संस्था के रूप में मौजूद है। ऐसा एक क्षण के लिए भी नहीं है कि वर्ण व्यवस्था के रूप में उनकी बिरादरी का सामाजिक संगठन टूट गया हो या पंथ के रूप में उनका हिंदू धर्म नष्ट हो गया हो। धर्म और समाज की इन दोनों स्थितियों में वे संस्थाओं के रूप में एक मजबूत धरातल पर खड़े हैं। ऐसी स्थिति में यदि ब्राह्मण और क्षत्रिय वर्ण के विद्वान कबीर को सामाजिक संस्थाओं के सरोकार का व्यक्ति मानेंगे तो उन्हें यह भी मानना पड़ेगा कि कबीर ने वर्ण-व्यवस्था की समाज-व्यवस्था को धराशायी किया था और हिंदू धर्म में अपनी शुमारी नहीं होने दी थी। ऐसी स्थिति में, या तो कबीर हिंदू धर्म और वर्ण-व्यवस्था से लड़ रहे हैं या अपना अलग धर्म और अपनी अलग समाज-व्यवस्था कायम कर रहे हैं। ब्राह्मण और क्षत्रिय विद्वान इन दोनों में से एक भी बात को स्वीकार नहीं कर सकते। तब वे क्या करेंगे? तब वे निश्चित रूप से कबीर को धार्मिक

और सामाजिक संस्थाओं से दूर व्यक्तिगत साधना का धनी ही मानना चाहेंगे। फिर, ऐसे व्यक्तिगत कबीर की प्रशंसा करने में ये विद्वान अपनी कलम तोड़ देंगे। अपने इस मंतव्य की सिद्धि के लिए ये विद्वान नए-नए तर्क ढूँढ लेंगे जैसा एक तर्क डॉ. राजदेव सिंह ने भी ढूँढ़ा है—"अनुभव को महत्व देने वाला संस्थाएँ स्थापित करने, लोगों को समझाने और उन्हें अपने मार्ग पर ले आने के पक्ष में नहीं होता। व्यक्तिगत साधना का समर्थन करने वाले की दृष्टि में लोगों को समझाने का कोई अर्थ नहीं होता।"[16] यूँ, इन थोड़े से शब्दों में कबीर का पूरा मिशन खत्म कर दिया गया है। वर्ण-व्यवस्था में कबीर को शूद्र बनाने की सारी शक्ति ब्राह्मणों और क्षत्रियों के हाथ में दे कर कबीर को व्यक्तिगत अनुभवों का महान नेता मान लिया गया है। कबीर वर्ण-व्यवस्था के घेरे को नहीं तोड़ सकते। इस चूहे-फाँस के यंत्र में कबीर को वैसे-वैसे चलना पड़ेगा जैसे-जैसे रास्ते उन्हें मिले हुए हैं। कबीर वर्ण-व्यवस्था के चूहेदान में बंद हैं। वे उसी में बैठ कर व्यक्तिगत रूप से जन-जन के महान नेता बन जाएँ। उनका काम यह नहीं माना गया है कि वे अपने जैसे दूसरे दलितों को वर्ण-व्यवस्था का घेरा तोड़ने के लिए समझाएँ। न कबीर कोई धर्म खड़ा करें, न वे कोई वर्णरहित संस्था खड़ी करें—यही उनकी साधना को व्यक्तिगत कहने में आदेश निहित है। यूँ, हिन्दुओं के यहाँ चार वर्णों की व्यवस्था पहले से समाजगत रूप में मौजूद है। अब इसके भीतर किसी को केवल व्यक्तिगत स्तर के विद्रोह और विचलन का अधिकार मिला है। सही बात यह है कि इस अधिकार की मान्यता मिलना भी आसान नहीं है।

द्विज विद्वानों ने व्यक्तिगत साधना का गंजन क्यों लगा रखा है? इस व्यक्तिगत साधना का विश्लेषण क्या है? क्या इसमें सब कुछ ठीक-ठाक है? इसमें छुपा हुआ क्या है? क्या है जो बताया जा रहा है और क्या है जो नहीं बताया जा रहा है? प्रशंसा व्यक्ति की की जा रही है लेकिन निंदा किसकी की जा रही है? यदि व्यक्ति अच्छा है तो बुरा कौन है? क्या व्यक्ति की प्रशंसा में व्यक्ति के विरोधी को कभी दंडित किया गया? बुराई क्या और बुराई की सजा क्या है? मैं फिर पूछूँगा—कबीर ने व्यक्तिगत साधना की है तो समाजगत साधना किसने की है? मेरा पूछना जारी रहेगा—क्या द्विजों की ओर से कबीर को यह अधिकार मिलेगा कि वे समाजगत साधना शुरू कर दें? लोग माने या न माने, यह बात दीगर है, लेकिन क्या कबीर लोगों को अपनी बात समझानी शुरू कर दें?

यदि समाजगत साधना की बात है तो कबीर लोगों को क्या समझाएंगे? क्या कबीर समाजगत साधना में लोगों को यह समझाएँगे कि चातुर्वर्ण्य व्यवस्था को मान कर शूद्रों को द्विजों की सेवा करनी चाहिए? क्या कबीर लोगों को यह समझाएँगे कि अछूतों को हिंदू मंदिरों में प्रवेश करने की कोशिश नहीं करनी चाहिए क्योंकि इससे भगवान रुष्ट होते हैं? क्या कबीर लोगों को यह समझाएँगे कि अन्त्यजों को

ज्ञान-ध्यान के मामले में द्विजों की बराबरी नहीं करनी चाहिए क्योंकि इससे उनके माई-बापों को कष्ट पहुँचता है?

सच्चाई यह है कि द्विजों की तरफ से समाजगत साधना वैदिक व्यवस्था में पहले से हुई पड़ी है। ये चार वर्ण हैं, ये छत्तीस जातियाँ हैं और ये तीन अस्पृश्यताएँ हैं—कुल यही द्विजों की समाजगत साधना है। इससे उलट समाजगत साधना को वे विप्लव और विध्वंस मानते हैं। ऐसी स्थिति में चाहे डॉ. राजदेव सिंह हों या अन्य कोई द्विज विद्वान, वे यह बात उठने ही नहीं देंगे कि कबीर ने समाजगत साधना की थी। सवाल यह नहीं है कि कबीर ने व्यक्तिगत साधना की थी या समाजगत साधना की थी, सवाल यह है कि व्यक्तिगत साधना और समाजगत साधना में संबंध क्या है। यदि कबीर ने व्यक्तिगत साधना की थी तो क्या कबीर को यह भी हक मिलेगा कि चाहे तो वे समाजगत साधना भी कर लेते? कबीर ने व्यक्तिगत साधना कर ली तो यह आधा काम पूरा हो गया—अब समाजगत साधना का बाकी आधा काम क्या कबीर या उनके बाद का उनका कोई अनुयायी कर सकता है? लेकिन उत्तर में द्विज विद्वान व्यक्तिगत साधना और समाजगत साधना में ऐसे संबंध और विकास को नहीं मानते। वे यह नहीं मानते कि यदि कबीर ने एक पाँव व्यक्तिगत साधना का रख दिया है तो वे अपना दूसरा पाँव समाजगत साधना का रखेंगे। उनके अनुसार, कबीर को एक ही पैर पर लंगड़ा कर चलना है। उनके समाज-साधना के दूसरे पैर को जेवड़ियों से उल्टा बाँध दिया गया है। अच्छा लगता, यदि डॉ. राजदेव सिंह और डॉ. हजारी प्रसाद द्विवेदी अपनी पुस्तकों में कबीर को व्यक्तिगत साधना का व्यक्ति बता कर लिखते कि उनका समाजगत साधना का काम अधूरा रह गया। लेकिन यहाँ बिलकुल दूसरी बात है। डॉ. राजदेव सिंह लिखते हैं कि 'व्यक्तिगत साधना का समर्थन करने वाले की दृष्टि में लोगों को समझने का कोई अर्थ नहीं होता।'[17] व्यक्तिगत साधना एक ऐसी दुनिया की चीज बना दी गई है जिसमें उसका इस दुनिया के लोगों से कोई संबंध नहीं रहता। यहाँ व्यक्तिगत साधना समाजगत साधना से असम्बद्ध करार दे दी गई है। असम्बद्ध ही नहीं बल्कि इनमें विरोध भी पैदा कर दिया गया है। द्विजों की स्वीयविधि में यह विरोध इस हद तक के अंतर वाला है कि व्यक्तिगत साधना के व्यक्ति को चरित्रवान होना चाहिए और समाजगत साधना के व्यक्ति को चरित्रवान होने की कोई जरूरत नहीं है। द्विजों के ब्राह्म-विवाह में बिलकुल यही हुआ है। यदि किसी ब्राह्मण की पत्नी किसी दूसरे ब्राह्मण से जारकर्म में रह रही है तो वह पति-ब्राह्मण क्या कर सकता है? वह समाजगत साधना के स्तर पर कुछ नहीं कर सकता क्योंकि वह अपनी जार पत्नी से तलाक नहीं ले सकता। न वह जार-ब्राह्मण का कानून के समाजगत स्तर पर कुछ बिगाड़ सकता है। वह समाजगत स्तर पर शिकायत नहीं कर सकता कि उसकी पत्नी बदनामी में रह रही है। वह पत्नी, जार-ब्राह्मण के वीर्य से जो बच्चे अपनी कुक्षि से पैदा करेगी, पति-

ब्राह्मण को उन बच्चों को अपने बच्चे कहना पड़ेगा। कारण यह है कि ब्राह्मणों का ब्राह्म-विवाह पवित्र और अटूट है। जारी में सारी अपवित्रता चल रही है, बच्चे दूसरों के पैदा हो रहे हैं लेकिन पति-ब्राह्मण को समाजगत साधना में फूँक के बराबर भी उज्र करने और आह भरने की अनुमति नहीं है। स्वीय विधि की इस समाजगत साधना में मजा आ रहा है जिसमें पति-ब्राह्मण को खलल डालने की इजाजत नहीं है। यूँ, पति-ब्राह्मण के पास इस जारी से बचने का समाजगत साधना में कोई चारा नहीं है।

यह समाजगत साधना की पूरी बात हो गई। समाज में ब्राह्म-विवाह की व्यवस्था पहले से तय है कि विवाह नहीं टूटेगा। यह व्यवस्था कैसे तय है—इसके लिए कर्म और पुनर्जन्म के दर्शन के स्तर पर कपोलकल्पित आधार खड़े किए गए हैं। पिछले जन्म में तुम्हारे कर्म खराब थे इसलिए इस जन्म में तुम्हें उसके प्रतिफल के रूप में जार पत्नी मिली है। यह कर्म और पुनर्जन्म का सिद्धान्त है। इसे भोगना ही पड़ेगा। इससे बचने का कोई उपाय नहीं है। कोई मुक्ति नहीं है, कोई मोक्ष नहीं है। यह पिछले जन्मों का फलदायी होता हुआ प्रारब्ध और कर्म-बंधन है। इसमें कोई दूसरी समाजगत साधना नहीं हो सकती। तुम्हारी पत्नी अपने जार के साथ रोज सोएगी और तुम कुछ नहीं कर सकते—अर्थात विवाह नहीं टूट सकता।

ऐसी हालत में वह पति-ब्राह्मण क्या कर सकता है? वह आत्महत्या कर सकता है। जार ब्राह्मण के लिए इससे बढ़िया क्या बात होगी? जारकर्म में चुभने वाला काँटा अपने आप निकल गया। अब उन दोनों को जारकर्म की खुली छूट है। चून का बना पति भी सामने नहीं रहा। वह दूसरा काम पत्नी की हत्या का कर सकता है। यदि वह पत्नी की हत्या कर के उस हत्या को छिपा ले तो इसमें ब्राह्म विवाह को कोई आपत्ति नहीं है। ब्राह्म विवाह में तलाक पर रोक है लेकिन हत्या या आत्महत्या पर नहीं। घर में चुप-चुप पत्नी को मार कर बाहर पता न लगने दे तो यह भी उसने ब्राह्म-विवाह के पालन के लिए शाबासी का काम किया है। तीसरा काम वह जार-पुरुष की हत्या कर सकता है। इसमें उस पर हत्या का आरोप आएगा। आज के जमाने में भी उसे इतने प्यारे जार का वध करने के आरोप में फाँसी होगी या आजन्म कारावास होगा। मैं मुआयना करके कह रहा हूँ कि अनेक ऐसे पति भारत की जेलों में सड़ रहे हैं। मैं उन्हें वहाँ देख आया हूँ।

लेकिन इन सारे विकल्पों से अलग उसे एक अधिकार और मिला हुआ है जिसका इस द्विज संस्कृति ने शोर मचा रखा है। वह उसका व्यक्तिगत साधना का अधिकार है। यह संन्यास धारण करना है। वह जार-पत्नी को केवल इसी एक अवस्था में वैध रूप से छोड़ सकता है। तब वह मुक्ति पा लेगा। यही ब्राह्मणों का मोक्ष, बौद्धों का निर्वाण और जैनियों का कैवल्य है। पर इसमें उस व्यक्ति ने क्या किया है? इसमें उसने जार पत्नी नहीं बल्कि पत्नी नाम की ही चीज छोड़ दी है। अब

उसका औरत से ही कोई संबंध नहीं है।

संन्यास धारण करने में एक पति को क्या करना पड़ता है? उसे अपनी सामाजिक मौत करनी पड़ती है। उसकी जो संपत्ति और जायदाद है, उस सबको छोड़ना होता है। यूँ, नुकसान उसी का होना है, जार-पत्नी का नहीं। उसे एक अच्छा संन्यासी बनने के लिए किसी औरत की तरफ गलत निगाह से नहीं देखना चाहिए। यह पाबंदी भी उस संन्यासी बने पति पर लगाई गई है, उसकी पत्नी या उसकी पत्नी के जार पर नहीं। जिस अपने घर को त्याग कर वह आया है, उसके बारे में उसे कहना चाहिए कि वह मिथ्या था। बाल-बच्चे, लोग-लुगाई, माँ-बाप, भाई-बहन, सगे-संबंधी, यार-दोस्त—सब मिथ्या हैं। इस व्यक्तिगत साधना का मतलब है कि उसने किसी की औरत नहीं छेड़ी, इसलिए वह पवित्र और महान है। वह पूजनीय है पर क्या वह समाजगत साधना में अपनी पत्नी से तलाक ले सका—वह सपने में भी संभव नहीं है क्योंकि वह माया है, मिथ्या है, धोखे की टट्टी है। उसने कर्मों के बंधन तोड़ दिए हैं। उसके पूर्वजन्म के फल समाप्त हो चुके हैं। अब उसका कोई पुनर्जन्म नहीं होगा—वह कर्ता हो कर भी अकर्मा हा गया है। वह 'अहम् ब्रह्मास्मि' का ब्रह्म हो गया है। इस व्यक्तिगत साधना के कायर व्यक्ति को ध्यान ही नहीं कि वह कानून के समाजगत स्तर पर हारा हुआ भगौड़ा है। वह ब्राह्म-विवाह की अटूटता को बदल नहीं सका।

लेकिन किसी द्विज के बारे में कुछ भी कहा जाए, कबीर के बारे में ऐसा नहीं कहा जाना चाहिए। कबीर को व्यक्तिगत साधना का व्यक्ति कहने वालों को सोचना चाहिए कि कबीर ने पहली बुरी पत्नी को छोड़ कर दूसरी पत्नी से समाजगत साधना के स्तर पर विवाह किया था। कबीर व्यक्तिगत साधना के धनी थे कि उनके सामने सुर-नर-मुनियों की चारित्रिक चादर मैली थी लेकिन साथ ही वे समाजगत साधना के भी महाधनी थे क्योंकि उन्होंने अपनी दलित कौमों के अनुरूप विवाह में तलाक की व्यवस्था को मान्यता दी थी। कबीर व्यक्तिगत साधना के पवित्र व्यक्ति थे क्योंकि उन्होंने परनारी को अपने ध्यान में कुदृष्टि से नहीं चिता था लेकिन वे व्यक्तिगत साधना में नारी मात्र को छोड़ देने वाले हिंदू, बौद्ध या जैन टाइप के संन्यासी, भिक्षु या श्रमण नही थे। कबीर आजीवक जीवन के वैसे व्यक्तिगत साधक थे जिसमें वे समाजगत साधक भी थे लेकिन वे हिंदू शैली के ऐसे व्यक्तिगत साधक नहीं थे जिस में उन्हें समाजगत साधना से मुँह मोड़ना पड़े। इसलिए जब कबीर को व्यक्तिगत साधक कहा जाए, जो वे निश्चित रूप से थे, तो उन्हें साथ में समाजगत साधक भी कहा जाए, जो भी वे निश्चित रूप से थे।

डॉ. राजदेव सिंह जैसे द्विज विद्वानों ने व्यक्तिगत साधना को जाने क्या बना रखा है! यह बच्चे को समझदार बनाने के सिवा कुछ नहीं है। यह सैनिक को दुश्मन की फौज से लड़ने के लिए दिया गया प्रशिक्षण है। यदि कोई व्यक्ति अपने काम

में प्रशिक्षित नहीं होगा तो वह दक्षता कैसे प्राप्त करेगा? यदि मन में लोभ होगा तो दुश्मन लुभा लेगा, यदि मन में कामुकता होगी तो दुश्मन वेश्याओं में फँस कर बदनाम कर देगा। यदि क्रोध पर व्यक्ति का कब्जा नहीं है तो दुश्मन कहीं भी बदनाम करके धर पकड़ेगा। दुश्मन के हाथ में हमारा जीवन है—और जीवन के मोह में फँस कर कौन वीरगति को पा सकता है? इसलिए, बच्चे को बड़ा करने में शिक्षण और साधना की जरूरत पड़ती है—इस शिक्षा के व्यक्तिगत और सामूहिक होने में क्या बुराई है? साधना में, कामुकता छोड़ी जाती है, गृहस्थी और पति-पत्नी के रिश्ते नहीं। इसमें क्रोध त्यागा जाता है, बलिदान की भावना नहीं। यहाँ मद बुरा है, गरिमा की लड़ाई बुरी चीज नहीं है। दुनिया में लोभ गलत है, खाना-कमाना गलत नहीं है। ऐसे ही, मोह बुरा है, बच्चों को पालना-पोसना बुरा नहीं है।

ग. हिंदू कबीर की खोज

डॉ. राजदेव सिंह कबीर को हिंदू धर्म से दूर नहीं होने देते। वे लिखते है—"वैसे ध्यान देने की बात है कि उनके मन में तीर्थ व्रत, माला, तिलक और जप-तप के लिए कोई प्रतिकूल भाव नहीं था। तीर्थ के प्रति उनकी आस्था को समझने का अवसर हमें अभी मिलेगा। रहा व्रत, माला, तिलक और जप-तप तो इनके विषय में भी वे आस्थाशील थे। उन्होंने बार-बार नाम जप कर तरने की बात कही है। तप उनका आदरणीय है।"[18] लेकिन ऐसा डॉ. राजदेव सिंह कैसे कह सके? मेरी तरफ से इसका उत्तर यह है कि अपनी इस पूरी किताब में उन्होंने यह मुद्दा कहीं भी नहीं उठाया कि कबीर की वाणी को प्रक्षिप्त किया गया है। पूरी पुस्तक में यह उनका विषय ही नहीं है। डॉ. राजदेव सिंह ने अपनी पुस्तक के दूसरे अध्याय 'ब्रह्म का आधुनिकीकरण' में कबीर के राम के बारे में लिखा है—"...कबीर दशरथ के बेटे राम में भी अपने राम की झलक देख लेते हैं।...ठाकुर (शासक, जमींदार, राजा) में दीन-प्रतिपालन का गुण इस राम की छवि दिखा जाता है।"[19] उनके इस कथन पर केवल यही टिप्पणी की जा सकती है कि कोई दलित चिंतक यह नहीं मानेगा कि कबीर ने दशरथ के बेटे राम, किसी ठाकुर, किसी शासक, किसी जमींदार या किसी राजा की कभी अपने राम के रूप में या अन्य रूप में प्रशंसा की है या छवि देखी है।

डॉ. राजदेव सिंह चिंतन के क्षेत्र में बहुत दूर-दूर तक घूमे हैं लेकिन अंत में उन्होंने कबीर को वेदांती बना कर रख दिया है—"अतः उनकी बानियों में दिखने वाला प्रभाव उनका अध्ययन—मननजात ज्ञान न हो कर समग्र जीवन पर कई-कई शताब्दियों से पड़ने वाला वेदांती प्रभाव ही अधिक है...।"[20] ऐसा लिखने से यहाँ उनमें और किसी ब्राह्मण के चिंतन में कोई फर्क नहीं रह गया है। अब वे बुद्ध,

महावीर और नानक की प्रभाव-छाया से भी दूर हो गए हैं। वे ऐसे हो गए हैं, हिंदू धर्म के जैसे क्षत्रिय आजकल ब्राह्मणों के जगतगुरुपन में रह रहे हैं।

घ. मगहर और अस्तित्ववाद

जहाँ राजदेव सिंह सब से ज्यादा परेशान हुए हैं वह बात कबीर को ले कर मगहर और काशी के रिश्ते की है। वे लिखते हैं–"कबीर के समस्त साहित्य में काशी और गंगा के प्रति गहन आत्मीयता के दर्शन बार-बार होते हैं। लगता है, काशी में रहना और गंगा का स्नान उन्हें बहुत प्रिय था। इसके विपरीत मगहर के विषय में उनके विचार एकदम अच्छे नहीं हैं। मगहर को उन्होंने ऊसर कहा है, जहाँ पुण्य के बीज अंकुरित नहीं होते।"[21] वे आगे लिखते हैं–"...मगहर जा कर उन्हें लगा था कि जैसे वे पूर्वजन्म के तपोभ्रष्ट व्यक्ति हों।"[22] उन्होंने एक पद में से उद्धृत किया है कि कबीर कहते हैं –"पुरुब जनम हों तप का हीनां।"[23] मेरा कहना है कि यदि कोई व्यक्ति यह मानता है कि कबीर पूर्वजन्म और पुनर्जन्म में विश्वास रखते थे तो इसका मतलब यही है कि वह कबीर से कुछ समझना नहीं चाहता। डॉ. राजदेव सिंह ने कबीर को पूरा पौराणिक बना दिया है जब इन शब्दों को कबीर के प्रामाणिक शब्द माना है–"कह गुर गति सिव सभ कौ जानै : मुआ कबीर रमत स्री रामैं।"[24] मेरा कहना यह है कि यह संभव ही नहीं था कि कबीर इन पंक्तियों को गा या बोल देते। न उनके मुख से शिव की प्रशंसा हो सकती थी और न मरने की क्रिया में यह सम्भव था कि वे 'मुआ कबीर' कह देते। यह कहने में कि मगहर में 'मुआ कबीर रमत स्री रामैं' कबीर की वाणी है, सृष्टि का हर नियम फेल हो जाएगा।

डॉ. राजदेव सिंह ने यह बात पूरी सच्चाई से लिखी है–"कबीर का यह पद मुझे कई वर्षों से परेशान करता आ रहा है। कबीर ने काशी क्यों छोड़ी? काशी छोड़ी भी तो मगहर ही क्यों गए। और अगर मगहर चले ही गए तो काशी के लिए इस तरह छटपटाते क्यों रहे? जिस कबीर को अपने कर्म, अपनी बुद्धि और अपने तप पर अखंड विश्वास था, जिस कबीर का आत्मविश्वास कभी डिगा नहीं, वह एकाएक इतना विचलित क्यों हो गया?"[25] मेरे मत में, उनके इस कथन के दो पक्ष हैं। पहला यह पद और दूसरा कबीर का काशी छोड़ कर मगहर में जाना। दूसरे पक्ष पर कहीं अन्यत्र बात की जाएगी लेकिन यहाँ अब पहले पक्ष पर यह कहा जा सकता है कि यह पद कबीर का नहीं है। उन्हें जानना चाहिए कि कबीर ऐसा नहीं गा सकते थे जो इस पद में आया है–"बहुत बरिस तपु कीया कासी।"[26] कबीर और तप–आखिर कुछ कहा भी जा रहा है ! कबीर ने काशी में रह कर युद्ध किया था कोई तप नहीं। मेरा ख्याल है, इस दृष्टि से डॉ. राजदेव सिंह की काफी परेशानी दूर हो जानी

चाहिए जो उनके चिंतन की वास्तविकता है। तब उन्हें अपने इस निष्कर्ष को भुला देना चाहिए—"काशी में मरने से मुक्ति होती है, इस बात को मगहर वास संबंधी दोनों पदों में कबीर ने स्वीकार किया है। अतः काशी छोड़ कर उन्हें जो पीड़ा हुई, वह जन्मभूमि छोड़ने की पीड़ा ही नहीं थी, तीर्थभूमि छोड़ने की पीड़ा भी उसमें संयुक्त थी। संभव है, सारी पीड़ा तीर्थभूमि छोड़ने की ही रही हो।"[27]

कबीर के इस पूरे प्रकरण को डॉ. राजदेव सिंह ने अस्तित्ववाद की शब्दावली से समझना और समझाना चाहा है। शब्दावली यही है—व्यक्ति, अकेला, जोखिम, स्वतंत्रता, निर्णय, कष्ट, पीड़ा, संत्रास, त्रासदी, और मृत्यु आदि। जिन अस्तित्ववादी दार्शनिकों के उन्होंने इस पुस्तक में नाम लिए हैं वे कीर्केगार्ड और सार्त्र हैं। अपनी पुस्तक के पहले पैरे में ही उन्होंने लिख दिया है—"कीर्केगार्ड का नैतिक मनुष्य उसी साँचे का व्यक्ति है जिस साँचे के कबीर हैं।"[28] नीत्शे से तुलना की उन्होंने भरमार ही कर दी है।

यहाँ बताया जा सकता है कि डॉ. राजदेव सिंह ने कबीर वाणी में ये दो पंक्तियाँ संग्रहीत की हैं :

देखौ करम कबीर का कछु पूरबला लेख।
जाका महल न मुनि लहै सो दोसत किया अलेख।।[29]

लेकिन कबीर की वाणी को ऐसी पुनर्जन्म वाली मान्य करके उन्होंने कबीर को 19वीं और 20 वीं शताब्दियों के यूरोप के अस्तित्ववादियों से तुलना करने लायक भी नहीं रहने दिया है। पुनर्जन्म में विश्वास करने वाले मान कर डॉ. राजदेव सिंह ने कबीर को न तीन में छोड़ा है, न तेरह में।

डॉ. राजदेव सिंह कबीर का चित्र अस्तित्ववादियों के पटल पर खींच गए हैं। लेकिन कबीर का आकार-प्रकार इस पटल से भिन्न और बड़ा है। वे इस खाँचे में बाँधे नहीं जा सकते। आखिर, अस्तित्ववादियों को क्या पता कि जाति का अहंकार और छूआछूत का कलंक क्या चीजें होती हैं? उन्हें मौत और भय का पता है, लेकिन माया और धोखे का पता नहीं। वहाँ आमने-सामने की लड़ाई होती है लेकिन यहाँ झूठ कारगर होता है। कबीर का युद्ध यह है कि धोखे की दुनिया समाप्त हो। समान बँटवारे और हिस्सेदारी की दुनिया कायम हो। विश्वास को धोखा क्यों? आशा मरीचिका क्यों बने? तब तक दुनिया को माया ही कहते रहना पड़ेगा जब तक आजीवक दर्शन की 'संसार शुद्धि' पूरी नहीं हो जाती।

ङ. आक्रोश, विद्रोह और युद्ध

डॉ. राजदेव सिंह ने कबीर को ले कर एक मुद्दा उठाया है कि 'आक्रोश और विद्रोह में अंतर होता है।'[30] उन्होंने कबीर को आक्रोश का नहीं बल्कि विद्रोह का व्यक्ति माना है। उनके अनुसार, 'आक्रोश का अंत क्रोध में होता है और विद्रोह का नए मान-मूल्यों की स्थापना में, अतः आक्रोश निष्फल और दिशाहीन होता है।'[31] उन्होंने नीत्शे का सहारा ले कर विद्रोह (रिबैलियन) और आक्रोश (रिजेन्टमेंट) के बारे में लिखा है—''विद्रोह आक्रोश से भिन्न है, क्योंकि वह दिशाहीन, अंधा, निर्वीर्य और निष्क्रिय नहीं होता। विद्रोही क्रोध करता है पर अपनी नपुंसकता और लाचारी को वैचारिक जामा पहना कर संतुष्ट नहीं होता।''[32] इतना लिख कर, डॉ. राजदेव सिंह को लगता है, उन्होंने कबीर को पूरा समझ लिया है, लेकिन सच इससे आगे बढ़ा हुआ है। कबीर को समझने के लिए उन्हें दो के बजाय तीन शब्द लेने चाहिए थे—आक्रोश, विद्रोह और युद्ध। कबीर ने आक्रोश नहीं जताया, न ही उन्होंने विद्रोह किया है बल्कि उन्होंने युद्ध किया है। विद्रोह और युद्ध में फर्क यह होता है कि विद्रोह एक ही समाज के भीतर से फूटता है जबकि युद्ध दो समाजों के बीच होता है। कबीर ब्राह्मणी व्यवस्था के अंग नहीं हैं जो उसके खिलाफ भीतर से विद्रोह करते, बल्कि वे ब्राह्मणी व्यवस्था से बाहर के व्यक्ति हैं जो उसके खिलाफ युद्ध का धावा बोलते हैं। ब्राह्मणी व्यवस्था जुलाहे कबीर को शूद्र और अछूत कह कर दास बनाना चाहती है जिसके खिलाफ कबीर ने अपनी स्वतंत्रता और पृथकता का युद्ध छेड़ा था। विद्रोह कबीर की इस पृथकता को व्यक्त नहीं कर सकता। फिर, कबीर ने विद्रोह किससे किया था? उनके सामने केवल हिंदू ही नहीं बल्कि मुसलमान भी थे। उन्होंने हिंदुओं से विद्रोह किया या मुसलमानों से विद्रोह किया? लेकिन जब कबीर घोषणा करते हैं कि न वे हिंदू हैं और न वे मुसलमान हैं तो इसका मतलब यही है कि उन्होंने दो मोर्चों पर अपना युद्ध किया है।

डॉ. राजदेव सिंह ने अपनी पुस्तक में जो कबीर वाणी संग्रहीत की है उसमें 'सूरातन कौ अंग' की चौथी साखी इस प्रकार है :

> सूरा सोइ सराहिए लड़ै धनीं कै हेत।
> पुरिजा पुरिजा होइ परैं तऊ न छाँड़ै खेत।।[33]

मैंने डॉ. युगेश्वर के संग्रह 'कबीर समग्र' को खोला तो वहाँ यह साखी इस प्रकार मिलती है :

> सूरा सो पहिचानिये जु लरै दीन के हेत।
> पुरजा पुरजा कटि मरै कबहु न छाड़ैं खेत।।[34]

मूल फर्क 'धनी' और 'दीन' के शब्दों का हो गया है। डॉ. राजदेव सिंह से पूछा जा सकता है कि कबीर का सूर पुरुष दीनों की रक्षा में लड़ेगा या धनिकों की रक्षा में लड़ेगा। क्या कबीर को अपने समय में धनिकों की रक्षा करने की जरूरत पड़ रही थी? क्या कबीर जुलाहे हो कर इस मानसिकता के हो सकते थे? उन्होंने डॉ. पारसनाथ तिवारी की 'कबीर ग्रंथावली' को उद्धृत किया है लेकिन देख लेना चाहिए था कि डॉ. तिवारी ने लिखा है कि 'श्री गुरु ग्रंथ साहब' में इसका 'दीन' पाठ मिलता है।[35]

माया को ले कर डॉ. राजदेव सिंह को ध्यान ही नहीं रहा कि वे कबीर के बारे में किताब लिख रहे हैं। कबीर पर कुछ लिखने की एक शर्त यह होनी चाहिए कि कबीर अपनी वाणी में चांडाली, डोम्बी, बाल-विधवा और बालरंडा जैसे शब्दों के प्रयोग नहीं कर सकते थे। लेकिन डॉ. राजदेव सिंह ने ब्राह्मणों और ठाकुरों की शब्दावली कबीर पर आरोपित करते हुए लिखा है—"कबीर ने माया को चंडाली भी कहा है।"[36] वे आगे लिखते हैं—"कबीर ने इसी अर्थ में...बाल-विधवा या बालरंडा आदि शब्दों का भी प्रयोग किया है।"[37] वे पुनरुक्त होते हैं—"माया को बाल-विधवा कहना या उसके लिए बालरंडा शब्द का प्रयोग करना भी कबीर को अभिप्रेत है।"[38] असल में, उन्हें कबीर की सामाजिकता का ध्यान नहीं रहा कि कबीर माया को जाति सूचक नाम नहीं दे सकते थे, न ही वे विधवा के पुनर्विवाह पर रोक लगा सकते थे। वे माया को ठगिनी, महाठगिनी, नागिन, बिलैया और वेश्या तो कह सकते थे लेकिन उसे ब्राह्मणों और ठाकुरों की शब्दावली की चांडाली, डोम्बी, बाल-विधवा और बालरण्डा नहीं। ऐसा कहना उनकी सामाजिकता से मेल नहीं खाता। जब कबीर के समाज में विधवा-विवाह की अनुमति है तो ब्राह्मणी समाज के बाल-विधवा और बालरण्डा के शब्द अपने आप खारिज हो जाते हैं।

च. आचार या संन्यास ?

डॉ. राजदेव सिंह ने कबीर को ले कर अपनी पुस्तक में एक अन्य महत्वपूर्ण बात उठाई है। उन्होंने लिखा है—"कबीर के बाद उनकी उज्ज्वल शिष्य परंपरा के चलने की सुविधाएँ नहीं रहीं, अतः बुद्ध के मूल वचनों पर विचार करने वाली संगीतियों जैसे संगीतियाँ नहीं हुईं और न उनके आर्य सत्यों पर वाद-विवाद चल सके पर निश्चय ही उनके अपने आर्य सत्य थे।"[39] लेकिन सच्चाई यह है कि संगीतियों के बजाय कबीर का प्रक्षिप्तीकरण किया गया है। बौद्ध धर्म की संगीतियों में भी बुद्ध वचन में बहुत हेरफेर किया गया था लेकिन प्रक्षिप्तीकरण में कबीर की वाणी को पूरी तरह विकृत कर दिया गया है। लेकिन यहाँ बात जारी रखी जाए कि डॉ. राजदेव सिंह

ने कबीर को चार नए आर्य सत्यों के माध्यम से समझना चाहा है। उन्होंने कबीर के चार आर्य सत्य बौद्धों की तर्ज पर खड़े किए हैं। ये इस प्रकार हैं—विषय-तृष्णा, माया या गलत जानकारी, भक्ति और आचार।[40] शुरू में पढ़ते हुए लगता है कि डॉ. राजदेव सिंह का यह कदम सही दिशा में है। लेकिन दिक्कत यही पेश आई कि अपनी पुस्तक का चौथा अध्याय 'आचार का आधुनिकीकरण' लिख कर भी वे इसे अनलिखा रख गए। उन्होंने कबीर को आचार की डिबिया में बंद कर दिया है। वे नारी के और गृहस्थी के विरोध में खड़े कर दिए गए हैं। वे अच्छे शब्दों का प्रयोग करते हैं लेकिन उनके अर्थ ठीक नहीं बैठाते। कबीर समाज को एक पूर्णतः नैतिक दर्शन देते हैं और उसमें नारी को समुचित स्थान देते हैं। सच्चाई यह है कि नारी का विरोध और गृहस्थी का नाश करके आज तक किसी ने आचार शुद्धि की प्राप्ति नहीं की है। यही कहना उचित होगा कि 'आचार का आधुनिकीकरण' का अध्याय उनसे बन नहीं पाया क्योंकि यह विषय बहुत आशाएँ जगाता है। पुनः कहा जाए कि डॉ. राजदेव सिंह ने अपनी पुस्तक का चौथा अध्याय 'आचार का आधुनिकीकरण' पूरा नहीं लिखा। इसका कोई परिणाम नहीं निकला। उलटा हुआ यह भी है कि जो उन्होंने दूसरे अध्याय 'ब्रह्म का आधुनिकीकरण' में पाया था, चौथे अध्याय में उसे भी गँवा दिया है। चौथे अध्याय में वे कबीर वाणी में 'नारी विरोध' को ढूँढ़ कर रह गए हैं। उन्हें इस अध्याय को जिस दिशा में ले जाना चाहिए था वह कबीर की इस वाणी से ज्ञात होता है :

कबीर जे कोई सुंदरी जानि करै बिभिचार।
ताहि न कबहूँ आदरै परम पुरिस भरतार।।[41]

कबीर पगरा दूरि है आइ पहुँची सांझ।
जन जन कौ मन राखता बेस्वा रहि गई बाँझ।।[42]

नारि कहावै पीव की रहै और संग सोइ।
जार मीत हृदया बसै खसम खुशी क्यों होइ।।[43]

संदर्भ

1. दीघ निकाय, अनुवादक भिक्षु राहुल सांकृत्यायन और भिक्षु जगदीश काश्यप, भारतीय बौद्ध शिक्षा परिषद, बुद्ध विहार, रिसालदार पार्क, लखनऊ-226001, द्वितीय संस्करण, 1979, पृ. 241
2. वही, पृ. 39
3. णाय कुमार चरिउ, संपादक-अनुवादक डॉ. हीरा लाल जैन, भारतीय ज्ञानपीठ प्रकाशन, बी/45-47, कनाट प्लेस, नई दिल्ली-110001, द्वितीय संस्करण, सन् 1972, पृ. 9
4. आदि श्री गुरु ग्रंथ साहिब, दूसरी सैंची, अनुवादक डॉ. मनमोहन सहगल, लिप्यंतरण नन्द कुमार

अवस्थी, भुवन वाणी ट्रस्ट, मौसम बाग, सीतापुर रोड, लखनऊ–226020, द्वितीय संस्करण, 1987-88 ई., पृ. 848

5. वही, पृ. 849
6. कबीर : आधुनिक संदर्भ में, डॉ. राजदेव सिंह, लोक भारती प्रकाशन, 15 ए, महात्मा गाँधी मार्ग, इलाहाबाद-1, संस्करण 1999, पृ. 6
7. वही, पृ. 7, 8. वही, पृ. 147, 9. वही, पृ. 147, 10. वही, पृ. 170, 11. वही, पृ. 15-6,
12. वही, पृ. 24, 13. वही, पृ. 24, 14. वही, पृ. 26, 15. वही, पृ. 26, 16. वही, पृ. 24,
17. वही, पृ. 24, 18. वही, पृ. 30, 19. वही, पृ. 42, 20. वही, पृ. 89, 21. वही, पृ. 31,
22. वही, पृ. 31, 23. वही, पृ. 31, 24. वही, पृ. 33, 25. वही, पृ. 33, 26. वही, पृ. 32
27. वही, पृ. 35, 28. वही, पृ. 1, 29. वही, पृ. 162, 30. वही, पृ. 12, 31. वही, पृ. 12
32. वही, पृ. 12-13, 33. वही, पृ. 165
34. कबीर समग्र : प्रथम खंड, संपादक और लेखक डॉ. युगेश्वर, हिंदी प्रचारक संस्थान, पो. बॉ. 1106, पिशाचमोचन, वाराणसी-221010, द्वितीय संस्करण, 1995, पृ. 522
35. कबीर ग्रंथावली, डॉ. पारसनाथ तिवारी, राका प्रकाशन, 40 ए, मोती लाल नेहरू रोड, इलाहाबाद-211002, पुनर्मुद्रित संस्करण, 1989, पृ. 180 पाद-टिप्पणी
36. कबीर : आधुनिक संदर्भ में, डॉ. राजदेव सिंह, लोक भारती प्रकाशन, 15 ए, महात्मा गाँधी मार्ग, इलाहाबाद-1, संस्करण 1999, पृ. 84
37. वही, पृ. 85, 38. वही, पृ. 85, 39. वही, पृ. 96, 40. वही, पृ. 96-8, 41. वही, पृ. 164
42. वही, पृ. 163, 43. वही, पृ. 163

अध्याय-6

पंडित विष्णुकांत शास्त्री : कबीर मायने तुलसी

भारत में ब्राह्मण विद्वानों का सोचने का एक खास ढंग है। गैर-ब्राह्मण विद्वानों ने उनके इस ढंग का अभी तक सही विश्लेषण नहीं किया है। यही वजह है कि सही विश्लेषण के अभाव में मूल्यांकन भी गलत हो जाता है। सही जायजा यह है कि ब्राह्मण विद्वान गैर-ब्राह्मणों के चिंतन की पृथक पहचान नहीं बनने देते। पंडित विष्णुकांत शास्त्री भी इस सोच के अपवाद नहीं हैं। वे कबीर तक आना चाहते हैं लेकिन तुलसी को बिना छोड़े। तुलसी का काव्य उनके आलोचना सिद्धांत का स्थायी भाव है। उन्होंने अपने लेख 'कबीर : संत या/और भक्त' में इसे पूरा अंजाम देते हुए कबीर के मूल्यांकन में सही तर्कों का गलत इस्तेमाल किया है। उनका यह कहना बिलकुल सही है कि कोई बात कबीर की उक्ति से प्रतिपादित और प्रमाणित होनी चाहिए।[1] यह इतनी अच्छी बात है कि कोई उनके इस कथन का विरोध क्यों करेगा। लेकिन जो विरोध की जगह है, वे उसे ढूँढ़ने नहीं देते कि पहले यह तय कर लिया जाए कि कबीर की उक्ति क्या है। उन्होंने यह जानने की कोशिश नहीं की कि कबीर के नाम पर क्या-क्या प्रक्षिप्त चल रहा है। बस, दूसरी बात को कह कर रह गए हैं कि कोई बात कबीर की उक्ति से प्रतिपादित और प्रमाणित होनी चाहिए। बड़ी आसानी से यह मान लिया गया है कि कबीर के नाम पर संकलित रचनाओं में कुछ भी प्रक्षिप्त नहीं है। पर आधा तर्क लेना और आधा छोड़ना—इसका मतलब है कि मंशा कुछ से कुछ है।

ऐसा नहीं है कि पंडित विष्णुकांत शास्त्री इस समस्या से बिलकुल अवगत न हों। वे पूरी तरह अवगत हैं जब अपने एक अन्य लेख 'कबीरदास के मूल स्वरूप पर पड़े आवरण' में लिखते हैं—"यह सही है कि कबीर की प्रामाणिक रचनाओं के बारे में अब भी मतभेद है, फिर भी माताप्रसाद गुप्त द्वारा संपादित 'कबीर ग्रंथावली' को, 'आदि ग्रंथ' में संकलित कबीर बानी पर आधारित डॉ. राम कुमार वर्मा द्वारा संपादित 'संत कबीर' को, और डॉ. शुकदेव सिंह द्वारा संपादित 'कबीर बीजक' को

मुख्य आधार बना कर वह काम किया जा सकता है।"[2] लेकिन इन तीन कामों से आगे बढ़ कर पंडित विष्णुकांत शास्त्री ने यह सोचने की जरूरत नहीं समझी कि इतने भर से कबीर के साहित्य का परिशोधन हो कर प्रामाणिक पाठ तैयार नहीं हो गया है। उस काम के लिए एक अलग दमखम की जरूरत है। यह सही बात है कि सिख गुरु अर्जुन देव, डॉ. रामकुमार वर्मा, डॉ. माता प्रसाद गुप्त और डॉ. शुकदेव सिंह ये चारों विद्वान ब्राह्मणों से बहुत दूर खड़े हैं। ब्राह्मण विद्वानों की तुलना में उनके प्रयत्न सराहनीय हैं लेकिन कबीर से बहुत बाद के समय के होने के कारण प्रामाणिकता की दृष्टि से ये भी सच्चे कबीर से बहुत दूर निकल गए हैं। इनसे पहले ही ब्राह्मणों ने कबीर के साहित्य को प्रक्षिप्त कर दिया था। इसलिए ये मिलावट को दूर नहीं कर सके हैं। इनके लिए नीर-क्षीर का विवेक पूरी तरह संभव नहीं था। इस काम के लिए उनके पास कबीर की दृष्टि होनी चाहिए थी। ऐसी स्थिति में पंडित विष्णुकांत शास्त्री पूछते हैं—"मुझे नहीं मालूम कि डॉ. धर्मवीर कबीर के किन वचनों के आधार पर यह दावा करते हैं कि कबीर सौ प्रतिशत शूद्रों और अंत्यजों का धर्म स्थापित करना चाहते थे। कबीर के प्रामाणिक माने जाने वाले ग्रंथों में मुझे तो ऐसा कोई वचन नहीं मिला।"[3] उन्होंने पूछा है—"डॉ. धर्मवीर ने जिस 'मूल कबीर' के जिस तथाकथित धर्म का उल्लेख किया है, क्या वह कबीर के वचनों के अनुकूल है?"[4] उन्होंने अपने एक भाषण 'कबीर की वास्तविक शक्ति ये है कि उन्होंने राम के साथ अपना संबंध जोड़ा' में भी पूछा है—"अगर कबीरदास की रचना से प्रमाण दिया जाए, तो मैं उस पर विचार कर सकता हूँ लेकिन उन्होंने (डॉ. धर्मवीर ने) कोई प्रमाण नहीं दिया सिवाय खंडन करने के।"[5]

पता चलना चाहिए कि पंडित विष्णुकांत शास्त्री के मन में क्या है। उनके मन की बात समझने में ज्यादा देर नहीं लगती है जब कबीर के नाम पर उपलब्ध इस साहित्य में कुछ भी प्रक्षिप्त न मान कर वे तय करने चले हैं—"यानि कबीरदास की परंपरा क्या है? कबीरदास आसमान से तो नहीं टपके थे, एक बड़ी परम्परा में उत्पन्न हुए थे। उस परंपरा का उन्होंने परिशोधन किया था। उस परंपरा को उन्होंने अत्यंत तेजस्वी रूप दिया था, हम उनके प्रति समर्पित हैं। लेकिन यह परंपरा क्या है जिसमें कबीर अपने को जोड़ते हैं?"[6] आगे उन्होंने अपने प्रश्न का खुद उत्तर दिया है—"नारद से, व्यास से, शुकदेव से अपने को जोड़ा है। शुकदेव से, अक्रूर से, हनुमान से उन्होंने अपनी भक्ति को जोड़ा है तो यह जो सारी परंपरा है उससे अपने को जोड़ा है।"[7] अपने हिसाब से उन्होंने कबीर को समझने का नुस्खा बताया है—"इसलिए कबीर को समझने के लिए कबीर की जो महिमा है और इसमें कबीर और तुलसी में अद्‌भुत साम्य है, उसे समझिए।"[8] वे आगे लिखते हैं—"मैं मानता हूँ कि कबीर और तुलसी एक ही धर्म सम्प्रदाय की दो शाखाएँ हैं। जड़ एक है। तना एक है, शाखाएँ दो हैं। दोनों शाखाओं की अपनी-अपनी विशेषताएँ हैं इन दोनों को स्वीकार

करना होगा तब कबीर का मर्म समझ में आएगा।"[9] इतना गलत लिख कर उन्होंने लेख के अंत में पुनः सवाल उठा कर खुद जवाब दिया है—"लेकिन उन्होंने अपने को किस परंपरा से जोड़ा है? उपनिषदों के संबंध में उनकी एक बड़ी अच्छी उक्ति है। 'तवमसी इन के उपदेशा, इ उपनिषद कहें संदेशा। ई निश्चय इन के बड़ भाई, ताहि करै वर्णन अधिकाई।' 'परम तत्व का नहिं परमाना, सनकादिक नारद शुक जाना' सनकादिक, शुकध नारद जानते हैं, 'जागबलिक और जनक संभाला, दत्तात्रय वहै रथ पाला, वहै कथा वशिष्ठ ने गाई, वहै कृष्ण ऊधो समझाई, वहै बात जो जनक चढ़ाई, देह धरे विदेह कहाई', किस परंपरा से जोड़ रहे हैं? एक लंबी परंपरा है जिसके साथ वे अपने को जोड़ रहे हैं...।"[10]

यहाँ पंडित विष्णुकांत शास्त्री के चिंतन की तीन बातें विशेष रूप से सामने आती हैं :

1. बिना तुलसी को हृदयंगम किए कबीर को पढ़ना बेकार है।
2. कबीर हनुमान की श्रेणी के राम भक्त थे।
3. कबीर ने उपनिषदों का प्रचार किया है।

यूँ, कुल मिला कर कबीर तुलसी, हनुमान और उपनिषद की परम्परा के भक्त और कवि ठहरा दिए गए हैं। लेकिन इन तीनों बातों के बारे में बेधड़क कहा जा सकता है, और जिस मेरी बात से डॉ. पुरुषोत्तम अग्रवाल बहुत घबराते हैं, कि ये तीनों बातें एकदम अनर्गल और गलत हैं। अजीब तर्क है, कबीर तुलसी के राम को अपने बराबर नहीं मानते और वे तुलसी के रामभक्त हनुमान को अपना आदर्श मानेंगे ! एक तरफ वे वैष्णवों की कथनी और करनी के अंतर से लड़ रहे हैं और दूसरी तरफ वे उपनिषदों की पहेलियों में डूब कर मरेंगे! आश्चर्य की बात है कि 'प्रक्षिप्त कबीर को बचाओ' की अपनी रणनीति के तहत पंडित विष्णुकांत शास्त्री ने कबीर को प्रक्षिप्त करने का अधिकार माँगा है क्योंकि वे कबीर के प्रक्षिप्त संकलन में किसी भी रिडक्शन के खिलाफ खड़े हो गए हैं।[11]

पंडित विष्णुकांत शास्त्री का एक लेख 'कबीर और तुलसी का आंतरिक साम्य' 1978 में छपा था। संपादित पुस्तक का नाम 'कबीर साहब' था। इस पुस्तक के संपादक ने टिप्पणी में लिखा था—"लेखक की अनेक स्थापनाओं से हमारी सहमति नहीं है। अर्थापन और श्रम का हम आदर कर रहे हैं।"[12] इससे भी ज्यादा साफ बात इस संपादित पुस्तक के निर्देशक-द्वय गंगा शरण शास्त्री और डॉ. शुकदेव सिंह ने 'निर्देशकीय' में लिखी थी—"ब्राह्मण पुरोहितों के पुनर्उद्धारक महाकवि तुलसीदास ने अपनी सारी रचनात्मक शक्ति के साथ कबीर को समाप्त करने का प्रयत्न किया। उनके 'रामचरित मानस' में साखी, सबदी, दोहरा लिखने वाले कवि कबीर को 'कलिकाल' का अधम कहा गया है। उन्होंने सकल गुणहीन ब्राह्मण को पृथ्वी का

देवता कह कर पूजने की बात कही है जबकि कबीर ने ब्राह्मण को कसाई, सारे प्रपंचों और कर्मकांडों का कर्ता, वर्णभेदी जीवी कह कर आक्रमण किया था। अगर 'रामचरित मानस' को सावधानी से देखा जाय तो उसका अधिकांश बीजक की स्थापनाओं के प्रत्युत्तर में लिखा हुआ जान पड़ेगा।''[13] निर्देशकों ने यहाँ तक लिखा है—''तुलसी के कवित्व का जब तक प्रचार-प्रसार होता रहेगा तब तक संत कबीर के साहित्य और सिद्धान्त की उपेक्षा होती ही रहेगी।''[14] उन्होंने निबंध लेखकों के बारे में लिखा है—''हमने निबंध लेखकों के निबंधों में प्रायः यह देखा कि संत कबीर और तुलसी को समान रूप से संत मान कर परस्पर संबद्ध करने का प्रयत्न किया गया। इससे कुछ लोगों की ब्राह्मणवादी रुचि भले ही तृप्त हो जाय लेकिन निश्चित है कि वैचारिक समझदारी के अभाव में ही ऐसा होता है।''[15] उन्होंने अपनी बात का पूरा खुलासा यह लिख कर किया है—''सुविधा भोगी वर्ग वैचारिक पक्ष की अवहेलना कर कुछ साधारण बातों के आधार पर सभी सिद्धांतों, विचारों और धर्मों में एकरूपता ढूँढ़ कर अपना **सुविधावाद** चलाता रहता है। असहमति के बावजूद हमने ऐसे कई निबंधों को इस ग्रंथ में छापा जिससे कबीर-सिद्धांत को भ्रम की सीमा तक पाण्डित्य का विषय बनाने वाले पंडितों की पोल खुल जाय।''[16] लेकिन पंडित विष्णुकांत शास्त्री क्या कर रहे हैं? वे सन् 1978 की अपनी रट को सन् 2000 में भी दोहराए जा रहे हैं। कहने का मतलब यह है कि किसी से कुछ सीखना नहीं है। अपनी गलत जिद पर अड़े हुए हैं कि कबीर और तुलसी में इसलिए साम्य है क्योंकि माथे में दोनों के दो-दो आँखें थीं।

पंडित विष्णुकांत शास्त्री ने 'वागर्थ' में छपे अपने लेख में बड़े गर्व से लिखा है—''मैंने 41 साल एम.ए. में पढ़ाया है अपने विद्यार्थियों को कबीर के बारे में।''[17] उनकी ऐसी गर्वोक्ति के बारे में यही कहा जा सकता है कि उन्होंने अपने विद्यार्थियों को कबीर के बारे में सारा गलत पढ़ाया है। अच्छा होता, वे तुलसी के बारे में पढ़ा कर रह जाते। वे इसी काम के लायक थे और आज भी उन्हें कबीर को छोड़ कर तुलसी पर ही लिखना-बोलना चाहिए। प्रोफेसरी में काम की मजबूरी भले ही हो लेकिन सही बात यह है कि हर आदमी से हर काम नहीं हो सकता। जब मन तुलसी में रमा है तो कबीर के साथ मजाक ही हो सकती है, उनका आदर और समुचित मूल्यांकन नहीं। हाँ, प्रच्छन्न का सहारा ले कर कोई इतना जरूर कर सकता है कि करनी तुलसी की रख कर कथनी कबीर की कथता रहे।

संदर्भ

1. कबीर : संत या और भक्त, विष्णुकांत शास्त्री , वागर्थ, मार्च/अप्रैल 2000, भारतीय भाषा परिषद, 36 ए, शेक्सपीयर सरणी, कलकत्ता-700017, पृ. 104
2. कबीरदास के मूल स्रोत पर पड़े आवरण, विष्णुकांत शास्त्री, समकालीन भारतीय साहित्य, मार्च-अप्रैल 2000, रवीन्द्र भवन, 35, फिरोज शाह मार्ग, नई दिल्ली-110001, पृ. 5
3. वही, पृ. 17, 4. वही, पृ. 9
5. कबीर की वास्तविक शक्ति ये है कि उन्होंने राम के साथ अपना संबंध जोड़ा, पंडित विष्णुकांत शास्त्री, राष्ट्र भाषा सन्देश, संत कबीर व्याख्यान विशेषांक, 15 मई, 2000, पृ. 6
6. कबीर : संत या/और भक्त, विष्णुकांत शास्त्री, वागर्थ, मार्च/अप्रैल 2000, भारतीय भाषा परिषद, 36 ए, शेक्सपीयर सरणी, कलकत्ता-700017, पृ. 105
7. वही, पृ. 105, 8. वही, पृ. 109, 9. वही, पृ. 109, 10. वही, पृ. 110
11. कबीर की वास्तविक शक्ति ये है कि उन्होंने राम के साथ अपना संबंध जोड़ा, पं. विष्णुकांत शास्त्री, राष्ट्रभाषा संदेश, संत कबीर व्याख्यान विशेषांक, 15 मई 2000, पृ. 7
12. कबीर साहब, संपादक विवेक दास, कबीर वाणी प्रकाशन केंद्र, सद्‌गुरु कबीर मन्दिर, कबीर चौरा मठ, वाराणसी, प्रथम संस्करण, 1978, पादटिप्पणी, पृ. 349
13. वही, पृ. 20-21, 14. वही, पृ. 21, 15. वही, पृ. 21 16. वही, पृ. 21
17. कबीर : संत या/और भक्त, विष्णुकांत शास्त्री, वागर्थ, मार्च/अप्रैल 2000, भारतीय भाषा परिषद, 36 ए, शेक्यपीयर सरणी, कलकत्ता-700017, पृ. 107

अध्याय-7

डॉ. मोहन कृष्ण बोहरा : दर्पण से डर

I

मुझसे जाने क्या गलती हो गई जो मैंने डॉ. हजारी प्रसाद द्विवेदी के संबंध में कुछ व्यक्तिगत प्रश्न पूछ लिए थे? डॉ. मोहन कृष्ण बोहरा पर मेरा यह पूछना बिलकुल नागवार गुजरा है। उन्होंने अपने लेख 'ऐसे तो नहीं कबीर' में लिखा है—''जहाँ-तहाँ वे (डॉ. धर्मवीर) द्विवेदीजी और विश्वनाथ प्रसाद मिश्र के व्यक्तिगत जीवन पर प्रहार करने से भी नहीं चूके हैं। एक जगह उन्होंने पूछा है कि 'द्विवेदी जी ने अपनी कितनी बेटियों की शादी दलितों के या मुसलमानों के लड़कों से की है—अपने बेटों के लिए किन दलितों की या ईसाइयों की बेटियाँ ब्याह कर लाए हैं—बेटी को कितना हिस्सा दिया है, आदि। क्या कबीर को समझने का यह भी कोई तरीका है?''[1] मैं पहले भी बता चुका हूँ कि मुझे डॉ. द्विवेदी के बारे में ये प्रश्न पूछने की कोई जरूरत नहीं थी, यदि डॉ. वीर भारत तलवार ने यह मुद्दा न उठाया होता। उन्होंने डॉ. द्विवेदी के बचाव में अपने लेख में डॉ. द्विवेदी के इन शब्दों को उद्धृत किया था—''आज शायद यह सत्य निबिड़ भाव से अनुभव किया जाने वाला है कि सबकी विशेषताओं को रख कर मानव-मिलन की साधारण भूमिका तैयार नहीं की जा सकती। जातिगत, कुलगत, धर्मगत, संस्कारगत, विश्वासगत, शास्त्रगत, संप्रदायगत बहुतेरी विशेषताओं के जाल को छिन्न कर के ही वह आसन तैयार किया जा सकता है जहाँ एक मनुष्य दूसरे से मनुष्य की हैसियत से मिले। जब तक यह नहीं होता, तब तक अशांति रहेगी, मारा-मारी रहेगी, हिंसा-प्रतिस्पर्धा रहेगी। कबीर दास ने इसी महती साधना का बीज बोया था।''[2] बात यहीं तक सीमित रहती तो भी गनीमत थी लेकिन डॉ. वीर भारत तलवार ने चुनौती देते हुए मुझसे यह भी पूछा था—''जाति, कुल, धर्म और शास्त्र—सब कुछ को छोड़ कर, परे हटा कर, मनुष्य सिर्फ मनुष्य की हैसियत से मिले—इस संदेश से बढ़कर कबीर का और कौन-सा संदेश धर्मवीर हमें देना चाहेंगे?''[3] तब किसी ने ध्यान नहीं दिया कि कबीर के दिलजले बालकों से ऐसे प्रश्न नहीं पूछे जाने चाहिए। यदि यह प्रश्न पारमार्थिक सत्ता और व्यावहारिक सत्ता में

भेद करने वाले किसी वेदान्ती से पूछा जाता तो उसका उत्तर अनिर्वचनीयता का होता। फर्क तब पड़ता है जब यह प्रश्न कबीर के बालकों से पूछा जाता है जहाँ कथनी और करनी को एक करने का ढोल बजा पड़ा है और जहाँ 'दोय मुख का बोलना'[4] सम्भव नहीं है।

मैंने कुछ भी गलत नहीं पूछा था क्योंकि हर लेखक के 'जीवन और व्यक्तित्व' की खोज की जाती है। इस संदर्भ से हट कर यह अलग से भी जानने की चीज है जब डॉ. हजारी प्रसाद द्विवेदी की कोई जीवनी लिखी जाएगी। यह जीवनी लेखन का महत्वपूर्ण अंग है कि लेखक का पारिवारिक जीवन क्या और कैसा था। आज खुद कबीर के बच्चों–कमाल और कमाली के बारे में अधिक से अधिक जानकारी हासिल करने की कोशिश हो रही है। यदि डॉ. द्विवेदी 500-550 साल पहले के कबीर के पारिवारिक जीवन की खोज में लगे हुए थे तो दो दशक पूर्व गुजरे खुद डॉ. द्विवेदी के बारे में ऐसी जानकारी प्राप्त करने को बुरा नहीं माना जा सकता। यदि डॉ. मोहन कृष्ण बोहरा के पास यह जानकारी उपलब्ध थी तो लेखकीय जिम्मेदारी निभाते हुए उन्हें यह जानकारी दे देनी चाहिए थी।

इसमें छुपाव कैसा–शादियाँ सार्वजनिक स्तर पर सबको दिखा कर की जाती हैं। यदि शादी का प्रमाण नहीं है तो वह मान्य और वैध भी नहीं होती। यह कानून और उत्तराधिकार की चीज है। इससे संपत्ति के और दूसरे अन्य दांपत्य अधिकार कायम होते हैं। पता नहीं, मैंने एक सीधी-सी बात पूछ कर क्या गलती कर ली? बाद में संपत्ति के झगड़े होने पर हर न्यायाधीश इन मूल प्रश्नों को पूछेगा ही। इसलिए मेरे प्रश्नों में ऐसा कुछ भी व्यक्तिगत नहीं है जो छुपाया जाए या बताया न जा सके। हिंदी साहित्य के इतिहास में लेखकों और कवियों के 'जीवन परिचय' में यह लिखने की परंपरा चली ही आ रही है कि अमुक लेखक सभ्रांत कुलीन ब्राह्मण परिवार में जनमे थे। ब्राह्मण लेखक आराम से अपने बच्चों की शादियाँ ब्राह्मणों में करें, इससे किसी दलित चिंतक को क्या परेशानी हो सकती है? गुजारिश यही है कि वे कोई ऐसी बात न कहें और न लिखा करें जिससे भ्रम पैदा होता है।

इस बात को कई तरह से कहा जाता है कि आदमी को कथनी और करनी में अंतर नहीं करना चाहिए। उतना ही ब्योंतो जितना पूरा कर सको–यह गाँव की कहावत है। इस बारे में एक अन्य लोकोक्ति भी है–'उतने पैर पसारिए जितनी लंबी सौड़।' माँ अपने बातूनी बच्चों को यह कह कर पने में लाया करती है–'तेरी जीभ गज भर की निकलती है और तुझ से एक फली नहीं फोड़ी जाती।' किसी का बैठे-बिठाए सिर नहीं खुजा रहा है कि वह डॉ. हजारी प्रसाद द्विवेदी से फालतू सवाल पूछेगा। पूछने की जरूरत इसलिए पड़ गई थी क्योंकि ऐसी बात लिख कर खुद डॉ. द्विवेदी ने पूछने के लिए आमंत्रित और विवश किया था। इससे भी आगे डॉ. वीर भारत तलवार की चुनौती ने घी में आग का काम किया था।

अच्छा होता, डॉ. मोहन कृष्ण बोहरा मुझ पर रोक लगाने के बजाय डॉ. हजारी प्रसाद द्विवेदी की लेखनी पर रोक लगाते कि उन्हें वैसा नहीं लिखना चाहिए था जो वे कर नहीं सकते थे। मेरा निवेदन है कि यदि कथनी और करनी के अंतर की बात चरितार्थ होती है तो द्विज लेखकों को काफी लिखने से बाज आना चाहिए। फिजूल के मोटे-मोटे पोथे लिखने से वे किन्हें बहकाना चाहते हैं? मेरा कहना है कि डॉ. मोहन कृष्ण बोहरा को मेरे शब्दों से आपत्ति नहीं होनी चाहिए थी। मूल सवाल यह है कि करनी न करके कथनी बघारने में कोई अपना मुँह बाहर क्यों निकालता है।

यदि कथनी और करनी में मिलान करने की कोई गुंजाइश नहीं है तो दलित चिंतन ऐसे तमाम समीक्षा-साहित्य को खारिज करता है। यह दलित की तरफ से खुला बायकाट है। यह सीधी ब्राह्मणों के वेदांत वाली बात हुई जिस वाकयुद्ध में वे पारमार्थिक सत्ता का अद्वैत चौड़ा करते जाते हैं और व्यावहारिक सत्ता की गली को बिलकुल नेड़ी करते जाते हैं। डॉ. हजारी प्रसाद द्विवेदी को पता होना चाहिए था कि जिस कबीर पर वे अपनी पुस्तक लिखने बैठे थे उनके यहाँ 'कथनी-करनी कौ अंग' नाम से एक खास चिंतन विद्यमान है। यदि डा. हजारी प्रसाद द्विवेदी कबीर की बात मान कर कथनी और करनी को एक करने नहीं चले थे तो बेहतर यह था कि वे कबीर के बजाय किसी अन्य लेखक-कवि पर अपनी किताब लिखते। कबीर पर पुस्तक लिखने वाले लेखकों से तो ऐसे सवाल पूछे ही जाएंगे।

मैं इस मामले में अकेला नहीं हूँ। मैंने अपनी दलित-परंपरा के अंतर्गत कुछ भी गलत नहीं किया है जब डॉ. हजारी प्रसाद द्विवेदी या आचार्य विश्वनाथ प्रसाद मिश्र के व्यक्तिगत जीवन के बारे में कुछ पूछ लिया है या जानकारी दे दी है। इसके लिए कबीर ने 'करणी बिना कथणी कौ अंग' और 'कथणी बिना करणी कौ अंग' लिखे हैं। यही मुद्दा बाबा साहेब डॉ. अंबेडकर ने महात्मा गाँधी के सामने रखा था। गाँधी बोल कुछ रहे थे और कर कुछ रहे थे। तब डॉ. अम्बेडकर ने उनसे पूछा था—"क्या महात्मा वही करते हैं जिसका वे उपदेश देते हैं? जो एक सामान्य बहस होती है, उसमें व्यक्तिगत सवाल नहीं पूछे जाने चाहिए। लेकिन जब कोई किसी सिद्धांत का प्रचार करता है और उसे हठधर्मिता तक ले जाता है तो यह पूछने की जिज्ञासा होती है कि वह खुद उसका पालन कितना करता है। यह हो सकता है कि उसका आदर्श इतना ऊँचा हो कि उसे प्राप्त करना मुश्किल हो; यह भी हो सकता है कि मनुष्य की जन्मजात हिप्पोक्रेसी के कारण वह असफल हो गया हो। कुछ भी हो, तब उसके आचरण की परीक्षा की जानी चाहिए और मुझ पर इस बात का आरोप नहीं लगना चाहिए कि मैं पूछूँ कि महात्मा ने खुद अपने मामले में अपने आदर्श को प्राप्त करने की कितनी सार्थक कोशिश की है।"[5]

II

द्विज लोग अपने पारिवारिक जीवन पर कभी हाथ नहीं रखने देते। घरों के बारे में कुछ भी न बताने के लिए इनके यहाँ पिछले तीन हजार सालों से आपातकाल घोषित है। सुप्रीम कोर्ट इसे इनकी जीवन शैली कहती है और उसकी एक इंच बढ़ कर कोई व्याख्या नहीं करती। आपात काल के भीतर सब कुछ रहस्यमय बना हुआ है। घर की चारदिवारियों में स्त्रियों पर कुछ भी बीते पर उन्हें बाहर मुँह खोलने की इजाजत नहीं है। सही मार्ग पर चलने वाले ब्राह्मणों पर कितनी भी कठिन बीत जाए लेकिन ब्राह्म विवाह का कानून तलाक का नाम आने पर बहरा हो जाता है। किसी को कुछ पता नहीं कि इनके घरों में भीतर-भीतर क्या हो रहा है। स्त्री-स्वातन्त्रय और मानव-चरित्र वाली संविधान की रोशनी इनके घरों पर नहीं पड़ती क्योंकि इन्होंने साफ लिख रखा है कि मूल अधिकार का दायरा पर्सनल कानून तक नहीं बढ़ाया जा सकता।

पारिवारिक जीवन की खोल-बांध न करने के हर क्षेत्र में प्रभाव और परिणाम हैं। यह ब्राह्मण जीवन की असली सच्चाई है लेकिन अभी तक किसी देशी या विदेशी विद्वान ने इस पर गहराई से विचार नहीं किया। यह विद्वानों के लिए शोध और लेखन का विषय नहीं है। लेकिन इस बार एक ऐसी चेष्टा 'हंस' के संपादक राजेन्द्र यादव द्वारा हो गई है। वे भी इस विषय को अनजाने में छेड़ बैठे क्योंकि उन्हें यह पता नहीं था कि यह उनका ततैयों के छत्ते में हाथ डालना है। वे अपनी 'हंस' पत्रिका के अगस्त 2001 के 'मेरी-तेरी उसकी बात' के स्तम्भ में 'इत्र कैसे बनता है...' के संपादकीय की शुरूआत करते हुए लिखते हैं—"जून के अंक में शैलेश मटियानी पर लिखते हुए अनायास ही एक वाक्य आ गया है : "उनका ध्यान शायद ही कभी इस तथ्य की ओर गया हो कि हिंदी के प्रायः सारे कथा-लेखक, श्रीनिवास दास, देवकीनंदन खत्री से ले कर मटियानी, संजीव, उदय प्रकाश तक या तो गैर-ब्राह्मण हैं या स्त्रियाँ।" जाहिर है तब इस पर मैंने बहुत सोचा नहीं था। मेरी इस 'विकृत और जातिवादी' मानसिकता पर जब अनेक मित्रों ने ध्यान दिलाया तो लगा कि इस विषय पर भी क्यों न खुल कर बात कर ही ली जाए। 'विचार-क्षेत्र से बाहर और ओछी बात' कह कर हम न जाने कितने मुद्दों पर 'चुनी हुई चुप्पियों' का नाटक करते रहे हैं। क्या कभी भी ऐसा कोई क्षण नहीं आएगा कि ऐसे अरुचिकर, मगर महत्वपूर्ण प्रश्नों पर बेबाक बहस हो जिन्हें या तो गलीचे के नीचे सरकाया जाता रहा है या जिन्हें गैर-बौद्धिक करार दे दिया जाता रहा है।"[6]

ऐसा लिख कर राजेन्द्र यादव ने द्विज समाज की नस पकड़ ली है। ब्राह्मण समाज में कैंसर की बीमारी इसी जगह है। उन्होंने इसे कथा-साहित्य के नाम से ढूँढ़ा है पर यह बीमारी द्विज समाज के पूरे शरीर में व्याप्त है। साहित्य के क्षेत्र तक ही सीमित रहा जाए तो इस क्रम में इस संपादकीय में लिखे राजेन्द्र यादव के ये

शब्द भी उद्धृत किए जा सकते हैं—"यह भी क्या संयोग ही है कि समाज का सबसे प्रामाणिक दस्तावेज होने के बावजूद कथा-साहित्य को साहित्य के उच्चतर विमर्शों में हाशियों पर ही रखा गया है—जबकि कविता सारे 'साहित्य-चिंतन' का आधार है?"[7]

सोचा जा सकता है, जब कथा-साहित्य के नाम से ब्राह्मण समाज इतना डरा हुआ है तो आत्मकथा के लेखन से वह कितना भयभीत हो सकता है? मुझे लगता है, आत्म-कथा लेखन से पहले द्विज लेखक आत्म-हत्या कर लेंगे। उधर, इस बारे में दलित लेखन की क्या स्थिति है? वे आत्म-कथा के सिवा दूसरी कोई साहित्यिक विधा को अपनाना नहीं चाहते। मराठी भाषा के दलित साहित्य की विशेषता में आत्म-कथा लेखन की भरमार है। आत्म-कथा लेखन की यही साहित्य-धारा हिंदी के दलित लेखकों में बह चली थी। सवाल ज्यों का त्यों है। ब्राह्मण लेखक कभी आत्म-कथा लिखनी नहीं चाहता और दलित-लेखक आत्म-कथा ही लिखनी चाहता है। यह राजेन्द्र यादव के कथा-साहित्य के तर्क का ही विस्तार है जो सारी मंजिलों से ऊपर होकर सीधे आत्म-कथा की बहस में आ प्रकट हुआ है।

ऐसा हो सकता है कि ब्राह्मण लेखक कथा-साहित्य या आत्म-कथा भी लिख सकते हैं। पर तब वह गुणवत्ता के मामले में कैसा कथा-साहित्य या कैसी आत्म-कथा होगी? वह केवल होड़ाहोड़ में फर्ज अदाई के लिए लिखा गया साहित्य होगा। उस में सार तत्व कुछ भी नहीं मिलेगा। मैंने अपने ब्राह्मण-परिचितों से कहा है कि वे यह सच क्यों नहीं लिखते कि उनके बच्चे विवाहेतर संबंधों से पैदा हो कर दूसरों के घरों में पल रहे हैं। मैंने अपने ब्राह्मण-परिचितों से यह भी कहा है कि वे दलित लेखक शरण कुमार लिम्बाले की तरह यह सच क्यों नहीं लिखते कि वे खुद विवाहेतर संबंधों से पैदा संतान हैं और उस व्यक्ति को अपना पिता कहते हैं जो सच में उनका पिता नहीं है। मैं यह बात उन ब्राह्मणों की नहीं कह रहा हूँ जो लेखक नहीं हैं बल्कि उनकी कह रहा हूँ जो हिंदी भाषा में लिखते हैं। जब सच बोलने की छूट है तो सच बोलते क्यों नहीं हैं? आखिर, आत्मकथा में यह नहीं लिखा जाएगा तो और कहाँ जगह है जहाँ इसे लेखबद्ध किया जा सकेगा? कानून पीछे रह सकता है लेकिन साहित्य तो आगे जा सकता है। साहित्य सत्य के लिए नेतृत्व प्रदान किया करता है। जारकर्म मुद्दा तो बने, बच्चे की पैतृक्ता की जाँच पर बहस तो छिड़े। द्विज लेखकों की तरफ से तीन हजार साल के पारिवारिक और सामाजिक इतिहास में पहली बार यह आवाज तो उठे कि उन्हें वह कानून चाहिए जो बच्चे की पैतृकता का निर्धारण करने के लिए डी. एन. ए. के वैज्ञानिक परीक्षण को अनुमत करता है।

कथा-साहित्य का लेखन फिर भी एक ओले और छिपाव का साहित्य है, लेकिन बिल्कुल मर्म की बात पकड़ी जाए कि आत्म-कथा कौन नहीं लिख सकता। इस प्रश्न का फैलाव व्यक्ति से ले कर पूरी कौम तक जाता है। दूसरे विद्वान अपने उत्तर खोजने

के लिए स्वतंत्र हैं पर मेरी तरफ से पहला उत्तर यह है कि चार तरह के व्यक्ति आत्म-कथा का लेखन नहीं कर सकते। उनके नाम जार, चोर, झूठे और कायर हैं। जार बिदक जाएगा, चोर भाग खड़ा होगा, झूठे के हाथ से लेखनी छूट कर नीचे गिर जाएगी और कायर के दिमाग में भी आत्म-कथा लेखन की बात नहीं आ सकती। कागज है, कलम है, ताजी हवा है, मिनरल वाटर है और टेबल है लेकिन लेखक का हाथ आगे नहीं बढ़ेगा। मैंने ऐसे लोगों के हाथों में कलम थमा कर देखी लेकिन वे भीगी बिल्ली बन कर रह गए। सारी जार संतानें पक्की मातृभक्ति का राग आलाप जाती हैं और सारे जार पुरुष एकनिष्ठ पितृभक्ति का दृष्टांत पेश कर देते हैं।

जो जार है वह चोर तो होता ही है। मलयालम में चोर को जार भी कहा जाता है। असल में, जारी में दो अपराध एक साथ जुड़े हुए होते हैं—एक जारी और दूसरी चोरी। जारी चोरी से ही होती है। इस बारे में तीसरी बात यह है कि जो जार और चोर है वह झूठा और कायर भी अनिवार्य रूप से होता है। क्या चरित्रहीन लोगों को किसी परिभाषा में बहादुर कहा जा सकता है? वीर पुरुषों के सामने जार और चोर हारता ही रहता है।

कथा-साहित्य और आत्म-कथा के चरित्रबल को आगे बढ़ाया जाए तो इतिहास लिखने की बात सामने आती है। दूसरों को उनकी स्वतन्त्रता दे कर मैं फिर कहूँगा कि जारों, चोरों, झूठों और कायरों की कौम के लेखक कभी इतिहास नहीं लिखा करते। मजबूर होने पर वे लोग अपना काम पुराण, संस्कृति, किंवदंती और प्रसिद्धियों से चलाया करते हैं। इसीलिए, फिर कहा जा रहा है कि जो बात राजेन्द्र यादव ने अनायास ही उठा दी है, उसकी गहराई और लंबाई दूर तलक जाती है। मेरा सवाल है, यदि आत्म-कथा लेखन से आत्मश्लाघा होने का डर बनता है तो फिर पुराण, संस्कृति और किंवदंतियाँ क्यों लिखी जाती हैं? पुराणों और किंवदंतियों में तो आत्मश्लाघा की पराकाष्ठा होती है। वहाँ हर बात अतिश्योक्ति अलंकार में ही कहने का चलन है। वहाँ आध्यात्मिक भय क्यों नहीं व्यापता?

राजेन्द्र यादव भी इस धोखे में आने वाले नहीं हैं। उन्होंने अपने उक्त संपादकीय में सही पूछा है—"महानता के नाम पर इसमें कहीं उनका षड्यंत्र तो नहीं है जो खुद तो समाज के शीर्ष पर बैठे पीढ़ियों से मलाई खा रहे हैं और हमें समझाते हैं कि तुम्हें जाति, क्षेत्र, समाज से ऊपर होना चाहिए?"[8] राजेन्द्र यादव सवाल को अधूरा नहीं छोड़ते हैं बल्कि उसे उसकी परिणति तक पहुँचा कर डॉ. बोहरा जैसे लोगों को निरुत्तर करते हुए आगे पूछते हैं—"...किसी भी क्षेत्र में जातिवाद का जिक्र आते ही विरोध ज्यादातर यथास्थिति बनाए रखने वाले ब्राह्मणवादियों की तरफ से ही क्यों होता है, वे ही क्यों सबसे पहले सिद्धांत, शास्त्र या उदाहरण दे कर यह सिद्ध करने निकल पड़ते हैं कि कहीं कोई जातिवाद नहीं है या कि जातिवादी कहने वाले खुद जातिवाद भड़का रहे हैं?"[9] निश्चित रूप से इस प्रश्न के द्वारा राजेन्द्र यादव ने अपने

घने सारे विरोधियों को धराशायी और चकनाचूर कर दिया है। उन्होंने विरोध करनेवाले लोगों को चुनौती भी दी है जब पूछा है—"प्रश्न है कि जिस तरह समय और यथार्थ को तोड़ कर या पुनर्व्यवस्थित कर के एक कलात्मक रचना का निर्माण होता है क्या उसी तरह वर्तमान के समय और यथार्थ यानी सामाजिक यथास्थिति को तोड़ कर कुछ 'परिवर्तनकारी लोगों द्वारा' किसी और कलात्मक समाज का निर्माण भी किया जा सकता है कि नहीं? रचना में यथार्थ और समय की जड़ यथास्थिति को तोड़ना अगर कलात्मक प्रयोग है तो उसी दृष्टि को समाज की दी हुई गतिहीनता तोड़ने में एप्लाई करना क्यों कलात्मक नहीं है?"[10] राजेन्द्र यादव के ये पक्के सवाल उनके संपादकीय में अंत तक पूछे जाने जारी रहते हैं—"यथास्थिति और गोचर-यथार्थ को तोड़ना साहित्य में जो क्रांतिकारी प्रयोग है वही कार्य क्यों व्यावहारिक समाज में मण्डेन (बासी) या रोजमर्रापन हो जाता है?"[11]

जाहिर है, उनके इन प्रश्नों से हर द्विज लेखक को परेशानी होगी। द्विज लेखक ऐसे प्रश्नों के उत्तर देने के लिए तैयार नहीं हैं। ये सारे प्रश्न उनके लिए असुविधाजनक हैं जिनसे वे हजारों सालों से बचते और कतराते आ रहे हैं। वे सब शंकर की तरह यही चाहते हैं कि उनके परमार्थ और व्यवहार के संबंध को आज भी अनिर्वचनीय माना जाए। लेकिन मक्खलि महान से ले कर महान आजीवक कबीर तक कमा कर खाने वाले दार्शनिकों द्वारा उनसे ये असुविधाजनक प्रश्न पूछे ही जाते रहे हैं। बोलने और करने में एक तो तालमेल हो। इस 'अंधा गावै बहरा बजावै' में 'ताल कहाँ से आवै' की बात इस देश में तभी से कही जा रही है जब से द्विजों ने कथनी और करनी के अंतर को खोज निकाला है।

III

यह अकारण नहीं है कि डॉ. मोहन कृष्ण बोहरा ने साहित्य को समाज के अन्य पक्षों से असंबद्ध रखना चाहा है। वे मेरे विरुद्ध लिखते हैं—"अपने विवेचन में वे (डॉ. धर्मवीर) जो संविधान की धाराओं, कानून के प्रावधानों और न्यायालयों के निर्णयों को उद्धृत करते हैं, वह इसी पक्ष को पुष्ट करने के लिए है अन्यथा साहित्यिक-विवेचन तो ऐसी साक्षियों का मुखापेक्षी नहीं होता।"[12] यहाँ पर 'इसी पक्ष' का मतलब है कि मैंने 'कबीर को दलित धर्म का प्रणेता और दलितों का भगवान निरुपित'[13] क्यों किया है।

यह अच्छा हुआ कि डॉ. मोहन कृष्ण बोहरा की कलम से यह बात सामने आ गई। मेरा मूल तर्क यही है कि कथनी और करनी में अंतर करने वाले लेखक साहित्य और समीक्षा को जीवन और समाज से अनछेड़ बनाए रखेंगे। डॉ. बोहरा के इस कथन से मेरे इसी मूल तर्क की पुष्टि होती है। द्विज लेखक साहित्य को नेपथ्य में रचना चाहते हैं। लेकिन दलित चिंतन ऐसा नहीं है। वह साहित्य को मनुष्य

जीवन की समग्रता में देखता है। जीवन के सारे कार्यकलाप एक दूसरे से धागों की तरह जुड़े पड़े हैं। कुछ भी निरपेक्ष और शून्य में घटित नहीं होता। ऐसा नहीं है कि दिमाग में कथनी के लिए एक कोठड़ी है और करनी के लिए दूसरी कोठड़ी है। निर्विकल्प से सविकल्प होने में ज्ञान को क्षण की भी देरी नहीं लगती। यहाँ संप्रज्ञात और असंप्रज्ञात का भेद कहने भर को है।

आखिर साहित्य क्या है? क्या उसका संविधान, कानून और न्यायालय से गहरा संबंध नहीं है? क्या साहित्य मनुष्य के मन की काल्पनिक उड़ान भर है? क्या उसकी रचना संविधान, कानून और न्यायालय से बेखबर रह कर होती है? लेकिन वर्ण-व्यवस्था वाले समाज का सच यह है कि उसमें ब्राह्मण को संविधान, कानून और न्यायालय से ऊपर घोषित किया गया है। इस समाज में ब्राह्मण के अपराधों के लिए दंड के प्रावधान नहीं हैं। हिन्दू शास्त्रों के अनुसार, जो वस्तुतः ब्राह्मणशास्त्र ही हैं, ब्राह्मण को मृत्युदंड नहीं दिया जा सकता। बहुपत्नी प्रथा, नियोग और संबंधम् आदि के कारण उसे जारकर्म करने का प्रमाणपत्र मिला हुआ है। वह गाँव और शहर में स्वछंद घूमता है। ऐसे में उसे नए संविधान, कानून और न्यायालय की याद दिलाना बुरा तो लगेगा ही जिनमें उसका अपराध करने का विशेषाधिकार समाप्त हो जाता है।

संविधान, कानून और न्यायालय मनुष्य और समाज के यथार्थ जीवन का एक पक्ष हैं जिसे साहित्य और उसका समीक्षाशास्त्र लांघ नहीं सकता। आखिर, साहित्य और उसकी समीक्षा को किसी जगह तो भूमि से जुड़ना ही है। दलित साहित्य कल्पना से कल्पना तक नहीं चलता बल्कि यथार्थ से कल्पना तक चलता है। कल्पना से कल्पना तक चलने वाला द्विज साहित्य करनी के धरातल को बिना किसी भी जगह स्पर्श किए कथनी से कथनी तक चलता है। वास्तव में, पुराण और किंवदंतियों वाला समूचा ब्राह्मण साहित्य साहित्य के लिए दुर्भाग्यपूर्ण चीज है।

द्विज चिंतकों ने समीक्षाशास्त्र के ऐसे मानदंड खड़े नहीं किए हैं जहाँ उन्हें जिम्मेदार ठहराया जा सके। वे हर जगह जिम्मेदारियों से बचे-बचे फिरते हैं। विवाहेतर संबंध रखे जाएँगे लेकिन उन संबंधों से पैदा संतान की जिम्मेदारी नहीं ली जाएगी। ऐसी स्थिति में ऐसा लेखन साहित्य कैसे हो गया? यह पटरियों पर बिकने वाला अश्लील और जार साहित्य ही हुआ। मेरा पूछना है कि 'गीत गोविंद' लिखो या 'श्रृंगार शतक' की रचना करो लेकिन राधा के बच्चों की जिम्मेदारी कौन लेगा? कौन उनका पालन-पोषण करेगा और वे किस पिता के बच्चे कहे जाएँगे? जब भारत की संसद और सुप्रीम कोर्ट इन प्रश्नों से जूझ रही हैं तो साहित्य-समीक्षा इनसे बेअसर कैसे रह जाएगी? बिना बच्चे को उसकी पैतृकता दिए साहित्य-समीक्षा को नींद कैसे आएगी? जब साहित्य में गोपियों के साथ कृष्ण की रास लीला हो रही है तो उसके नौ महीने बाद सुप्रीम कोर्ट बच्चों की पैतृकता निर्धारित करने के लिए शर्मसार हुई पड़ी है। यह तो ठीक है कि साहित्यिक विवेचन संविधान के अनुच्छेदों, कानून की धाराओं

और न्यायालयों के निर्णयों का मुखापेक्षी न होता हो पर जब सुप्रीम कोर्ट पैतृकता के निर्धारण के लिए संसद से कानून-निर्माण की भीख माँग रही हो तो इस समय साहित्य विवेचन संसद पर कौन-सा दबाव बनाएगा? क्या वह अभी भी दलित नारियों के साथ बलात्कार की क्रूरता और जारकर्म की रंगरेलियों का पक्ष लेता रहेगा? द्विजों की किंवदंती में खुद कबीर से इसका संबंध है। आखिर, कबीर को विधवा या कुँवारी ब्राह्मणी के पेट से पैदा दिखा कर लहरतारा के तालाब पर क्यों फिंकवाया गया है? सुप्रीम कोर्ट के मना करने पर भी ऐसी किंवदंती क्यों चलाई जा रही है कि कबीर हराम की औलाद थे?

मेरी भाषा पर डॉ. मोहन कृष्ण बोहरा ने भी सवाल उठाया है। लेकिन उन्हें पता होना चाहिए कि मनुष्य को अछूत कहने से ज्यादा अभद्र भाषा की खोज अभी तक संसार में नहीं की गई है। इससे ज्यादा बड़ी गाली और क्या होगी कि मनुष्य को अछूत कह दिया जाए? मनुष्य के सारे दूसरे अपमान इस अपमान से छोटे रह जाते हैं। यह अजीब अपेक्षा है कि दलित चिंतन भद्र भाषा के प्रयोग की सभ्यता द्विजों से सीखेगा। पूछा जा सकता है कि लेखन का यह कौन-सा तरीका और सलीका है कि बैठे-बिठाए यह घोषणा कर दी जाती है कि ब्राह्मण से सारे वर्ण नीचे होते हैं ? अभद्र भाषा का प्रयोग छोड़ना है तो ब्राह्मण को यह लिखना बंद करना पड़ेगा कि मैं तुझ से बड़ा हूँ। साहित्य के द्विज समीक्षकों को ध्यान रखना चाहिए कि संविधान अपने 17वें अनुच्छेद के द्वारा छुआछूत को मिटाने में लगा हुआ है, यदि द्विज साहित्य में कोई दम होता तो संविधान में ऐसा अनुच्छेद रखने की नौबत न आती। पूछा जा सकता है कि द्विजों का साहित्य और साहित्यिक-विवेचन समाज को कितना नैतिक, चरित्रवान और मानवीय बना रहा है।

IV

यह किसी समीक्षक की मजबूरी हो सकती है कि वह साहित्य के क्षेत्र में इंटर-डिसीप्लनेरी शोध कार्य न करे। यह उसकी अरुचि की बात भी हो सकती है। यहाँ तक कुछ भी गलत नहीं है। उसे ऐतिहासिक स्तर पर कोई बात न सिद्ध करने की छूट दी जा सकती है। लेकिन यह अधिकार उसे बिलकुल नहीं दिया जा सकता कि इतिहास के सत्य से बेखबर या उसके विरोध में वह कुछ लिखेगा। उसे इतिहास की इतनी दूर तक परवाह न करने के लिए स्वतंत्र नहीं छोड़ा जा सकता कि वह लिखे कि कबीर ने अंतिम मुगल बादशाह बहादुर शाह जफर के काल में कविता रची थी। साहित्य, संस्कृति और पुराण के नाम पर छूट लेने की कोई सीमा होनी चाहिए। यदि समीक्षक के पास इतिहास की कसौटी नहीं होगी तो किंवदंतियाँ इतिहास पर हावी हो जाएँगी। इसका एक ताजा उदाहरण दिया जा सकता है।

मुझे मेरे एक दलित मित्र ने बताया कि दिल्ली में लाल किले के सामने 'तुलसी

चौक' बनाया गया है। मित्र ने 'तुलसी चौक' बनाने वालों से पूछा कि यहाँ 'तुलसी चौक' क्यों बनाया जा रहा है। उन्होंने जवाब दिया–"एक बार तुलसी दास यहाँ लाल किले में अकबर बादशाह से मिलने आए थे, उसी घटना की स्मृति में यह 'तुलसी चौक' बनाया जा रहा है।" दलित मित्र ने उनसे पूछा–"पर दिल्ली का लाल किला तो अकबर के पोते शाहजहाँ ने बनवाया था?" इस पर 'तुलसी चौक' का निर्माण करने वालों ने मेरे मित्र से कहा–"ऐसा क्या बुरा हो जाएगा जो यहाँ 'तुलसी-चौक बन जाएगा? यहाँ सबके चौक बने हुए हैं। तुम 'तुलसी-चौक' के खिलाफ क्यों हो?"

ऐसे ही समाजशास्त्र को बिना जाने साहित्यिक समीक्षकों को कबीर के जुलाहेपन पर लिखने का अधिकार नहीं दिया जा सकता। जब कबीर के समाज में विधवा स्त्री की समस्या नहीं है तो वे ऐसी उपमा क्यों देंगे जिसमें विधवा के पुनर्विवाह की मनाही है? मसलन, डॉ. रामकुमार वर्मा ने कबीर के नाम से एक पद श्री गुरुग्रंथ साहिब से लिया है। उसकी पहली दो अर्द्धालियाँ इस प्रकार हैं–"जिहि कुलि पूत न गिआन बीचारी : विधवा कस न भई महतारी।"[14] उन्होंने इस पंक्ति का सही अर्थ किया है–"जिस कुल में पुत्र ने ज्ञान का विचार नहीं किया उसकी माता विधवा क्यों न हो गई?"[15] बताइए, यह पंक्ति कबीर की कैसे हो जाएगी? यह समस्या द्विज नारियों की रही है कि विधवा होने पर वे पुनर्विववाह नहीं कर सकतीं। उनके समाज में बाल-विधवा और बाल-रंडा का घिनौना दुख है। ब्राह्मणी के विधवा होने पर बच्चा पैदा नहीं हो सकता था लेकिन कबीर के जुलाहे दलित समाज में विधवा का पुनर्विववाह हो जाता है। विधवा होने की वजह से दलित और शूद्र नारी निपूती कैसे रह जाएगी? असल में, यह पूरा पद ही गैर-कबीरी है। कबीर मनुष्य को नीचे नहीं गिराते हैं। इसलिए इस पद में प्रयुक्त शब्द 'विधवा', 'अपराधी', 'कुबज' (कुबड़ा) और 'कुरूप' कबीर के सामाजिक दर्शन से मेल नहीं खाते। कबीर अपने समाज में विकलांगों की मजाक उड़ाने नहीं चले थे। यह काम ब्राह्मणों के शास्त्रों का है। ऐसे ही, वे विधवाओं के जीवन को अभिशाप देने नहीं चले थे बल्कि पुनर्विवाह में उनकी आशा बँधाते हैं और मदद करते हैं। अपने सारे अनुयायियों को प्रेम का पाठ पढ़ाने वाले कबीर मनुष्य को कुरूप कह कर उसका अपमान करने नहीं चले हैं। ये सारे अपशब्द ब्राह्मण की मानसिकता के हैं।

कबीर की कविता में प्रक्षिप्त ढूँढ़ने के लिए जिज्ञासु को दर्शनशास्त्र का भी ज्ञान होना चाहिए। इसमें ब्राह्मण विद्वानों को यह छूट नहीं दी जा सकती कि वे कबीर के अध्ययन में सिद्धांत और मत की मखौल उड़ाएँगे। जब कबीर पुनर्जन्म के सिद्धांत में विश्वास नहीं रखते तो ऐसे विश्वास को रखने वाले पद उनके कैसे हो सकते हैं? श्री गुरु ग्रंथ साहिब में राग गौड़ी के 15वें पद में ये शब्द लिखे मिलते हैं–'पूरब जनम हउ तप का हीना।'[16] डॉ. राम कुमार वर्मा ने इस पंक्ति का अर्थ किया है–"...पूर्व जन्म में तप से रहित हो कर इस जन्म में मेरी बहुत बुरी दशा

हुई।'[17] इसी पद में एक अगली पंक्ति इस प्रकार है–'बहुतु बरस तपु कीआ कासी।'[18] डॉ. राम कुमार वर्मा ने इसका अर्थ किया है–"काशी में मैंने बहुत वर्षों तक तप किया।"[19] इसी पद में एक अन्य पंक्ति इस प्रकार है–"ओछी भगति कैसे उतरसि पारी।"[20] ये सारी पंक्तियाँ गैर-कबीरी हैं। न कबीर पूर्वजन्म में विश्वास रखते हैं, न वे काशी में तप करने वाले हैं और न वे भगत हैं। इसलिए हिंदी साहित्य के शोध-कार्यों में 'इंटरडिसीप्लेनेरी एप्रोच' की सबसे ज्यादा जरूरत है क्योंकि यहाँ प्रक्षिप्त पाठ के वैष्णवी अखाड़े खुले हुए हैं। मैं अपनी अगली पुस्तक में इतिहास, समाजशास्त्र और दर्शनशास्त्र के बल पर यह बताने जा रहा हूँ कि कौन सा पद कबीर-वाणी में प्रक्षिप्त है। मैं संविधान, कानून और न्यायालय के आधार पर यह भी बताने जा रहा हूँ कि राधा कृष्ण की भक्ति वाला साहित्य लिखने से दलित घरों की बहू-बेटियों पर क्या-क्या कहर गुजर रहे हैं।

संदर्भ

1. ऐसे तो नहीं कबीर, मोहन कृष्ण बोहरा, जनसत्ता, दिल्ली, 8 अप्रैल 2001
2. कबीर पर कब्जे की लड़ाई, वीर भारत तलवार, पल प्रतिपल, अक्तूबर-दिसंबर, 1997, आधार प्रकाशन प्राइवेट लिमिटेड, एच.सी.एफ, 267, सेक्टर-16, पंचकूला-134113, पृ. 53
3. वही, पृ. 53
4. सतगुरु कबीर विरचित बीजक, टीकाकार अभिलाष दास, पारख प्रकाशक कबीर संस्थान, प्रीतम नगर, इलाहाबाद-211001, परिशोधित एवं परिसीमित पंचम संस्करण ईसवी 1993, पृ. 392
5. "Does the Mahatma practise what he preaches? One does not like to make personal reference in an argument which is general in its application. But when one preaches a doctrine and holds it as a dogma there is a curiosity to know how far he practises what he preaches. It may be that his failure to practise is due to the ideal being too high to be attainable; it may be that his failure to practise is due to the innate hypocracy of the man. In any case he exposes his conduct to examination and I must not be blamed if I asked how far has the Mahatma attempted to realize his ideal in his own case."
   Dr. Baba Saheb Ambedkar : Writings and Speeches: Vol. I., The Education Department. Government of Maharashtra, Mantralaya, Bombay-400032, Edition 14 April, 1979, p. 90.
6. मेरी-तेरी उसकी बात, राजेन्द्र यादव, हंस, अगस्त, 2001, पृ. 4, अक्षर प्रकाशन प्रा. लि., 2/36, अंसारी रोड, दरिया गंज, नई दिल्ली-110002
7. वही, पृ. 7, 8. वही, पृ. 5, 9. वही, पृ. 5, 10. वही, पृ. 8, 11. वही, पृ. 8
12. ऐसे तो नहीं कबीर, मोहन कृष्ण बोहरा, जनसत्ता, दिल्ली, 8 अप्रैल 2001, कालम-3
13. वही, कालम-3
14. संत कबीर, डॉ. राम कुमार वर्मा, साहित्य भवन लिमिटेड, इलाहाबाद, प्रथम बार, 1943, राग गउड़ी-25, पृ. 27
15. वही, परिशिष्ट, पृ. 8, 16. वही, पृ. 17, 17. वही, परिशिष्ट, पृ. 5, 18. वही, पृ. 17, 19. वही, परिशिष्ट, पृ. 5, 20. वही, पृ. 17

अध्याय-8

वेद प्रकाश : दलित सामाजिकता की मौत

श्री वेद प्रकाश ने एक लेख 'कबीर की संकीर्ण व्याख्या'[1] के शीर्षक से लिखा है। मैं यह जानने से विरत और निफराम हो रहा हूँ कि श्री वेद प्रकाश किस ब्यूरो के अंग हैं। यह हिंदी साहित्य में चर्चा का विषय है कि वहाँ कई खेमेबाजियाँ चल रही हैं। मेरे लिए उन अलग-अलग खेमेबाजियों के कोई अर्थ नहीं हैं क्योंकि दलित के सामने वे सारी खेमेबाजियाँ एक ही नाम की रह जाती हैं जो द्विज खेमेबाजी है। हाँ, यह लेख केवल मेरे द्वारा की गई कबीर की व्याख्या के खिलाफ नहीं है बल्कि इसमें मैंने वह गंध सूंघ ली है कि यह खुद कबीर के खिलाफ है। कबीर को ले कर यही मेरी खोज है और यही बताना मेरी विशेष प्राप्ति है कि द्विज लोग कबीर के खिलाफ हैं–पर कैसे?

वेद प्रकाश लिखते हैं–"डॉ. धर्मवीर को यह विवश हो कर स्वीकार करना पड़ता है कि राम, हरि, गोविंद, माधव का नाम कबीर ने लिया है।"[2] आगे वे पूछते हैं–"लेकिन कबीर ने इन नामों को क्यों अपनाया?"[3] वेद प्रकाश ने तथ्य सामने रख दिए हैं लेकिन उनके विश्लेषण की क्षमता चुक गई है जब वे आगे यह भी पूछते हैं–"यदि रामानंद उनके गुरु नहीं थे तो कौन थे कि उन्होंने राम नाम को सर्वाधिक महत्व दिया?" वे लिखते हैं–" 'भक्तमाल' में कबीर वैष्णव भक्तों की सूची में हैं। वे यदि इतने ही वैष्णव और सगुण विरोधी होते तो राम आदि नामों को कभी स्वीकार नहीं करते।"[4] अंत में किंवदंतियों वाला निष्कर्ष निकालते हैं–"हम लाख कोशिश करें ये नाम अपनी परंपरा को त्याग नहीं सकते चाहे वे पौराणिक हों चाहे सगुण।"[5]

वेदप्रकाश की ऐसी समझ के बारे में क्या कहा जाए? उनके तर्क की पूँछ पकड़ी जाए या उसे मुँह की ओर से लपका जाए? वे किस तर्क पर चलना चाहेंगे? वे अपनी इसी बात पर टिके रहें कि कबीर ने ईश्वर के रूप में जिस-जिस का नाम लिया है, कबीर उस-उस से परंपरा और विश्वास के रूप में जुड़े हुए हैं। तब वेदप्रकाश

कबीर को अधूरा क्यों पढ़ते हैं? उन्हें राम, हरि, गोविंद, माधव के नाम याद रह गए लेकिन वे कुछ नाम भूल गए हैं जो अल्लाह, खुदा, रहीम के हैं। कबीर ने ये नाम लिए हैं तो वेदप्रकाश इन शब्दों की व्याख्या कैसे करेंगे? अपने ही तर्क को आगे बढ़ा कर उन्हें लिखना चाहिए कि 'अल्लाह, खुदा, रहीम का नाम कबीर ने लिया है। लेकिन कबीर ने इन नामों को क्यों अपनाया? यदि शेख तकी उनके गुरु नहीं थे तो कौन थे कि उन्होंने 'कबीर' नाम को सर्वाधिक महत्व दिया? मुस्लिम काल में कबीर सूफी संतों की सूची में हैं। वे यदि इतने ही सूफी और इस्लाम विरोधी होते तो कबीर आदि नामों को कभी स्वीकार नहीं करते। हम लाख कोशिश करें, ये नाम अपनी परंपरा को त्याग नहीं सकते चाहे वे कुरान के हों या सूफीमत के।' वेद प्रकाश ऊपर बनाए गए उनकी तर्ज के वाक्यों का जवाब किन शब्दों में देंगे?

वेद प्रकाश अपनी तर्ज के वाक्यों का जवाब देने की कोशिश करें लेकिन आगे मैं उनके सवालों के जवाब दे रहा हूँ। जवाब यह है कि उन्हें पता होना चाहिए कि मध्य एशिया में एक ही संदर्भ से तीन पृथक-पृथक धर्म निकले हैं। उन तीन धर्मों के नाम यहूदी, ईसाई और इस्लाम हैं। पूछा यह जाना है कि जब पैगंबर मौहम्मद मरियम के बेटे ईसा का नाम लेते हैं तो क्या वे ईसाई हो गए? जब ईसा हजरत मूसा का नाम लेते हैं तो क्या वे यहूदी धर्म के हो गए? जब यहूदी यहोवा का नाम लेते हैं तो क्या वे ईसाई हो गए? जब ईसाई इब्राहीम का नाम लेते हैं तो क्या वे मुसलमान हो गए? यदि कोई ऐसा मानेगा तो वह क्या मानेगा? वेदप्रकाश कबीर को राम से जोड़ कर उन्हें ऐसा ही हिन्दू मान रहे हैं। ऐसा लग रहा है मानो वे हजरत निजामुद्दीन को यहूदी मत के कहना चाह रहे हैं।

खैर, एक वेद प्रकाश क्या, उनकी परंपरा में सारे हिंदू विद्वानों का इतिहास को पुराण और किंवदंती बना कर पढ़ने का ऐसा ही तरीका है कि हर ईसाई यहूदी मत का होता है क्योंकि वह आदम और हव्वा का नाम लेता है। यहूदी, ईसाई और मुसलमान के अंतर की बात एक तरफ, और भी नजदीक आ कर हिंदू की बात की जाए। क्या वे सिक्ख धर्म को हिंदू धर्म कहेंगे क्योंकि श्री गुरुग्रंथ साहिब में राम का नाम आया है? क्या वे जैन और बौद्ध धर्मों को भी हिंदू धर्म कहेंगे क्योंकि उनमें भी ब्राह्मण और क्षत्रिय शब्दों का इस्तेमाल हुआ है?

मुझे नहीं मालूम कि वेद प्रकाश ने कबीर को कितना पढ़ा है जब उन्होंने लिखा है कि कबीर 'यदि इतने ही वैष्णव और सगुण विरोधी होते तो राम आदि नामों को कभी स्वीकार नहीं करते।' इस तर्ज पर मैं बिलकुल जड़ पर आघात कर रहा हूँ कि यदि कबीर इतने ही इस्लाम विरोधी होते तो अपने 'कबीर' नाम को कभी स्वीकार न करते। आखिर, कबीर ने अपना नाम कबीर ही क्यों बना रहने दिया ? उनके लिए नामों की कोई कमी नहीं थी। वे खुद 'वेद प्रकाश', या विश्वनाथ त्रिपाठी,

या नित्यानंद तिवारी क्यों नहीं बन गए? उन्हें पता होना चाहिए कि राम से ज्यादा बार कबीर ने 'कबीर' का नाम लिया है जो खुद खुदा का नाम है। फिर, कबीर ने 'राम' का नाम लिया है, लेकिन वेद प्रकाश ने ध्यान नहीं दिया कि कबीर ने श्रीराम, रामचंद्र, परशुराम और बलराम के नाम नहीं लिए हैं। कबीर के राम मूल राम हैं जबकि हिंदुओं के पास बाद के राम हैं। सच बात समझ में आनी चाहिए कि राम के बाद ही श्रीराम, रामचन्द्र, परशुराम और बलराम आ सकते हैं।

पता नहीं चल रहा कि हिंदू विद्वान कबीर को हिंदू सिद्ध करने में क्यों लगे हुए हैं। एक कबीर के बिना हिंदू धर्म मिट नहीं जाएगा। हिंदू धर्म तब तक जीवित रहेगा जब तक उसे मानने वाले द्विज रहेंगे। द्विज अपने हिंदू धर्म को माने पर वे कबीर के पीछे क्यों पड़े हुए हैं जिनका नाम भी उनकी परम्परा का नहीं है? 'कबीर' शब्द की व्युत्पत्ति, उनके निघंटु या निरुक्त से नहीं निकलती—इसीलिए कबीर पर उन्हें अपना दावा छोड़ देना चाहिए। हिंदू धर्म को द्विज जिंदा रखेंगे, कबीर नहीं। वे ऐसे व्यक्ति को जबरन हिंदू बनाने पर क्यों तुले हुए हैं जो हर बार पूछने पर खुद को 'ना हिंदू' कहता है? यह तो हकीकत राय का किस्सा हो गया कि उन्हें फाँसी के तख्ते पर खड़ा करके जबरन मुसलमान बनाया जा रहा है। जब कबीर खुद को 'ना हिंदू' कहते हैं तो प्रक्षिप्त करके उनकी रचनाओं के ऐसे अर्थ क्यों लगाए जाते हैं कि वे हिंदू थे? जब पूछने पर कबीर ने अपने समय की मर्दमशुम्मारी में अपना नाम 'ना हिंदू' के खाने में लिखने को बोल दिया तो जनगणना के काम में लगा हुआ यह आज के स्कूल का हिंदू मास्टर उनके नाम को 'हिंदू' के खाने में क्यों भर रहा है? यह हिंदू मास्टर बिलकुल भी ईमानदार नहीं है। कबीर को ले कर यह जनगणना के झूठे ऐतिहासिक आँकड़े प्रस्तुत कर रहा है। यह किंवदंतियों से अपना काम चलाता है। तथ्य का संधान नहीं करता बल्कि अपनी मर्जी को तथ्यों पर आरोपित करता है।

वेदप्रकाश ने अपने तर्क को फैलाया है—"स्वयं डॉ. धर्मवीर कहते हैं कि दलितों को हिंदू-मंदिरों में उपासना का अधिकार नहीं था इसीलिए उन्होंने निर्गुण राम को अपनाया। इसका अर्थ यह है कि यदि उन्हें मंदिरों में प्रवेश की अनुमति होती तो वे संभवतः सगुण के उपासक होते।"[6] वेद प्रकाश निष्कर्ष निकालते हैं—"अतः कबीर हिंदू धर्म में रह कर एक विकल्प तैयार करते हैं।"[7] इन उद्धृत तीन वाक्यों को पढ़ कर समझ में आता है कि वेद प्रकाश का तर्क सही दिशा में आगे नहीं बढ़ सकता। मेरे तर्क का विस्तार यह है कि मुसलमानों को भी हिंदू मंदिरों में प्रवेश की आज्ञा नहीं है। इसका मतलब यह नहीं है कि मंदिरों में प्रवेश की आज्ञा मिलने पर मुसलमान सगुणोपासक हिंदू बन जाएँगे। उत्तर यह है कि हिंदू लोग मुसलमानों के लिए अपने मंदिर खोल दें तब भी वे हिंदू नहीं बनेंगे। यही स्थिति कबीर के बारे में है। कबीर के सामने धर्म की यह राजनीति नहीं चल सकती कि उन्हें आपदधर्म के अनुपालन

में कुछ रियायतें दे दी जाएँगी जिसका संकट काल उतर जाने पर प्रायश्चित कर लिया जाएगा। बात यह है कि कबीर पैदायशी रूप में हिंदू नहीं हैं और न ही वे अपनी धार्मिक परंपरा में हिंदू या मुसलमान हैं। वेद प्रकाश का यह लिखना भी सही नहीं है कि कबीर 'हिंदू धर्म में रह कर एक विकल्प तैयार करते हैं।' पहली बात, हिंदू धर्म की कोई पहचान और परिभाषा नहीं है। दूसरी बात, हिन्दू धर्म में कोई विकल्प संभव नहीं है। जब परिभाषा नहीं तो विकल्प कैसा? यह पिछली 20वीं शताब्दी में महान दलित चिंतक बाबा साहेब डॉ. अंबेडकर ने भी सिद्ध किया था कि हिंदू धर्म में कोई सुधार या बदलाव या विकल्प संभव नहीं है। तभी वे बौद्ध मत में धर्मांतरण के लिए गए थे। लेकिन वेद प्रकाश नहीं चाहते कि कबीर और अंबेडकर की तुलना की जाए। वे लिखते हैं कि कबीर की 'तुलना अंबेडकर से करना असंगत है।'[8] क्या बात है, कबीर और अंबेडकर के बारे में दलित चिंतक द्विजों से पूछेंगे! गुरु बनने की ख्वाहिश का कोई अंत नहीं है। क्या द्विज लेखक जन्मजात गुरु पैदा होते हैं? क्या उन्हें दूसरों से कुछ सीखने की जरूरत नहीं है? अच्छा हो कि दलितों को यह बताने के बजाय कि कबीर और अंबेडकर क्या थे, द्विज विद्वान दलितों से पूछें कि कबीर और अंबेडकर कौन थे तो उनका कुछ ज्ञानवर्धन होगा। कैसी कसम खा रखी है कि दूसरों से कुछ नहीं सीखेंगे और बैठे बिठाए जगद्गुरू बनेंगे। द्विज विद्वानों को अपनी इस कूपमंडूकता से बाहर आना चाहिए कि उन्हें किसी से कुछ सीखना नहीं है। मुझे बताया जा रहा है कि मेरा दर्शन क्या है !

वेद प्रकाश के यह लिखने का अर्थ क्या है कि 'कबीर हिंदू धर्म में रह कर एक विकल्प तैयार करते हैं'[9]? तब उनके इस तर्क के आधार पर यह क्यों नहीं कहा जा सकता कि 'कबीर मुसलमान धर्म में रह कर एक विकल्प तैयार करते हैं'? दोनों के लिए कड़वा सच यह है कि न कबीर मुसलमान धर्म में रह कर सूफी आदि होने का कोई विकल्प तैयार करते हैं और न हिंदू धर्म में रह कर वैष्णव आदि होने का कोई विकल्प तैयार करते हैं। तब वेद प्रकाश सवाल उठाते हैं—"यदि वे (कबीर) 'दलित धर्म' के संस्थापक थे और इसके लिए हिंदू धर्म की निंदा कर रहे थे तो सांप्रदायिक व्यक्ति से अधिक क्या ठहरेंगे?"[10]

हिंदू लेखक की तरफ से यह निष्कर्ष कितनी जल्दी निकला है कि यदि कबीर हिंदू नहीं हैं तो वे सांप्रदायिक व्यक्ति हैं। या तो कबीर को हिंदू मानो नहीं तो सांप्रदायिक मानो? लेकिन ये हिंदू लेखक तब खुश क्यों होते हैं जब कबीर ऐसा व्यवहार मुसलमान धर्म से करते हैं? तब मस्जिद और मुल्ला की निंदा किए जाने पर कबीर सांप्रदायिक क्यों नहीं माने जाते? इस परिभाषा के तहत तो कबीर को मुसलमानों की तरफ से साम्प्रदायिक कहा जाएगा। कबीर का ऐसा बँटवारा क्यों किया जाता है कि आधे कबीर की प्रशंसा और आधे कबीर की निंदा की जाएगी? मुसलमान का विरोध करें तो प्रशंसा और हिंदू का विरोध करें तो निंदा—यह सांप्रदायिकता की कैसी आधी

परिभाषा है? ऐसे में वेद प्रकाश अपने तर्क के विस्तार में बताएँ कि यदि कबीर 'हिंदू' थे और इसके लिए मुसलमान धर्म की निंदा कर रहे थे तो सांप्रदायिक व्यक्ति से अधिक क्या ठहरेंगे। इसका मतलब है कि, इधर या उधर, कबीर पर सांप्रदायिकता मढ़ दी गई है। एक बेमतलब की लड़ाई कबीर पर थोंपी जा रही है। कबीर को सांप्रदायिक कह कर उन्हें बदनाम किया जा रहा है। उधर, वेद प्रकाश ने अपने लेख में एक भी उस बात का जिक्र नहीं किया जो मैंने अपनी पुस्तकों में उठाई है। मुद्दों के बारे में उनकी चुप्पी का मैं क्या अर्थ लूँ? क्या मैं यह मानूँ कि उन्होंने मेरी बात मान ली है? मसलन, मैंने अपनी पुस्तक में एक तर्क यह पेश किया है कि 'अनाम दास का पोथा' डॉ. हजारी प्रसाद द्विवेदी की रचना नहीं है। क्या उन्होंने यह स्वीकार कर लिया है कि मेरा मत सही है, या, यह मानूँ कि उनके पास मेरे मत के विरुद्ध कोई तर्क नहीं है?

द्विज चिंतन द्वारा कबीर को ले कर डॉ. हजारी प्रसाद द्विवेदी के बचाव की अब एक नई रणनीति तैयार की गई है। मैंने डॉ. हजारी प्रसाद द्विवेदी के चिंतन को प्रक्षिप्त चिंतन सिद्ध कर दिया है तो बजाय उस बात को मानने के और मेरे शोध और विश्लेषण की प्रशंसा करने के मेरे चिंतन को संकीर्ण चिंतन कह दिया गया है। इसमें मेरा निवेदन है कि यदि कबीर को ले कर किसी को मेरे चिंतन में कोई संकीर्णता दिखती है तो उसका जिक्र जरूर किया जाए लेकिन उससे पहले डॉ. हजारी प्रसाद द्विवेदी के चिंतन को तो प्रक्षिप्त चिंतन माना जाए जब मैंने प्रमाण दे कर ऐसा सिद्ध कर दिया है। वह जिक्र बंद क्यों है? उस पर चुप्पी क्यों साध ली गई है? क्यों नहीं हंकारा जाता कि डॉ. हजारी प्रसाद द्विवेदी का चिंतन प्रक्षिप्त चिंतन है? उलटे, 'प्रक्षिप्त' की बराबरी करने के लिए डेढ़ साल के लंबे समय में 'संकीर्ण' शब्द खोजा गया है। क्या द्विज विद्वानों की संतुष्टि करने के लिए मैं भी उनकी तरह कबीर को वैष्णव और हिंदू बना दूँ ? यदि नहीं बनाया तो वे एक मुझे क्या, खुद कबीर को भी सांप्रदायिक और संकीर्ण कहने के लिए तैयार हैं। द्विज विद्वानों में ऐसा कहने की धारा पहले से ही चल रही है। फिर सबको उसी खेमे में चले जाना चाहिए।

यही मेरा तर्क है कि इस बारे में द्विज विद्वान एकमत हैं कि यदि कबीर को हिंदू और वैष्णव नहीं माना जाएगा तो उन्हें सांप्रदायिक और संकीर्ण कहा जाएगा। कोई भी द्विज विद्वान कबीर को कबीर के रूप में स्वीकार करने को तैयार नहीं है। फिर, वे सांप्रदायिक और संकीर्ण ही नहीं माने जाएँगे बल्कि डॉ. हजारी प्रसाद द्विवेदी के लिए भी असाहित्यिक और अक्खड़ हो जाएँगे। फिर, कबीर में सारे दुर्गुण जुड़ जाएँगे। द्विज विद्वानों की कबीर से जूझने की रणनीति यह है कि उनमें सद्‌गुण मानने के लिए उन्हें रामानंद का शिष्य, ब्राह्मणी की फेंकी हुई संतान और वैष्णव तथा हिंदू माना जाए। इसमें वेद प्रकाश ने यह कह कर कौन-सी नई बात जोड़ दी है कि

यदि कबीर 'दलित धर्म' के संस्थापक थे और इसके लिए हिंदू धर्म की निंदा कर रहे थे तो सांप्रदायिक व्यक्ति से अधिक क्या होंगे?[11]

कबीर को ले कर हिंदू लेखकों के बारे में मेरे तर्क की शुरूआत और मेरे तर्क का अंत यही है। अब तक कबीर को अक्खड़ और असाहित्यिक कहा ही जा रहा था, बस, उन्हें साम्प्रदायिक और संकीर्ण कहने की कमी बाकी थी, सो इस लेख के द्वारा पूरी हो गई है। मेरा पक्का विश्वास है कि इस क्रम में हिंदू चिंतन का अगला लेख 'कबीर की संकीर्ण व्याख्या' के बाद खुद 'कबीर की सांप्रदायिकता और संकीर्णता' के शीर्षक से यहाँ-वहाँ तैयार हो रहा होगा। उनकी एकजुट बड़ी लड़ाई खुद कबीर से चल रही है—कबीर की मेरे द्वारा की गई व्याख्या तो मात्र बहाना है।

वेद प्रकाश के इस लेख का मर्म क्या है? उन्होंने यह लेख क्यों लिखा है? उत्तर यह है कि वे कबीर की सामाजिकता के आक्रमण से ब्राह्मणवाद को बचाने के काम में लगे हैं। कई दूसरे द्विज लेखकों को ब्राह्मण अच्छा लगता है लेकिन ब्राह्मणवाद बुरा लगता है। वे ब्राह्मण का बचाव करते हैं लेकिन ब्राह्मणवाद पर हमला बोलने देते हैं। लेकिन वेद प्रकाश का लेख इस तरह का नहीं है। वे ब्राह्मण और ब्राह्मणवाद दोनों का बचाव करते हैं। वे कबीर के साहित्य का उद्देश्य ही बदल देते हैं। यह समझ लो कि उन्होंने कबीर के विमान का अपहरण कर लिया है। आगे इस विमान को अपने लिए सुरक्षित ब्राह्मणवाद के अड्डे पर उतारने के लिए वे खुद पायलट बन बैठे हैं जब लिखते हैं—"उन्हें (कबीर को) ब्राह्मणवाद से ज्यादा भय मृत्यु का था।"[12] यही मूल वाक्य है जिसका अर्थ फैलाने के लिए वेदप्रकाश ने अपना यह लेख लिखा है। वे लिखते हैं कि कबीर इस मृत्यु से 'बचने के लिए भक्ति को एक मूल्य के रूप में स्थापित करते हैं।'[13] इस बात को सिद्ध करने के लिए वेदप्रकाश ने कबीर को उद्धृत किया है—'हम न मरैं मरिहैं संसारा, हम कूँ मिल्या जियावनहारा।'[14] कहीं मृत्यु से बचने का कोई दूसरा अर्थ न खोज लिया जाए इसलिए वेद प्रकाश तिराहे पर जा कर और यह लिख कर मंत्र-बांच का टोना-टोटका भी कर देते हैं कि कबीर 'इस भक्ति में ही सामाजिक समस्याओं का हल खोजते हैं।'[15]

वेद प्रकाश ने अपने इस लेख में एक बार भी यह बात बताने की कोशिश नहीं की कि कबीर की और कबीर के जाति-भाइयों की सामाजिक समस्याएँ क्या थीं। सामाजिक समस्याओं की कोई गिनती और उनका विश्लेषण नहीं है। फिर भी, यदि वेद प्रकाश से कबीर की सामाजिक समस्याओं का खुलासा करने के लिए ज्यादा अनुरोध किया जाए तो वे क्या खुलासा करेंगे? खुलासे में वे कहेंगे कि कबीर की सामाजिक समस्याएँ भी मृत्यु की थीं। वास्तव में, वेद प्रकाश ने कबीर का संसार मृत्युमय संसार बना दिया है।

किसी महापुरुष के दर्शन को मृत्यु से जोड़ने में द्विज लेखकों का क्या मतलब होता है? मतलब यह होता है कि उस महापुरुष की सारी साधना को व्यक्तिगत

साधना बता दिया जाए। चूँकि मृत्यु एक व्यक्ति की होती है इसीलिए सारा दर्शन व्यक्तिगत बना दिया जाता है। मनुष्य अपनी व्यक्तिगत मृत्यु को झेल रहा है। फिर कार्य-कारणवाद का चक्र चलाया जाता है जो बुद्ध के प्रतीत्यसमुत्पाद तक या शंकर की अनिर्वचनीयता तक जाता है। आखिर, बुद्ध के चार आर्य सत्यों और अष्टांग मार्ग का मतलब क्या रह जाता है जब मृत्यु का कारण जन्म को मान लिया जाता है? दुख है, दुख का कारण है, दुख निरोध संभव है और दुख निरोध मार्ग है—का मतलब यही रह जाता है कि मृत्यु से बचना है तो जन्म को नष्ट कर दो। उधर, शंकर का मायावाद तो बिलकुल ही अलग धरातल पर रहता है कि आत्मा अमर है, न जन्म लेती है, इसलिए न मरती है, और जो सामने दीख रहा है, उस पर ध्यान नहीं दिया जाना चाहिए क्योंकि वह मिथ्या, प्रतीति मात्र और आभास भर है।

बहरहाल, वेदप्रकाश ने भी कबीर को मृत्यु, व्यक्तिगत साधना, मोक्ष और संन्यास के इर्द-गिर्द घुमा दिया है। उन्हें ध्यान नहीं रहा कि कबीर ने सामाजिक समस्याओं के नाम ले-ले कर स्पष्ट रूप से कहा है—'को बामन, को सुद्दा।'[16] भारत का कौन ब्राह्मण कबीर की इस उक्ति को मानना चाहेगा? वेद प्रकाश उत्तर देंगे कि कबीर ने भक्ति के क्षेत्र में 'को बामन, को सुद्दा' कहा है। उनके अनुसार, भक्ति को छोड़ कर बाकी सभी क्षेत्रों में 'मैं बामन, तू सुद्दा' के नगाड़े पीटे जाएँगे। ये लेखक नहीं मान सकते कि कबीर ने मृत्यु पर भी सोचा है और ब्राह्मणवाद पर भी सोचा है। अभी वेद प्रकाश ने शुरू में यही लिखा है कि तुलनात्मक रूप से कबीर को 'ब्राह्मणवाद से ज्यादा भय मृत्यु का था' लेकिन अंत में ये लेखक महोदय यही लिखेंगे कि 'परमात्मक रूप से कबीर को केवल मृत्यु का भय था।' मृत्यु से भय की अपनी व्याख्या में ये महानुभाव ब्राह्मणवाद और सामाजिक समस्याओं का कहीं नामोनिशान नहीं छोड़ेंगे। ये लिखेंगे—'मृत्यु दुख है, इस मृत्यु के दुःख का कारण जन्म है, मृत्यु का नाश करने के लिए जन्म का नाश करना है। मृत्यु व्यक्ति का मामला है इसलिए संन्यास की जरूरत है। संन्यास घर-गृहस्थी छोड़ कर जंगल में सधता है। यही मोक्ष, निर्वाण और कैवल्य है। यही ज्ञानमार्ग है, यही कर्ममार्ग है, यही भक्तिमार्ग है।' इन्हें नहीं मालूम कि कबीर की सामाजिक समस्या युद्ध में लड़-मरने की है जब वे कहते हैं :

सूरा सो पहचानिए, जो लरै दीन के हेत।
पुरजा-पुरजा कटि मरै, कबहू न छाड़े खेत।।[17]

कबीर ने इस निर्भीकता और बहादुरी में वीरगति के माध्यम से मृत्यु पर विजय पाई है। मृत्यु का भय समाप्त हुआ है। तभी तो कबीर रणभूमि में बलिदान के युद्ध-दर्शन पर आए हैं।

कबीर के पास यह ब्रह्महत्या के भय के दर्शन से भिन्न निर्भीकता का दर्शन है। ब्राह्मण मरने से क्यों डरता है? इस मौत के डरने की वजह से देश हर बार

विदेशी हमलावरों का गुलाम हुआ है। यदि देश ब्रह्महत्या के भय के बजाय शहादत के चिंतन पर आरूढ़ होता तो अंग्रेज सन् 1947 से पहले भारत छोड़ कर भाग जाते। दुख इस बात का है कि ब्रह्महत्या के रूप में मौत और बलिदान से डरने वाले लोग चरित्र और नैतिकता के मामले में समझौते करने बैठ जाते हैं।

वेद प्रकाश ने अपने लेख के अंत में मुझे कई निर्देश और सुझाव दिए हैं। इसमें कुछ भी बुराई नहीं है। लेकिन जरूरत इन निर्देशों और सुझावों को समझने-परखने की है। उनके आखिरी वाक्य 'आशा है भविष्य में (डॉ. धर्मवीर) निराश नहीं करेंगे' से कई अर्थों का जन्म होता है। पहला अर्थ यह है कि वेद प्रकाश कुछ सीखना नहीं चाहते। उन्होंने मान लिया है कि उन्हें पहले से ही सब कुछ ज्ञात है। इस वाक्य का दूसरा अर्थ है कि वे गुरु बन गए हैं। द्विज लेखकों में गुरु बनने की यह ललक बहुत पुरानी है। एकदम हर किसी को पुरोहित बन कर हिदायत देने लगते हैं। तीसरा अर्थ यह है कि 'निराश नहीं करेंगे'—अर्थात् विप्रों की पूजा शुरू कर देंगे। मेरे लिए 'निराश नहीं करेंगे' का मतलब यह बन कर आ रहा है कि मुझे कबीर को ले कर डॉ. हजारी प्रसाद द्विवेदी की प्रशंसा शुरू कर देनी चाहिए। लेकिन इसमें मैं क्या कर सकता हूँ कि मेरे मास्टर कबीर हैं और कोई द्विज विद्वान नहीं?

मेरी परंपरा कबीर के अनुसरण में पड़ती है। यह परंपरा पुराणों और किंवदंतियों में विश्वास नहीं करती। दुर्भाग्य से, हिंदी साहित्य के द्विज समीक्षक किंवदंतियों के कथा-वाचक बन गए हैं। अब हिंदी क्षेत्र के लोगों को देवी और देवियों के धार्मिक अनुष्ठान करवाने के लिए पुराण कथा-वाचकों की अलग से जरूरत नहीं है। वह काम हिंदी के द्विज समीक्षक पूरा कर रहे हैं। केरल में एक प्रस्ताव था कि पारंपरिक पुराण कथा-वाचकों को सरकार की तरफ से आर्थिक मदद दी जानी चाहिए ताकि लोगों की अनिच्छा के कारण यह कला नष्ट न हो जाए। लेकिन हिंदी क्षेत्र में इस कला के नष्ट होने का कोई खतरा नहीं है क्योंकि बाकायदा सरकार से प्रोफेसरों की तनख्वाह ले कर यह कार्य विद्यालयों और विश्वविद्यालयों की कक्षाओं में किया जा रहा है। वहाँ छात्रों और छात्राओं को उपासक और उपासिकाएँ मान कर कथा-वाचन किया जाता है—अर्थात 'इति कबीर ग्रंथावली', 'तो कबीर जी बोले', 'तो विष्णु भगवान जी अपना चतुर्भुज रूप धारण करके कबीर जी के सामने प्रकट हुए' आदि-आदि...। इसलिए कहा जा रहा है कि हिंदी साहित्य का पढ़ना न-पढ़ना सब बराबर हो जाता है जब छात्रों को पुराणों और किंवदंतियों के अंधविश्वासों से दूर नहीं किया जाता।

वेद प्रकाश अपने लेख के आखिरी पैरे में मुझे नेक सलाह देते हैं कि डॉ. धर्मवीर को 'कुछ गंभीर कार्य करना है तो विवेक, धैर्य और ईमानदारी से कार्य करना होगा।'[18] इस वाक्य में जो अच्छी बात है वह तीन शब्दों—विवेक, धैर्य और ईमानदारी के प्रयोग की है। बाकी बात ज्यों की त्यों रह जाती है कि विवेक, धैर्य

और ईमानदारी के अर्थ क्या हैं। या तो वेद प्रकाश को इन शब्दों के अर्थ मालूम नहीं हैं या वे इन शब्दों के अर्थ उनसे भिन्न लेते हैं जो दलित चिंतक के दिमाग में हैं। मसलन, एक शब्द 'ईमानदारी' को ही ले लिया जाए। आश्चर्य होता है कि किंवदंतियों के आधार पर सारा समीक्षाशास्त्र खड़ा करने वाले लोग दूसरों के सामने ईमानदारी के उपदेशक बन रहे हैं। वेद प्रकाश की इस किंवदंती वाली परंपरा का ईमानदारी से क्या ताल्लुक? आखिर, ईमानदारी का एक मतलब यह भी होता है कि झूठ न बोला जाए। इसमें मुझे यह अनुरोध करने का मौका मिल रहा है कि सारे द्विज लेखक मिल कर कबीर पर एक किताब ऐसी लिख दें जिसमें झूठ का एक अंश भी न हो। वह दिन हिंदी साहित्य के लिए बड़ा सुखद होगा। उस ऐतिहासिक मुहूर्त का ढोल-ढपड़ों से स्वागत किया जाएगा कि आज द्विज लेखकों ने पुराण और किंवदंतियों से अपना पल्ला झाड़ लिया है।

वेद प्रकाश ने सीधा मुझसे व्यक्तिगत सवाल किया है–"स्वयं डॉ. धर्मवीर, आई.ए.एस. से पूछा जा सकता है कि क्या वे दलित हैं? या राम विलास पासवान दलित हैं? अगर यही हाल रहा तो कुछ दिनों बाद 'दलित' का अर्थ ही बदल जाएगा।"[19] उनके इस पूछने में दो बातें जुड़ी हैं। डॉ. धर्मवीर आई.ए.एस. हो गए तो वे दलित नहीं रहने चाहिए और राम विलास पासवान मंत्री हो गए तो वे दलित नहीं माने जाने चाहिए। दूसरे, उन्हें भय सता रहा है कि कहीं 'दलित' शब्द का अर्थ न बदल जाए। सोचा जा सकता है कि द्विज लेखकों के कैसे दो तरह के तर्क एक-साथ चल रहे हैं। ये वे ही लोग हैं जो एक तरफ ब्राह्मण और ब्राह्मणवाद को एक नहीं कहने देते और दूसरी तरफ 'दलित' शब्द के अर्थ बदलने से डरते हैं। 'दलित' शब्द को ले कर उसका अर्थ एक ही रखना चाहते हैं लेकिन 'ब्राह्मण' शब्द को ले कर उसके दो अलग-अलग अर्थ करना चाहते हैं–'ब्राह्मण' और 'ब्राह्मणवाद'। कहने का मतलब यह है कि 'ब्राह्मण' और 'ब्राह्मणवाद' में फर्क करेंगे लेकिन 'दलित' और 'दलितवाद' में कोई फर्क नहीं करने देंगे। तथ्यों से कुछ लेना-देना नहीं है, इनके लिए सब कुछ रणनीति और कूटनीति का हिस्सा बन कर रह गया है।

लेकिन दलित की बहस इस जगह नहीं है। चूँकि द्विज लेखक इस भाषा को समझते हैं, इसलिए उनसे इस भाषा का प्रयोग किया जा रहा है। दलित को खुद अपने लिए 'दलित' शब्द का प्रयोग करना पसंद नहीं है। इस शब्द का प्रयोग द्विजों से संपर्क बनाए रखने के लिए किया जाता है, क्योंकि दूसरे शब्द द्विजों की समझ में नहीं आते। दलितों को अपने लिए द्विज शब्दावली के शूद्र और अंत्यज शब्द भी पसंद नहीं हैं लेकिन मजबूरी है कि वर्ण-व्यवस्था की शब्दावली इन शब्दों के बिना गूंगी और बहरी हो जाती है। यही कारण है कि द्विज लेखक इस संभावना से डर जाते हैं कि कहीं 'दलित' शब्द का अर्थ न बदल जाए।

कमी केवल समझ की है। द्विज विद्वानों को यह समझ में नहीं आता कि

आई.ए.एस. बनने के बाद डॉ. धर्मवीर और मंत्री बनने के बाद रामविलास पासवान दलित कैसे रह जाते हैं। इसमें यही कहा जा सकता है कि उनका ज्ञान अधूरा है। जब उनकी समझ में नहीं आता तो नहीं आता। इसमें क्या किया जा सकता है कि कोई बच्चा गणित में कमजोर है या दूसरे बच्चे का ध्यान पढ़ाई-लिखाई में नहीं रमता। पुराण और किंवदंतियों की झूठी बातें शुरू कर दी जाएँ तो द्विज लेखकों को हर बात समझ में आने लगती है। पुराण का झूठ समझना उनके लिए आसान है लेकिन इतिहास की सच्चाई उन की समझ में नहीं आती।

फिर भी द्विज लेखकों की मदद की जा सकती है कि डॉ. धर्मवीर आई. ए. एस. होने के बाद उसी प्रकार दलित हैं जिस प्रकार उनके बैचमेट श्री माजिद अली जी आई. ए. एस. होने के बाद मुसलमान हैं। उनकी और भी मदद की जा सकती है कि राम विलास पासवान मंत्री होने के बाद उसी प्रकार दलित हैं जिस प्रकार जार्ज फर्नांडिज मंत्री होने के बाद ईसाई रह जाते हैं। इसके बाद भी किसी की समझ में न आए तो क्या किया जाए? तब उन्हें यही सलाह दी जा सकती है कि अच्छा हो कि वे समझने की कोशिश करनी छोड़ दें। माना यह जाए कि जरूरी नहीं है कि हर बात हर किसी की समझ में आ ही जाएगी। हमें इतिहास के उदाहरण से पता है कि काफी वर्षों तक समझाने के बाद भी पूरे ईसाई समुदाय को यह समझ में नहीं आया था कि पृथ्वी सूर्य के चारों तरफ घूमती है। मेरे गाँव के एक मुसलमान को यह समझ में नहीं आया था कि पृथ्वी से उठ कर अपोलो चांद तक कैसे पहुँच सकता है। इसी क्रम में हिंदुस्तान की जनता यह मान कर एक नींद में सो सकती है कि द्विज लोग पैदायशी सर्वज्ञ होते हैं।

वेद प्रकाश ने यह भी आगाह किया है कि डॉ. धर्मवीर को यह पता होना चाहिए कि 'प्रशासनिक सेवाओं की तरह साहित्य में आरक्षण अभी नहीं हुआ है।'[20] इससे पहले वे इस बात को अपने लेख में पूछ ही चुके हैं–'स्वयं डॉ. धर्मवीर आई. ए. एस. से पूछा जा सकता है कि क्या वे दलित हैं?'[21] दुखद है कि यहाँ भी सवाल मेरे आई. ए. एस. होने का बन गया है। यह ऐसे हो रहा है कि आई.ए.एस. हो कर मानो मैंने कोई गुनाह कर लिया हो। खैर, यहाँ आई.ए.एस. के बारे में स्वतंत्र रूप से लिखने की कोई आवश्यकता नहीं है। यहाँ मैं केवल इस संभावना को जता सकता हूँ कि हो सकता है कि वेद प्रकाश आई.ए.एस. की परीक्षा में बैठे हों और वे फेल हो गए हों। उनके मलाल करने से लगता ऐसा है कि यदि वे परीक्षा में न बैठे हों तो उनका कोई नजदीकी रिश्तेदार परीक्षा में जरूर बैठा होगा। लेकिन उन्होंने जो गलतफहमी फैलाई है वह शब्द 'आरक्षण' के अर्थ को ले कर है। उन्होंने आरक्षण को जो अर्थ दिया है वह यह है कि आरक्षण मेरिट के विरुद्ध है और कोई रियायत है। लेकिन आरक्षण को ऐसा अर्थ दे कर यहाँ वे फिर गलती कर रहे हैं। इस शब्द के मूल दार्शनिक बाबा साहेब डॉ. अंबेडकर ने इस शब्द का कभी यह

अर्थ नहीं लिया कि यह कोई रियायत है। वे हिंदुस्तान के सबसे ज्यादा पढ़े-लिखे आदमी थे। उनसे यह अपेक्षा रखना कि वे अपनी मांग में मेरिट का ध्यान नहीं रखेंगे एकदम अनुचित है। उनकी मांग यह थी कि मेरिट को धता बताया जा रहा है, योग्य के मुकाबले में अयोग्य को नियुक्ति दी जा रही है। उनकी लड़ाई योग्यता के विरुद्ध नहीं बल्कि योग्यता के पक्ष में थी। देश की बागडोर अयोग्य लोगों के हाथों में रहने से देश का इतिहास गुलामों का इतिहास बन गया था। यवन, चीन, शक, कुषाण, हूण, अरब, तुर्क, मुगल, डच, पुर्तगीज, फ्रेंच और अंग्रेज—यह देश का इतिहास था। ऐसी स्थिति में बाबा साहेब डॉ. अंबेडकर ने देश को दासता से बचाने के लिए योग्य लोगों के पक्ष में आरक्षण की मांग की थी। ब्राह्मण साहित्य ने अयोग्य लोगों के लिए सौ प्रतिशत आरक्षण की व्यवस्था कर रखी थी। उनके तुलसीदास ने 'रामचरित मानस' में संस्कृत से अवधी भाषा में अनुवाद कर रखा था—'पूजिअ बिप्र सील गुन हीना, सूद्र न गुन गन ज्ञान प्रवीना।'[22] तुलसी की यह चौपाई रैदास के दोहे के विरोध में आई थी। रैदास ने योग्यता के पक्ष में लिखा था :

> रैदास बाह्मण मत पूजियो जो होवे गुन हीन।
> पाँव पूज चंडाल के जो हो ज्ञान प्रवीण।[23]

इस प्रकार, समाज तुलसीदास की चौपाई के असर में अयोग्यता से ग्रस्त था। ऐसे समय में बाबा साहेब डॉ. अंबेडकर ने रैदास की योग्यता के पक्ष में मध्यकालीन इतिहास की महान घोषणा को दोहराया था।

वेद प्रकाश कुछ लिखना भूल गए हैं जब उन्होंने अपने लेख में लिखा है—"प्रशासनिक सेवाओं की तरह साहित्य में आरक्षण अभी नहीं हुआ है।" उन्हें पता होना चाहिए कि दलित समाज 'पूजिअ विप्र ज्ञान गुन हीना' की अयोग्यता की चोट सहता आ रहा है। वेद प्रकाश ने लिखा यह है कि प्रशासनिक सेवाओं की तरह साहित्य में आरक्षण अभी नहीं हुआ है लेकिन दलित चिंतन के लिए इसका अर्थ यही है कि 'सूद्र नहिं गुन ज्ञान प्रवीना।' क्या ऐसा लिख कर वे दलित साहित्यकारों को धमकी नहीं दे रहे हैं कि प्रशासनिक सेवाओं की तरह साहित्य में आरक्षण अभी नहीं हुआ है? पता चलना चाहिए कि ऐसा लिख कर वे क्या कह रहे हैं? वे सच में राष्ट्र को कमजोर बना रहे हैं। वे संविधान की मजाक उड़ा रहे हैं, वे संसद को चौपट कर रहे हैं, वे सुप्रीम कोर्ट के निर्णय को उलटा कर रहे हैं और वे संघ लोक सेवा आयोग की प्रक्रिया में हस्तक्षेप कर रहे हैं।

सोचा जाना चाहिए कि साहित्य में आरक्षण न होने के क्या नुकसान हो रहे हैं और यदि साहित्य में आरक्षण होगा तो उसके साहित्य को क्या लाभ होंगे? पहली बात यह है कि आरक्षण का मतलब दलित के पदार्पण से है। किसी भी क्षेत्र में दलित के पदार्पण का मतलब योग्यता के पदार्पण से है। साहित्य में दलित का पदार्पण

न होने से नुकसान यह है कि इसी वजह से हिंदी साहित्य में विश्व स्तर के साहित्य का सृजन नहीं हो सका है।

सच यह है कि कथनी और करनी में अंतर करने वाला समाज कभी उच्च और श्रेष्ठ साहित्य की रचना नहीं कर सकता। साहित्य में दलित के पदार्पण से क्या लाभ होगा? लाभ यह होगा कि साहित्य में से अंधविश्वास और ढकोसले निकल जाएँगे और वह वैज्ञानिक और मानवीय हो जाएगा। मेरी घोषणा है कि दलित साहित्य ही विभिन्न भाषाओं के भारतीय साहित्य को पुराणों और किंवदंतियों से मुक्त करेगा। दलित साहित्य ही समाज से जारकर्म की पूजा को समाप्त करेगा। इसके विपरीत, जब तक ब्राह्मण साहित्य का वर्चस्व बना रहेगा, किसी न किसी रूप में, प्रत्यक्ष या अप्रत्यक्ष, साहित्य में जारकर्मी की पूजा होती रहेगी। भक्ति तो एक बहाना है, असल में उनका ज्यादातर साहित्य जारपूजा का है। अपने मुँह मियांमिट्ठू आप न बनें, द्विज लेखक अपनी रचनाओं के बारे में कभी दलितों की प्रतिक्रिया अवश्य जान लिया करें कि 'वे रस डोलत आपने' पर 'उनके फाटत अंग' होते हैं। दलित अपनी बेटियों को न किसी की देवदासियाँ बनने देना चाहते हैं और न किसी की राधाएँ और न किसी की वेश्याएँ और अप्सराएँ।

संदर्भ

1. कबीर की संकीर्ण व्याख्या, वेद प्रकाश, हिंदुस्तान, 26 अगस्त, 2001, नई दिल्ली
2. वही, कालम-3, 3. वही, कालम-3, 4. वही, कालम-3, 5. वही, कालम-3, 6. वही, कालम-3
7. वही, कालम-3, 8. वही, कालम-3, 9. वही, कालम-3, 10. वही, कालम-3, 11. वही, कालम-3
12. वही, कालम-3, 13. वही, कालम-3, 14. वही, कालम-3, 15. वही, कालम-3
16. कबीर वाङ्मय : खंड 2 : सबद, संपादक डॉ. जयदेव सिंह और डॉ. वासुदेव सिंह, विश्वविद्यालय प्रकाशन, चौक, वाराणसी-221001, संस्करण 1998, पृ. 75
17. कबीर समग्र : प्रथम खंड, संपादक और लेखक, प्रो. युगेश्वर, हिंदी प्रचारक संस्थान, पी. बॉ 1106, पिशाचमोचन, वाराणसी-221010, द्वितीय संस्करण 1995, पृ. 522
18. कबीर की संकीर्ण व्याख्या, वेद प्रकाश, हिंदुस्तान, नई दिल्ली, 26 अगस्त, 20011, कालम-3
19. वही, कालम-2-3, 20. वही, कालम-3, 21. वही, कालम-2-3
22. कबीर के आलोचक, डॉ. धर्मवीर, वाणी प्रकाशन, 21 ए, दरिया गंज, नई दिल्ली-110002, द्वितीय संस्करण, 1998, पृ.-36 पर उद्धृत
23. हिंदी की आत्मा, डॉ. धर्मवीर, समता प्रकाशन, 30/64, गली नंबर 8, विश्वास नगर, शाहदरा, दिल्ली-110032, पहला संस्करण, 1989, पृ. 201 पर उद्धृत

अध्याय-9

डॉ. वासुदेव सिंह : दलित भारतीयता की हत्या

डॉ. वासुदेव सिंह का एक लेख 'भारतीय चिंतन और कबीर' शीर्षक से पत्रिका 'परिचय-2' में छपा है।[1] उन्होंने अपने लेख में मुख्य रूप से निम्न बातें उठाई हैं :

1. वस्तुतः कबीर का चिंतन भारतीय परंपरा के अधिक निकट है जबकि सूफियों के सिद्धांत इस्लामिक परंपरा के अंतर्गत आते हैं।[2]
2. कबीर आवागमन को भी मानते हैं और उनकी मोक्ष संबंधी अवधारणा भी सूफियों से भिन्न है।[3]
3. वह भारतीय चिंतन परंपरा से अभिन्न रूप से जुड़े हुए हैं।[4]
4. उनका जन्म चाहे जिस वंश या जाति में हुआ हो, रामानंद उनके गुरु रहे हों या न रहे हों किंतु उन्होंने भारतीय परंपरा के भक्तों का जितना विस्तृत विवरण दिया है वैसा इस्लाम, कुरान या सूफियों का नहीं।[5]
5. भक्ति के क्षेत्र में प्रह्लाद कबीर के आदर्श थे। यद्यपि निर्गुण के उपासक थे, किंतु प्रभु की महिमा और शरणागत वत्सलता दिखाने के लिए उन्होंने प्रह्लाद के आख्यान का दृष्टांत दिया है, जो सगुण भक्ति ही नहीं, अवतार में विश्वास का सूचक है।[6]
6. ...उन्होंने सुदामा की भक्ति की महिमा का भी उल्लेख किया है : ...सुदामा एक दरिद्र ब्राह्मण थे तथा कृष्ण के सहपाठी थे। श्रीकृष्ण की कृपा से ही वह संपन्न हुए थे। यह कथा भी अवतारवाद से संबद्ध है।[7]
7. इस विवेचन से स्पष्ट है कि कबीर की भक्ति वैष्णव भक्ति थी। वैष्णव परंपरा का उन पर गहरा प्रभाव था। वह भारतीय चिंतन से बहुत गहराई से संबद्ध थे।[8]

पता नहीं चलता कि डॉ. वासुदेव सिंह इन कथनों के द्वारा क्या कहना चाहते

हैं और क्या सुनना चाहते हैं। उन्हें समझने के लिए उन्हें तर्क के खाँचे में लाना पड़ेगा अन्यथा वे देर तक चपरे-चपरे फिरेंगे। उनका तर्क यह है :

1. इस्लाम अभारतीय है।
2. कबीर इस्लाम से प्रभावित नहीं थे।
3. इसलिए कबीर भारतीय थे।
4. और भारतीयता का मतलब वैष्णव होना है।

लेकिन इस तर्क के सारे छिद्र पकड़े जा सकते हैं। यह तर्क नहीं कुतर्क है। अच्छा होता, वे अपनी बात को किसी और तरीके से रखते। इस तर्क में वे कई बातें एक साथ भूले हैं। वे बातें इस प्रकार गिनाईं जा सकती हैं :

1. कबीर का नाम इस्लामी है।
2. इस्लाम भारतीय धर्म है।
3. भारतीयता वैष्णव होने से हजार गुना ज्यादा बड़ी चीज है।
4. इसलिए कबीर भारतीय थे और उनकी भारतीयता दलित भारतीयता थी।

बड़े दुख की बात है कि डॉ. वासुदेव सिंह सांप्रदायिक भावना के इतने ज्यादा शिकार हुए हैं कि करोड़ों भारतीय मुसलमानों को अभारतीय कहना चाहते हैं। भारतीयता को मात्र हिंदू धर्म और वैष्णव से जोड़े रखने को चिंतन के स्तर पर दुर्भाग्यपूर्ण ही कहा जाएगा। उन्हें ध्यान नहीं रहा कि वे पंद्रहवीं सदी के कबीर पर अपना लेख लिख रहे हैं जिनके समय में इस्लाम भारत में पाँच सौ साल की उम्र का हो चुका था। उन्हें यह भी ध्यान नहीं रहा कि वे अपना लेख सन् 2001 में लिख रहे हैं जब ईसाइयत भी भारतीय है। वे सोच ही नहीं पा रहे हैं कि इस्लाम और ईसाइयत के कारण भारतीयता कितनी विस्तृत और महान हो चुकी है। कैसे सुना जाए कि डॉ. वासुदेव सिंह दलित के लिए मनु काल की भारतीयता वापिस लाना चाहते हैं?

इससे भी ज्यादा हैरानी की बात यह है कि डॉ. वासुदेव सिंह को प्राचीन भारतीयता के बारे में भी पूरा ज्ञान नहीं है जब वे उसे मात्र वैष्णव होने से जोड़ते हैं। प्राचीन भारतीयता में भी चार्वाक बैठा है जो वैष्णव के मूल वेद के बारे में कहता है कि वेद के बनाने वाले तीन लोग हैं—भांड, धूर्त और निशाचर। इसलिए उन्हें कबीर को ले कर कबीर की भारतीयता की खोज करनी चाहिए थी न कि रामानंद की वैष्णव भारतीयता की। कबीर की भारतीयता रामानंद की भारतीयता से टकराती और युद्ध करती चल रही है। यह युद्ध का कौन-सा तरीका हुआ कि कबीर के नाम से प्रक्षिप्त पद रच कर कबीर की पूरी फौज को भ्रमित कर दिया गया है कि कबीर वैष्णव थे? इसमें युद्ध समाप्ति की घोषणा के बगैर युद्ध जीता जा रहा है।

डॉ. वासुदेव सिंह ने कबीर के चिंतन का सूफियों के चिंतन से भेद बताते

हुए लिखा है—"इस्लाम में शैतान का बाधक रूप में वर्णन मिलता है, जबकि कबीर ने भारतीय परंपरा के अनुसार माया का ठगिनी, मोहिनी, मायाविनी आदि के रूप में चित्रण किया है।"[9] पर क्या यह लिख कर डॉ. वासुदेव सिंह यह मानना चाहते हैं कि कबीर के सामने कोई विरोधी नहीं है? भारतीय परंपरा में कथनी और करनी का अंतर क्या है? कबीर के सामने झूठ, छल और कपट की कोई कमी नहीं है। कथनी और करनी के अंतर के सामने इस्लाम के शैतान का सिद्धांत छोटा पड़ जाएगा। 'मुँह में राम और बगल में छुरी' की लोकोक्ति भारतीय परंपरा की देन है। अस्पृश्यता की सृष्टि इसी देश में हुई है। पता नहीं, डॉ. वासुदेव सिंह छुआछूत और घृणा के सामने इस्लाम के किस छोटे शैतान की बात कर रहे हैं? शैतान के सिद्धांत से द्वन्द की सृष्टि होती है और कबीर के सामने 'माया दुंद'[10] मचाती है। वास्तव में, दलित चिंतक से पूछा जाए कि शैतान से कुछ ज्यादा बड़ी चीज की सृष्टि हो जाती है जब दिमाग के स्तर पर कथनी और करनी का अंतर खड़ा किया जाता है। डॉ. वासुदेव सिंह को पता न हो पर दलित जनता इस शैतान से बड़े शैतान को अच्छी तरह जानती-पहचानती है जो उसके सामने भारतीय परंपरा का धोखा रचा जाता है। वेदांत की अनिर्वचनीयता को शैतान से भिन्न इसी अर्थ में कहा जा सकता है कि वह शैतान से ज्यादा खतरनाक चीज है।

डॉ. वासुदेव सिंह ने अपने लेख में यह भी लिखा है—"...कबीर मूलतः समाज सुधारक नहीं थे। समाज-रचना के लिए उन्होंने कोई सुधारवादी आंदोलन नहीं चलाया। उन्हें दयानंद सरस्वती, राजा राम मोहन राय, स्वामी रामतीर्थ अथवा रामकृष्ण परमहंस की कोटि में नहीं रखा जा सकता।"[11] ऐसा लगता है कि यदि अपने इस लेख में डॉ. वासुदेव सिंह ऐसा न लिखते तो शायद उन से उनके पितर नाराज हो जाते। द्विज लेखकों का एक घोषित एजेंडा है कि कबीर को वर्ण-व्यवस्था के सामाजिक सरोकारों से न जुड़ने दिया जाए। चिंतन इस हद तक भ्रमित करने वाला है कि दयानंद सरस्वती, राजा राम मोहन राय, स्वामी रामतीर्थ तथा रामकृष्ण परमहंस समाज के सरोकारी माने गए हैं जबकि इनमें एक भी छुआछूत के दुख से आहत और पीड़ित नहीं था। कबीर, जो अछूतपन से लड़ रहे हैं उनका समाज-रचना से कोई संबंध नहीं माना गया। दयानंद सरस्वती समाज-सुधारक माने गए हैं जब वे वर्णों के जन्मगत के बजाय कर्मगत होने का झाँसा खड़ा करते हैं, लेकिन जब कबीर जन्मगत और कर्मगत दोनों ही स्तरों पर 'कौन बाह्मन कौन सूदा'[12] का प्रश्न पूछ कर वर्ण-व्यवस्था को जड़मूल से ही खंडित करते हैं तो उन्हें समाज-चिंतक नहीं माना गया। जब कबीर जातियों की बराबरी की बात करते हैं तब भी उनके सामाजिक स्तर के युद्ध के बारे में केवल इतना कह कर बात बढ़ने से रोक दी जाती है कि 'वह सामाजिक वैषम्य से अवश्य क्षुब्ध थे।'[13] 'ईश्वर में उन (कबीर) की अटूट निष्ठा और भक्ति' का खुद कबीर के सामाजिक चिंतन के विरोध में प्रयोग किया जा रहा है। तब क्या

दयानंद सरस्वती की ईश्वर में अटूट निष्ठा नहीं थी या रामकृष्ण परमहंस की ईश्वर-भक्ति में कोई कमी रह गई थी जो उन्हें समाज-रचना के लिए सुधारवादी आंदोलन करने की फुर्सत मिल गई और जो कबीर को नहीं मिली थी? सच्ची बात यह है कि वर्ण-व्यवस्था के समाज को सींचने वाला कोई भी द्विज विद्वान यह मान कर नहीं देगा कि कबीर का समाज-रचना से कोई लेना-देना था जबकि इसके दुख सबसे ज्यादा कबीर ने भोगे-भुगते हैं।

डॉ. वासुदेव सिंह के लेख से द्विज लेखकों की एक विशेष नीति का पता चलता है। कबीर की वाणी को प्रक्षिप्त कर के उन्होंने इस नीति का इस्तेमाल किया है। नीति यह है कि कबीर के मुझ जैसे समीक्षक से कैसे निपटा जाए। सो, उनके पास तरीका है जब डॉ. वासुदेव सिंह लिखते हैं–"डॉ. धर्मवीर के अनुसार कबीर दलितों का स्वतंत्र धर्म चलाना चाहते थे। हिंदुओं से उनका कोई संबंध नहीं था। उनकी माँ कोई कुँआरी या विधवा ब्राह्मणी नहीं थी। रामानंद उनके गुरु नहीं थे। वह पुनर्जन्म में विश्वास नहीं रखते थे। वह समाज में जारकर्म वाले ब्राह्मणी कानून के खिलाफ थे। कबीर दलितों के पूर्ण मसीहा और नए धर्म के महानायक थे। कबीर के राम वैष्णव शास्त्रों से गृहीत नहीं थे।"[14] वे आगे लिखते हैं–"वस्तुतः डॉ. धर्मवीर की इन मान्यताओं से किसी को आपत्ति क्यों होने लगी? प्रत्येक व्यक्ति को किसी विषय पर स्वतंत्र चिंतन करने तथा अपना पक्ष प्रस्तुत करने का पूर्ण अधिकार है।"[15] लगता है, डॉ. वासुदेव सिंह ने यह बहुत अच्छी बात कह दी है लेकिन ऐसा है नहीं। वे मुझे यह कैसी स्वतंत्रता दे रहे हैं कि मुझे सच बोलने की स्वतंत्रता दे कर खुद झूठ बोलने की स्वतंत्रता लेनी चाह रहे हैं? कारण यह है कि जब मैंने अपने तर्कों से डॉ. हजारी प्रसाद द्विवेदी और अन्य द्विज लेखकों के झूठ और प्रक्षिप्त को शब्द बता-बता कर पकड़ा है तो तब उन्हें मेरी भाषा आपत्तिजनक, निंदनीय और असंतुलित लगने लगती है। दलित चिंतन की यह मुख्य समस्या है कि द्विज के झूठ को कैसे रोका जाए और उसके प्रक्षिप्त को कैसे हटाया जाए। डॉ. वासुदेव सिंह चाहते हैं कि मैं अपनी बात कहता रहूँ और वे तथा उनके वर्ग के सारे द्विज लेखक अपनी बातें कहते रहें। मैं कहूँगा कि कबीर समाज में जारकर्म वाले ब्राह्मणी कानून के खिलाफ थे और वे कहेंगे कि कबीर समाज में जारकर्म वाले ब्राह्मणी कानून के समर्थक थे। यह आलोचना और समीक्षा न हुई, समानांतर दुराग्रह हुआ। लेकिन इस समानांतर दुराग्रह के बजाय मेरा बेहतर सुझाव यह है कि दलितों और द्विजों के बीच 'नो-डायलॉग थ्योरी' अर्थात 'संवादहीनता का सिद्धांत' कायम किया जाए। आखिर, दलित या द्विज–किसी को भी झूठ बोलने की इजाजत क्यों दी जाए? झूठ, चोरी और जारी के लिए दण्ड क्यों न निर्धारित किया जाए? कबीर के बारे में यह झूठ कैसे बोलने दिया जाए कि वे हराम की औलाद थे जबकि वे नहीं थे? यह पक्ष रखने की स्वतंत्रता नहीं, सच्चाई का हनन है। ऐसे झूठ से समाज में असहिष्णुता बढ़ती है।

एक अन्य उदाहरण दिया जा सकता है कि कबीर स्वर्ग-नरक को नहीं मानते थे। इसके बाद भी डॉ. वासुदेव सिंह डॉ. जयदेव सिंह से अपने संयुक्त लेखन-संपादन में इस प्रक्षिप्त साखी को कबीर की कहते हैं :

जो कोई निंदे साधु कौं, संकट आवै सोइ।
नरक माँहि जन्मै मरै मुकुति न कबहूँ होइ।।[16]

जब कबीर नरक को नहीं मानते तो वे नरक का भय कैसे दिखा सकेंगे? लेकिन डॉ. वासुदेव सिंह को कबीर वाणी के संपादन में इस प्रकार की प्रामाणिकता का कोई ध्यान नहीं रखना है। बात भी सही है, जो प्रामाणिकता को मिटाने चले हों वे प्रामाणिकता का ध्यान क्यों रखेंगे? उलटे, उन्हें सुख मूल को प्रक्षिप्त करने में ही मिलता है। यदि नहीं, तो क्या डॉ. वासुदेव सिंह अपने द्वारा सम्पादित और तीन खण्डों में प्रकाशित 'कबीर वाङ्मय' को पुनः देखने का कष्ट करेंगे कि उसमें से प्रक्षिप्त अंश निकाल दिए जाएँ? जहाँ तक दलित चिंतन का प्रश्न है, वह झूठ, चोरी, जारी और प्रक्षिप्त को एक ही श्रेणी के अपराध मानता है। आखिर, प्रक्षिप्त कर के कबीर का मुँह नारद की तरह बंदर का नहीं बनाया जाना चाहिए। कबीर को वैष्णव कहने का मतलब क्या है? यदि दूसरी तरफ से आवाज आ जाए कि वैष्णव का मतलब बंदर या गधा होता है तब कैसा लगेगा? कबीर वाणी में यह आवाज क्यों उठी कि 'ब्राह्मण गदहा जगत का'[17]? झूठ बोलने की क्या जरूरत है? सच क्यों नहीं बोला जाता? किंवदंतियाँ क्यों खड़ी की जाती हैं? अनंतदास ब्राह्मण ने 'कबीर परचई' में कबीर के बारे में क्यों लिखा है—''विष्न कहै बैकुंठ तुम्हारों''?[18] क्या पढ़-लिख कर ऐसे झूठ बोलना शोभा देता है? फिर पढ़ाई-लिखाई क्या है? फिर कुपढ़ता किसे कहा जाएगा? इसलिए, अंत में कबीर को ही बीच में लाया जाए और उन्हें ही उद्धृत किया जाए जो डॉ. वासुदेव सिंह ने 'कबीर वाङ्मय : खंड 3' में मान्य किया है। कबीर की साखी इस प्रकार है :

झूठे को झूठा मिलै, दूनां बधै सनेह।
झूठे को सांचा मिलै, तब ही तूटै नेह।।[19]

डॉ. वासुदेव सिंह ने अपने लेख में यह भी लिखा है—''वस्तुतः शालीनता समीक्षा का अनिवार्य गुण है जिसका यहाँ (डॉ. धर्मवीर की कबीर पर लिखी चारों पुस्तकों में) सर्वथा अभाव दिखाई पड़ता है।''[20] आश्चर्य की बात है, गलत बात को गलत कह देना डॉ. वासुदेव सिंह को शालीनता से रहित समीक्षा लगती है। शालीनता की बात करते समय उन्हें यह मानदंड भी तय करना चाहिए था कि समीक्षा में झूठ को झूठ कैसे कहा जाएगा—अभिधा का क्या स्थान है, लक्षणा को किस प्रकार कहा जाए और व्यंजना की क्या स्थिति है? जो सामने झूठ है वह ऐसा भी नहीं है कि

भूल में या अज्ञान के कारण लिखा या बोला जा रहा है। झूठ बोलने वाला बाकायदा जानता है कि वह झूठ बोल रहा है। जब खुद डॉ. वासुदेव सिंह जानबूझ कर झूठे लोगों का पक्ष ले रह हों तब क्या किया जाए? विद्वानों के बीच समझने और समझाने की बात आगे कैसे बढ़े? जब पुराण से दलित चिंतक के कान पक जाते हों और किंवदंतियों से उसकी आँखें अंधी हो जाती हों तब द्विज लेखक जान-बूझ कर उसके सामने पुराणों और किंवदंतियों के लठ-मूंगरे क्यों उठाए फिरते हैं? क्या जरूरत है कि द्विजों की तरफ से दलित के सामने हर बार पुराण और किंवदंतियाँ ही लाई जाएँगी? मैं पहले पूछ चुका हूँ और पुनः विनम्रतापूर्वक पूछ रहा हूँ कि डॉ. वासुदेव सिंह को डॉ. हजारी प्रसाद द्विवेदी द्वारा कबीर को रामानंद के गंगाजल होने के मुकाबले में 'नाले का पानी'[21] कहना क्यों शालीनता से रहित, अभद्र, आपत्तिजनक, निन्दनीय और असंतुलित कथन नहीं लगा। मैं और भी पूछ रहा हूँ कि द्विज आलोचकों द्वारा कबीर को एक स्वर से हरामजादा और हराम की औलाद कहा जाना किस देश और साहित्य की शालीनता है।

डॉ. वासुदेव सिंह ने मुझे सलाह दी है—"डॉ. धर्मवीर...सर्वप्रथम कबीर की रचनाओं का एक प्रामाणिक संकलन निकालें तत्पश्चात उसके आधार पर दुराग्रह अथवा पूर्वाग्रह रहित हो कर स्वस्थ मन से स्वतंत्र रूप से समीक्षा लिखें। इस प्रकार के रचनात्मक कार्य से वह कबीर और हिंदी जगत का वास्तविक हित कर सकेंगे।"[22] मेरा कहना है कि यह काम मैं कर ही रहा हूँ पर अब से पहले हिंदी जगत में क्या हो रहा था? अब तक विद्वानों को हिंदी जगत का वास्तविक अहित पसंद या बर्दाश्त क्यों था? जब उनके पास प्रामाणिक संकलन नहीं था तो अब तक कबीर को ले कर बहस किस बात पर हो रही थी? ईमानदारी का काम यह था कि विद्वान लोग सबसे पहले प्रामाणिक पाठ का सवाल हल करते। प्रक्षिप्त पाठ पर उनकी लेखनी कैसे चल गई? प्रक्षिप्त पाठ के आधार पर कबीर को पुनर्जन्म के सिद्धांत में विश्वास करने वाला कहने में वे झिझके क्यों नहीं? प्रक्षिप्त पाठ को हाथ में ले कर द्विज विद्वान अपने पूर्वाग्रहों और दुराग्रहों पर क्यों टिके हुए हैं? इनका मन स्वस्थ कब होगा? ये कबीर पर स्वतंत्र रूप से समीक्षा कैसे लिखेंगे? फिर, प्रामाणिक पाठ के आने पर प्रक्षिप्तकारों की प्रतिक्रिया क्या होगी? मुझे सन्देह है कि खुद डॉ. वासुदेव सिंह कबीर वाणी के प्रामाणिक पाठ को पढ़ने-सुनने के लिए तैयार नहीं होंगे। पर क्या तब तक द्विज विद्वानों को कबीर पर कुछ भी कहने-लिखने की छूट दी जाती रहे? डॉ. वासुदेव सिंह मुझे सलाह देने से पहले खुद दुराग्रह से ग्रस्त हैं कि कबीर आवागमन और मोक्ष के सिद्धांत को मानते थे। यदि प्रामाणिक पाठ के आधार पर यह तय हो गया कि कबीर ने प्रह्लाद और सुदामा के पक्ष में रचनाएँ नहीं लिखी हैं तब डॉ. वासुदेव सिंह का कबीर के प्रति रवैया क्या होगा? कबीर नरसिंह अवतार को न माने और नरसिंह अवतार के भक्त प्रह्लाद की प्रशंसा करें, वे श्री कृष्ण के

अवतार का खंडन करें और उनके भक्त सुदामा का महिमागान करें—अभी डॉ. वासुदेव सिंह के सोचने के लिए इतना ही पर्याप्त है—'समझ इतनी तो होती शेख जी में।'

संदर्भ

1. भारतीय चिंतन और कबीर, डॉ. वासुदेव सिंह, परिचय-2, अप्रैल 2001, बड़ा महादेव कालोनी, पीर नगर, गाजीपुर-233001, पृ. 23-24
2. वही, पृ. 27, 3. वही, पृ. 28, 4. वही, पृ. 30, 5. वही, पृ. 30, 6. वही, पृ. 33, 7. वही, पृ. 33, 8. वही, पृ. 34, 9. वही, पृ. 28
10. कबीर-समग्र : द्वितीय खंड, लेखक डॉ. युगेश्वर, हिंदी प्रचारक पब्लिकेशंस प्रा. लि., सी-21/30, पिशाचमोचन, वाराणसी-221010, प्रथम संस्करण, 1997, पृ. 1563
11. भारतीय चिंतन और कबीर, डॉ. वासुदेव सिंह, परिचय-2, अप्रैल 2001, पृ. 30
12. कबीर वाङ्मय : खंड 2 : सबद, संपादक डॉ. जयदेव सिंह और डॉ. वासुदेव सिंह, विश्वविद्यालय प्रकाशन, चौक, वाराणसी-221001, संस्करण 1998, पृ. 75
13. भारतीय चिंतन और कबीर, डॉ. वासुदेव सिंह, परिचय-2, अप्रैल 2001, पृ. 30
14. वही, पृ. 25
15. वही, पृ. 25
16. कबीर वाङ्मय : खंड 3 : साखी : भावार्थ बोधिनी व्याख्या सहित, संपादन डॉ. जयदेव सिंह और डॉ. वासुदेव सिंह, विश्वविद्यालय प्रकाशन, चौक, वाराणसी-221001, तृतीय संस्करण 2000, पृ. 321
17. कबीर समग्र : प्रथम खंड, संपादक और लेखक डॉ. युगेश्वर, हिंदी प्रचारक संस्थान, पो. बा 1106, पिशाचमोचन, वाराणसी-221010, द्वितीय संस्करण, 1995, पृ. 435
18. Kabir Legends and Ananta Das's Kabir Parachai with a Translation of the Kabir Parachai prepared in collaboration with Jagdish Kumar and Uma Thukral and with an Edition of the Niranjani Panthi Recension of this work, David N. Lorenzen, Indian Book Centre, 40/5, Shakti Nagar, Delhi-110007, First Edition, 1992, p. 207.
19. कबीर वाङ्मय : खंड 3 : साखी : भावार्थ बोधिनी व्याख्या सहित, संपादन डॉ. जयदेव सिंह और डॉ. वासुदेव सिंह, विश्वविद्यालय प्रकाशन, चौक, वाराणसी-221001, तृतीय संस्करण 2000, पृ. 187
20. भारतीय चिंतन और कबीर, डॉ. वासुदेव सिंह, परिचय-2, अप्रैल 2001, पृ. 25
21. कबीर : कबीर के व्यक्तित्व, साहित्य और दार्शनिक विचारों की आलोचना, डॉ. हजारी प्रसाद द्विवेदी, हिंदी ग्रंथ रत्नाकर कार्यालय, हीरा बाग, गिरगाँव, बम्बई, तृतीय परिवर्द्धित संस्करण, जुलाई 1950, पृ. 152
22. भारतीय चिंतन और कबीर, डॉ. वासुदेव सिंह, परिचय-2, अप्रैल 2001, पृ. 27

तीसरा भाग

विदेशी विद्वान

अध्याय-10

रेवरेंड जी. एच. वेस्टकाट : कबीर के लोग

यूरोप के विद्वानों ने कबीर के साहित्य को समझने का आरंभ बहुत पहले कर दिया था जिसके क्रम में रेवरेंड जी. एच. वेस्टकाट की 'कबीर एंड द कबीर पंथ' के शीर्षक से अंग्रेजी में पुस्तक आई थी। इस पुस्तक का महत्त्व इस दृष्टि से समझा जाना चाहिए कि उन्होंने हिंदी के विद्वानों से पहले कबीर को समझने की शुरूआत की थी। यह पुस्तक सन् 1907 में पहली बार प्रकाशित हुई थी। आश्चर्य की बात है कि हिंदी वालों ने इस पुस्तक के बाद ही कबीर पर लिखना शुरू किया था। डॉ. राम स्वरूप चतुर्वेदी ने भी इस बात को माना है कि '...बंगला तथा हिंदी लेखकों के अध्ययन ईसाई मिशनरियों के कबीर विषयक कार्य के गहरे दबाव में हुए थे।'[1] दूसरी महत्त्वपूर्ण बात यह है कि जबकि रेवरेंड जी. एच. वेस्टकाट ने कबीर पर एक पूरी और स्वतंत्र पुस्तक लिखी थी, हिंदी के विद्वानों ने अपनी पुस्तकों की भूमिका के रूप में ही कबीर पर आलोचनात्मक लिखा था। इस दृष्टि से भी वेस्टकाट की पुस्तक हिंदी के विद्वानों से बाजी मार ले जाती है।

रेवरेंड जी. एच. वेस्टकाट की इस पुस्तक की तीसरी विशेषता भी है जो इसे कबीर पर हिंदी के विद्वानों द्वारा लिखी गई भूमिकाओं से अलग कर देती है। विशेषता यह है कि रेवरेंड जी. एच. वेस्टकाट ने शुरूआती दौर में ही कबीर के साथ-साथ कबीर पंथ की खोज करने में भी रुचि दिखाई थी जबकि हिंदी के लगभग सारे ब्राह्मण विद्वान कबीर को अकेला करते गए हैं जिसका चरमोत्कर्ष डॉ. रमेश चंद मिश्र द्वारा सन् 1999 में लिखित पुस्तक 'कबीर अकेला' में पूरा हुआ है।

सवाल यह है कि क्या कबीर छुआछूत को मानेंगे? दूसरा सवाल यह है कि क्या रामानंदी लोग छुआछूत को नहीं मानते? तीसरा सवाल यह है कि कबीर और रामानंदियों के बीच में ये तीसरे वैरागी लोग कौन हैं जो छुआछूत को मानते हैं? ये कबीरपंथ में कौन घुस गए हैं जो छुआछूत मानते हैं? जी. एच. वेस्टकाट दोनों सच सामने रख देते हैं। वे अपनी पुस्तक 'कबीर एंड दी कबीर पंथ' में लिखते

हैं—"कबीर पंथ द्विज जातियों के धार्मिक अलगाव के खिलाफ विद्रोह के रूप में सामने आता है। इसके परिणामस्वरूप कुछ शूद्र लोग, जिनके विचार को इसने आगे बढ़ाया है, वे इस आंदोलन से जुड़ गए हैं। पंथ के सृष्टि-विज्ञान के अनुसार सारे लोगों में वे आध्यात्मिक शक्तियाँ मौजूद हैं जिनसे इसी जीवन में परमात्मा से जुड़ना संभव है।"[2] यह जी. एच. वेस्टकाट ने कबीर की बात रखी लेकिन उन्होंने कबीर पंथ में क्या देखा? उन्होंने देखा—"विशेष आध्यात्मिक अलगाव, जो अपना रूप जाति में ग्रहण करता है, और जिसके खिलाफ कबीर तथा अन्य लोग लड़े थे, वही जड़ जमा चुका है। कबीरपंथियों के बीच से कबीर का विचार समाप्त हो चुका है। मेहतर, डोम और धोबी जैसी निचली जातियों के लोग, उनके अनुसार, शिव नारायण के जैसे संप्रदायों में चले जाने चाहिए और उन्हें कंठी धारण करने की अनुमति नहीं दी जा सकती।"[3] जी. एच. वेस्टकाट यह जानना और बताना भूल गए कि बीजक में कबीर के नाम से यह साखी प्रक्षिप्त है—"सतगुर के परिचय बिना चारों वर्ण चमार।"[4] जबकि उन्होंने केवल 107 साखियों का 'साखीज एट्रिब्यूटेड टु कबीर' शीर्षक से अपनी किताब के चौथे अध्याय में संग्रह और अनुवाद किया है, वे इसे उनमें संकलित कर गए हैं।[5] कारण यह है कि उनका काम एक धुंध से शुरू हुआ था।

जी. एच. वेस्टकाट ने जो स्वयं देखा है वह कबीरपंथ के भीतर की लड़ाई है। एक मठ में आगंतुकों को एक चम्मच पानी और तुलसी के पौधे की तीन पत्तियाँ दी जाती हैं। इसके बारे में जी. एच. वेस्टकाट लिखते हैं—"तुलसी की पत्ती विष्णु के लिए पवित्र है। चूँकि कबीर ने राम से विष्णु के अवतार का अर्थ नहीं लिया था बल्कि निर्गुण राम का अर्थ लिया था इसलिए बहुत से कबीरपंथी महसूस करते हैं कि इस प्रकार विष्णु के प्रति आदर दिखा कर कबीर की शिक्षाओं के प्रति अनादर भाव दिखाया जा रहा है।"[6]

जी. एच. वेस्टकाट का ज्यादा महत्त्वपूर्ण काम यह है कि उन्होंने कबीर नाम के अनेक लोगों की खोज की है। अपने 'कबीर इन हिस्ट्री' उपशीर्षक में उन्होंने ऐसे ग्यारह व्यक्ति खोज निकाले हैं जिनके नाम कबीर हैं।[7] इस विषय में कुछ अधिक काम किए जाने की जरूरत है। इससे कई बातें प्रकाश में आ सकती हैं। उन्होंने दूसरी महत्त्वपूर्ण खोज यह की है कि कबीर चौरा के महंतों की सूची दी है जिनमें से पहले तीन महंतों की समाधि मगहर में बताई गई है। समाधि वर्ष प्रश्नवाचक रूप में, 1491, 1519 और 1541 में माने गए हैं। महंतों के नाम क्रमशः श्याम दास, लाल दास और हरि दास हैं।[8] मेरा विश्वास है कि जब भी इन समाधियों पर वैज्ञानिक पद्धति से शोधकार्य होगा, कबीर के निधन-वर्ष की गुत्थी जरूर सुलझ जाएगी। इतना तय है कि इन दोनों कामों को हिंदू विद्वान, विशेषकर हिंदी साहित्य के विद्वान, आगे बढ़ाना नहीं चाहेंगे।

संदर्भ

1. कबीर : पुनर्विचार का समय, डॉ. राम स्वरूप चतुर्वेदी का आलेख, पृ. 1
2. "The Kabir Panth exists as a protest against the religious exclusiveness of the twice-born castes. As a natural result few but Sudras whose cause it champions have associated with the movement. The Panth contends for a truth which forms part of the Gospel of creation, viz. that all men have spiritual powers which should find natural expression in communion with God, now in this life."
Kabir and the Kabir Panth by Rev. G.H. Westcott, Munshiram Manoharlal publishers Pvt. Ltd., Post Box 5715, 54 Rani Jhansi Road, New Delhi-110055, Second Revised Edition, 1986, pp. 62-3.
3. "The exclusive spirit which finds expression in caste and against which Kabir and other fought, has by no means been expelled from the minds of Kabir Panthis. Members of the lowest castes, such as mehtars, doms and dhobis, should, they consider, join fects such as that of Shiva Narayan, and not be permitted to wear kanthis."
ibid., p. 63
4. सद्गुरु कबीर विरचित बीजक, खण्ड 2, व्याख्याकार अभिलाष दास, पारख प्रकाशक कबीर संस्थान, प्रीतम नगर, सुलेम सराय, इलाहाबाद-211001, छठी बार, 1995, पृ. 1343
5. Kabir and the Kabir Panth, Rev. G.H. Westcott, p. 48.
6. "The Tulsi leaf is sacred to Vishnu. Many Kabir Panthis feel that in thus showing reference, to Vishnu they are disregarding the teaching of Kabir, as by Ram he meant not the incarnation of Vishnu but the supreme Deity."
Ibid., p. 60
7. Ibid., pp. 14-6
8. Ibid., p. 67.

अध्याय-11

रेवरेंड एफ. ई. की : फौज की शिनाख्त

क. ऐतिहासिक कबीर की खोज

कबीर के जन्म के बारे में जो किंवदंती प्रचलित है, रेवरेंड एफ. ई. की ने उसका अध्ययन किया है। किंवदंती मात्र कबीर को ही विधवा या कुँआरी ब्राह्मणी की फेंकी हुई औलाद नहीं मानती बल्कि नीरू और नीमा को भी पिछले जन्म के भ्रष्ट ब्राह्मण मानती है। किंवदंती के अनुसार जब नीरू और नीमा इस बारे में सोच रहे थे कि इस पड़े हुए बच्चे का क्या करें तो यह खुद बच्चे ने हिंदी में एक कविता बोल कर बताया कि उसने नीमा द्वारा पिछले जन्म में उसके प्रति दया दिखाने के कारण उनके घर आना पसंद किया ताकि वह उन्हें आवागमन से मुक्ति दिला सके। इसमें यह भी कहा जाता है कि अपने एक पिछले जन्म में नीरू और नीमा ब्राह्मण थे लेकिन धर्म के बारे में असावधानी बरतने के कारण उन्हें मुसलमान जुलाहे का जन्म मिला है।[1] लेकिन रेवरेंड एफ. ई. की ने अपने अध्ययन में इस प्रकार की किंवदंतियों वाले कबीर के साथ-साथ ऐतिहासिक कबीर को भी खोजने की कोशिश की है। उन्होंने अपनी पुस्तक के तीसरे अध्याय का शीर्षक 'ऐतिहासिक कबीर' रखा है। अपने ऐतिहासिक कबीर की खोज करते-करते वे कबीर के जीवन के एक पक्ष को ले कर इस निष्कर्ष पर पहुँचे हैं—"हिंदुओं के सारे पूर्वाग्रहों के बावजूद हमें यह मानना चाहिए कि कबीर एक घरबारी आदमी थे।"[2] इस घर-गृहस्थी में रेवरेंड एफ. ई. की ने कबीर को महान नैतिक पुरुष माना है। वे लिखते हैं कि निस्संदेह कबीर एक महान सदाचारी मनुष्य थे इसीलिए उन्होंने सच्चरित्रता का इतना जम कर प्रचार किया है।[3] इस सच्चरित्रता को उन्होंने कबीर की भक्ति भावना में ओतप्रोत पाया है जहाँ उनके ईश्वर से प्रेम में गृहस्थ जीवन वाले पति-पत्नी का संबंध जुड़ता है।[4]

रेवरेंड एफ. ई. की ने मगहर में कबीर की मृत्यु के बारे में अच्छी जानकारी दी है। वे अपनी गवाही देते हुए लिखते हैं कि कब्र का रख-रखाव एक मुसलमान

जुलाहे परिवार के हाथ में है। उनकी इस रिपोर्ट में कबीर की मृत्यु के बारे में ब्राह्मणों की फैलाई हुई उस अफवाह का पर्दाफाश हो जाता है कि हिंदुओं और मुसलमानों में झगड़ा होने पर कबीर की मृत देह के बजाए वहाँ फूल रह गए थे। उस मुसलमान जुलाहे परिवार ने उन्हें बताया था कि फूलों की किंवदंती वाली बात गलत है। उनके अनुसार, कबीर का शव मुसलमानी रिवाज के अनुसार दफनाया गया था। जब कबीर गुजरे और उनकी मिट्टी का दफन किया गया उस समय राजा बीर सिंह कहीं दूर शिकार खेल रहे थे। शिकार से वापिस आने के बाद उन्होंने मांग रखी कि कब्र खोद कर मिट्टी को निकाला जाए क्योंकि उसका हिंदू रीति के अनुसार दाह-संस्कार किया जाएगा। लेकिन उनकी यह मांग मानी नहीं गई थी।[5] रेवरेंड एफ. ई. की ने अपनी पुस्तक में यह भी रिपोर्ट दर्ज की है कि कहा जाता है कि शुरू में एक ही तुर्बत थी जिसे हिंदू और मुसलमान दोनों ध्याते थे और वहाँ एक महीने का लंबा मेला चलता था। बाद में झगड़े पैदा हो गए। शायद यही कारण है कि बाद में हिंदू समाधि स्थल भी बन गया है।[6]

ख. फौज की शिनाख्त

कबीर की मार्टिन लूथर से तुलना करते हुए रेवरेंड एफ. ई. की लिखते हैं–"...कबीर अपने पीछे खुद एक लंबी तैयारी के धार्मिक आंदोलन की पैदायश थे। फिर भी, उन्होंने उस आंदोलन को एक विशेष आवेग और तीव्रता दी जिन्हें अखत्यार करने के लिए वह आंदोलन पहले से तैयार था।"[7] यहाँ बताया जा सकता है कि रेवरेंड एफ. ई. की की यह पुस्तक पहली बार सन् 1931 ई. में प्रकाशित हुई थी। इसी संदर्भ में उनके इस कथन का महत्त्व समझना चाहिए–"कबीर पंथ में धर्मान्तरण आज भी हो रहे हैं, मुख्यतया निचली जातियों में से। इसमें ब्राह्मण इकट्ठे हो गए हैं और ज्यादातर उनकी स्थिति प्रभावशाली होती है लेकिन बहुमत निचली जातियों के पास है। जुलाहे जाति के लोग प्रायः कबीरपंथी होते हैं क्योंकि खुद कबीर जुलाहे थे। ब्राह्मण अकसर इसे जुलाहों का धर्म कह कर इसकी निंदा करते हैं। केंद्रीय प्रांतों में इस पंथ के ज्यादातर सदस्य जुलाहों में मिलते हैं जो पंका, बलाही, कोरी, कोष्टी और महार होते हैं और यह मुख्य रूप से दूसरी छोटी जातियों यथा तेली, धोबी और चमारों का धर्म है। लेकिन इस पंथ के कुछ सदस्यों–यथा अहीर, कुर्मी, लोधी और काछी जो किसान और खेतीहर जातियाँ हैं, से ब्राह्मण लोग पानी की छुआछूत नहीं मानते।"[8]

रेवरेंड एफ. ई. की ने सन् 1931 की स्थिति के बारे में बताते हुए लिखा है–"यद्यपि कबीर ने सीधे जाति को मिटाने की बात नहीं कही है, लेकिन वे इसके

विरुद्ध बोले हैं, जिसका तार्किक परिणाम यह होगा कि जाति समाप्त हो जानी चाहिए। लेकिन इस मामले में, भारत के अन्य सुधारकों की तरह, उन्हें भी बहुत कम सफलता मिली है। जो आदमी कबीर पंथ को अखत्यार करता है, ऐसा नहीं है कि वह अपनी जाति का सदस्य न रहता हो...। पिछले जमाने में पंथ के सारे लोग चौके का खाना एक साथ खाया करते थे लेकिन अब यह रिवाज चल पड़ा है कि हर जाति का चौका अलग होता है। फिर भी, भादो मास की त्र्योदशी के दिन, जो कबीर के जन्मदिन के रूप में मनाया जाता है, ज्यादा से ज्यादा लोग गुरु के मुख्यालय पर इकट्ठे हो कर कबीर के सम्मान में सामूहिक सहभोज करते हैं। कई बार एक जाति के कबीरपंथी लोग अपनी जाति में एक अलग समूह बना लेते हैं। लेकिन निचली जातियों के ऐसे कबीरपंथी अपनी जाति के उन लोगों के साथ रोटी-बेटी का व्यवहार बनाए रखते हैं जो कबीरपंथी नहीं हैं।''[9]

ग. मुद्दा नरक और पुनर्जन्म का नहीं बल्कि मृत्यु का है

रेवरेंड एफ. ई. की ने कई जगह कबीर वाणी में प्रक्षिप्त पाठ ढूँढ़े हैं। यह उनके द्वारा किया गया सराहनीय काम है। लेकिन एक जगह वे कबीर वाणी में प्रक्षिप्त पाठ ढूँढ़ने में नाकामयाब रहे। यह विषय पुनर्जन्म के सिद्धांत का है। वे नहीं मान सके कि कबीर का पुनर्जन्म में विश्वास नहीं था। उलटे, उन्होंने माना है कि कबीर भी अन्य हिंदू विचारकों के समान कर्म और पुनर्जन्म के सिद्धांत में विश्वास रखते हैं।[10] अपने विचार की पुष्टि के लिए उन्होंने आदि ग्रंथ में राग गउड़ी के 13वें पद को उद्धृत किया है। पद इस प्रकार है :

असथावर जंगम कीट पतंगा। अनिक जनम कीए बहु रंगा।।
ऐसे घर हम बहुतु बसाए। जब हम राम गरभ होइ आए।।
जोगी जती तपी ब्रह्मचारी। कबहू राजा छत्रपति कबहू भिखारी।।[11]

उन्होंने इस पद की अगली पंक्तियाँ उद्धृत नहीं कीं जो इस प्रकार हैं :

साकत मरहि संत सभि जीवहि। राम रसाइनु रसना पीवहि।।
कहु कबीर प्रभ किरपा कीजै। हारि परे अब पूरा दीजै।।[12]

'साकत' शब्द पर आगे विचार किया जाएगा लेकिन यहाँ केवल यह कहा जाए कि रेवरेंड एफ. ई. की ने आगे भी माना है कि कबीरपंथ कर्म और पुनर्जन्म में विश्वास रखता है।[13] उन्होंने माना है कि मोक्ष के मामले में कबीर हिंदुओं के आवागमन के सिद्धांत से अलग नहीं हैं। इसलिए उनके लिए मुक्ति पुनर्जन्म से मुक्ति है और

माया के धोखों से मुक्ति है।[14] इसके विपरीत, कबीर के यहाँ भय पुनर्जन्म का नहीं है बल्कि मृत्यु का है। कबीर का चिंतन इस बात को नहीं मानता कि मनुष्य का पुनर्जन्म होता है। जो चीज नहीं होती उसके बारे में क्या सोचना? सोचना उस चीज के बारे में है जो घटित होती है। यह मृत्यु है। मृत्यु निश्चित है। इसे कोई टाल नहीं सकता। इससे बचा नहीं जा सकता। इससे बचने का किसी के पास कोई उपाय नहीं है। तब इसका सामना कैसे किया जाए? इसे कैसे लिया जाए? यह कबीर के दर्शन के मुख्य विषयों में से है।

कबीर मृत्यु के भय को कई गुना नहीं बढ़ाते। वे मृत्यु को मृत्यु तक सीमित रखते हैं। मृत्यु अपने आप में एक डरावनी चीज है, वे इसे नरक और योनियों के फेर में डाल कर काल्पनिक रूप से और अधिक डरावनी और घिनौनी नहीं बनाते। कबीर के यहाँ मृत्यु के बाद कोई स्वर्ग-नरक का बँटवारा और भय नहीं है और न ही उनके यहाँ चौरासी लाख योनियों की डरावनी यात्रा है। सवाल है, मृत्यु क्या कम भयानक चीज है जो इसके साथ नई-नई काल्पनिक भयानकताएँ भी जोड़ी जाएँ? तब तो सब डिप्रेशन के मरीज हो जाएंगे।

रेवरेंड एफ. ई. की ने इस बात को अच्छी तरह समझा है कि कबीर के यहाँ मृत्यु की तैयारी का गीत चल रहा है। उन्होंने कबीर के दर्शन को सही शीर्षक दिया है—'मृत्यु के लिए तैयार रहो।'[15] इसके लिए जगत की क्षणभंगुरता को समझना होगा। यह क्षणभंगुरता मनुष्य को काल तक ले जाती है। कबीर को इस क्षणभंगुरता का दार्शनिक स्तर पर पूर्ण ज्ञान है। तभी वे मृत्यु से डरते नहीं हैं।[16] कबीर की तरफ से की गई मृत्यु की इस तैयारी में रेवरेंड एफ. ई. की ने कबीर की निम्न वाणियों को उद्धृत किया है :

1. जात सभन्हि कहँ देखिया, कहहिं कबीर पुकार।
   चेतवा है तौ चेतहु, नहिं दिवसु परतु है धार।।[17]

2. मरि गए ब्रह्मा नभ के बासी।
   सीव सहित मुए अविनासी।।
   मथुरा मरिगो कृष्न गुवारा।
   मरि-मरि गए दसौ अवतारा।।
   मरि मरि गए भगति जिन ठानी।
   सरगुन महँ जिन निरगुन आनी।।
   नाथ मछंदर बाँचे नहीं, गोरख दत्त औ व्यास।
   कहहिं कबीर पुकारि कै सभ परे काल की फाँस।।[18]

3. मूरख मानस बहुत संजोवै।
अपने मरे अवर लगि रोवे।।
ना जानै अपनो मरि जैबे।
टका टस बठे अवर लै खैबे।।[19]

4. मरि हो रे तन क्या लै करि हो।
प्राण छुटे बाहर लै धरिलो।।
काया बिगुरचन अनबनि बाटी।
कोइ जारै कोइ गाड़ै माटी।।[20]

5. माया के रस लेइ न पाया।
अन्तर जम बिलारि होए धाया।।
कहैं कबीर नर अजहुँ न जागा।
जम का मुगदर सिर बिच लागा।।[21]

6. चोआ चंदन मरदन अंगा।
सो तनु जलै काठ के संगा।।
इसु धन धन की कवन बड़ाई।
धरनि परै उरवारि न जाई।।
राति जि सोवहि दिन करहि काम।
इकु खिनु लेहि न हरि को नाम।।
हाथि तडोर मुखि खाइओ तंबोर।
मरती बार कसि बाधिओ चोर।।[22]

7. चारि दिन अपनी नउबति चले बजाइ।
इतनकु खटीआ गठीआ मटीआ संगि न कछु ले जाइ।।
... ...
कहतु कबीर राम की न सिमरहु जनमु अकारथ जाइ।।[23]

प्रश्न यह रह जाता है कि कबीर आत्मा के रूप में अंतिम रूप से चाहते क्या थे। रेवरेंड एफ. ई. की इस बात को तय नहीं कर पाए हैं। लेकिन, इतना वे जरूर जान गए हैं कि कबीर मरने के बाद स्वर्ग प्राप्त करने की इच्छा नहीं रखते थे और न ही वे मृत्यु के बाद के किसी नरक से भय खाते थे। वे केवल परमात्मा से मिलना चाहते थे। इस मिलन में उनकी मानवात्मा की पहचान और उसका विशिष्ट व्यक्तित्व

बचा रहेगा—इस बारे में रेवरेंड एफ. ई. की को उनकी कविताओं से कोई सूचना नहीं मिलती।[24] हाँ, स्वर्ग-नरक और पाप-पुण्य के बारे में कबीर की निम्न पंक्तियाँ उद्धृत की गई हैं :

अनजाने को स्वर्ग नरक है, हरि जाने को नाहीं।
जेहि डर को सब लोग डरत हैं सो डर हमरे नाहीं।।
पाप पुण्य की संका नाहीं, स्वर्ग नरक नहिं जाहीं।[25]

इस सबद की अगली पंक्ति इस प्रकार है :

कहै कबीर सुनो हो संतो, जहाँ का पद है तहाँ समाई।।

लेकिन जब रेवरेंड एफ. ई. की ने आदि ग्रंथ के राग बिलावल के 11वें सबद से कबीर को उद्धृत किया है—"आप आप ते जानिआ तेज तेजु समाना"[26]—तो इसका मतलब यही है कि कबीर पुनर्जन्म को नहीं मानते थे।

रेवरेंड एफ. ई. की से कबीर वाणी को समझने में एक दूसरी बड़ी भूल यह हुई कि उन्होंने माना है कि कबीर ब्राह्मणों के स्मृति साहित्य की प्रशंसा करते हैं। यह प्रक्षिप्त अंश आदि ग्रंथ के राग आसा के 20वें पद में आया है। इसकी पहली दो अर्धालियाँ इस प्रकार हैं :

कहा सुआन कउ सिंम्रिति सुनाए।
कहा साकत पहि हरि गुन गाए।।[27]

सच्चाई यह है कि यह सोचा ही नहीं जा सकता कि कबीर समेत कोई भी दलित चिंतक मनुस्मृति और अन्य ब्राह्मण स्मृतियों की प्रशंसा में अपनी जबान से एक भी शब्द निकाल सकता है। फिर, यहाँ 'साकत' शब्द भी आया है। यह बात सही है कि कबीर ने शाक्तों का विरोध किया है। पर, जब वे शाक्तों का विरोध करते हैं तो वैष्णवों की प्रशंसा नहीं कर सकते। शाक्तों का विरोध करते समय वे वैष्णवों का भी विरोध करते हैं। लेकिन यहाँ मनुस्मृति की प्रशंसा में वैष्णवों की प्रशंसा निहित है। लिहाजा, यह सबद कबीर का नहीं हो सकता। यह वैष्णवों की शाक्तों से लड़ाई का हिस्सा है। इसलिए यह वैष्णव पद है और कबीर का सबद नहीं।

डॉ. श्याम सुंदर दास द्वारा संपादित 'कबीर ग्रंथावली' सन् 1928 में आ चुकी थी लेकिन उस पुस्तक का रेवरेंड एफ. ई. की की इस पुस्तक में कोई जिक्र नहीं है। उन्होंने अपने सामने बीजक और आदि ग्रंथ को ही रखा था। उन्होंने माना था कि बीजक में प्रक्षिप्त रचनाएँ मौजूद हैं। फिर भी, उनके अनुसार, बीजक में कबीर की रचनाओं का काफी मौजूद होना चाहिए।[28] उन्होंने आदि ग्रंथ में भी प्रक्षिप्त पाठ

की संभावनाएँ देखी हैं।[29] रवींद्र नाथ टैगोर द्वारा अनुवादित कबीर की सौ कविताओं से भी रेवरेंड एफ. ई. की संतुष्ट नहीं हैं। इस संकलन में संकलित 29वीं कविता को, जिसमें 'कासी में हम प्रगट भये हैं रामानंद चेताये' की पंक्ति आई है, रेवरेंड एफ. ई. की ने कबीर की रचना नहीं माना।[30]

अंत में कहा जाए कि बड़ी ईमानदारी से रेवरेंड एफ. ई. की ने अपने काम की सीमाएँ बताई थीं। उन्होंने माना था कि कबीर और कबीर पंथ के साहित्य पर ज्यादा काम करने की जरूरत है। उन्होंने आशा की थी–"यदि किसी दिन कोई आधिकारिक हिंदी विद्वान अपना पर्याप्त समय दे कर कबीर वाणी के पाठों का आलोचनात्मक अध्ययन करेगा तो वह इनमें से कई समस्याओं पर नया प्रकाश डाल सकेगा।"[31] रेवरेंड एफ. ई. की की यह कितनी अच्छी आशा थी लेकिन हिंदी के विद्वानों ने क्या किया है? उन्होंने उनकी आशा के अनुरूप एक भी काम नहीं किया। उलटे, वे कबीर को समस्या मान कर इस अध्ययन को और अधिक उलझाने लगे और उनका यह उलझाना आज भी जारी है।

संदर्भ

1. "According to some the question was decided by the child himself uttering a verse in Hindi, saying that, on account of Nima's kindness to him in a previous birth, he had come to their house, and would deliver them from transmigration. This account says also that in a previous birth Niru and Nima had been Brahmans, had been born again as Muhammaden weaver on account of their carelessness with regard to religion."
   Kabir and His Followers, Rev. F.E. Keay, Co-published by Aravali Books International, W-30, Okhla Industrial Area, Phase-II, New Delhi, Edition 1997, p. 10.
2. "In spite of Hindu prejudices, we must, therefore, regard him a householder."
   ibid., p. 36.
3. "...he was undoubtedly a man of high moral ideals and attainment, and constantly appears as a preacher of righteousness."
   ibid., p. 81.
4. "In conection with bhakti, we find Kabir using as an illustration the idea of husband and wife, God being the husband to whom the devotee owes loving trust and obedience, and with whom he is connected by the closest of ties."
   ibid. p. 84.
5. "They deny the legend about the heap of flowers, and say that the body of Kabir was buried here in accordance with Muhammadan custom. They say that Raja Bir Sinha was away hunting when Kabir died and was buried; and that when he returned he demanded that the body of Kabir should be exhumed and cremated; but his demand was successfully resisted."
   ibid., p. 96.
6. "In early days it is said there was only one shrine, which both Hindus and Muhammadans visited, and a mela was held which lasted over a month. Later on

friction arose; and this probably led to the building of the second Hindu shrine."
ibid., p. 96.

7. "...Kabir was himself the product of a religious movement which had long been preparing : and yet he, too, gave it an impulse, and marked out for it the line of advance which it was to take."
ibid., p. 168.

8. "Converts are still being made, chiefly from the lower castes. Brahmans have been gathered in, and have after been given positions of importance in the Panth; but the majority belong to the lower castes. The weaving castes are usually Kabir Panthis, because Kabir was a weaver. The Brahmans often speak contemptously of it as 'the Weaver's Religion.' In the Central Provinces a large number of members of this sect are found among the weaving castes, such as the Pankas, Balahis, Koris, Koshtis, and Mahars: and it is also largely professed by other low castes such as Telis or Oilmen, Dhobis or Washermen, and Chamars or leather-workers. But there are members of the Panth from some castes from which a Brahman will, take water, such as Ahirs, Kurmis, Lodhis, and Kachhis, who are farmers and cultivators."
ibid., p. 109.

9. "Though Kabir did not directly preach the abolition of caste, he spoke against it, and the logical outcome of his teaching would be that it should cease. But in this direction, as in the case of other reformers in India, his efforts met with little success. A man who becomes a member of the Kabir Panth does not cease to be a member of his caste....Formerly all members of the sect took food together at a Chauka (sacramental meal) at the conclusion of each service. But it is now the custom for different Chaukas to be arranged for different castes. On the thirteenth day of Bhadon (August), however, which is the birth day of Kabir, as many members of the sect as can meet at the headquarters of the guru do take food together in honour of Kabir. Sometimes the Kabir Panthis belonging to a particular caste form a separate group within the caste; but in the case of the lower castes they take food and intermarry with members of their caste who are not Kabir Panthis."
ibid., pp. 109-10

10. "But Kabir held fast to the doctrines of Karma and Transmigration which are deeply woven in Hindu thought."
ibid., p. 76

11. ibid., p. 76 पर हिंदी उद्धरण डॉ. रामकुमार वर्मा की पुस्तक 'संत कबीर' से, पृ. 15 से
12. संत कबीर, डॉ. राम कुमार वर्मा, पृ. 15
13. Kabir and His Followmen, Rev. F.E. Keay, p. 140
14. ibid., p. 175
15. "Be Prepared For Death."
ibid., p. 82
16. "Kabir himself therefore has no fear of death."
ibid., p. 82
17. ibid., p. 82 पर बीजक की 44 वीं रमैनी की साखी उद्धृत
18. ibid., pp. 82-3 पर बीजक की 54 वीं रमैनी की साखी समेत उद्धृत
19. ibid., p. 83 पर बीजक की 55 वीं रमैनी से उद्धृत
20. ibid., p. 83 पर बीजक के 61 वें सबद से उद्धृत

21. ibid., p. 83 पर बीजक के 99 वें पद से उद्धृत

22. ibid., p. 83 पर आदि ग्रंथ, राग गउड़ी 16 से उद्धृत

23. ibid., p. 83 पर आदि ग्रंथ, राग केदारा 6 से उद्धृत

24. "What was thé final goal of the salvation which Kabir was striving after? It was, we say, re-absorption into God as the Soul of the world. He does not desire heaven, nor does he fear hell, but he longs for this union. Whether after this re-absorption he regards the human soul as retaining its identity and distinct personality, is not at all clear from the verses of Kabir."
ibid., p. 88

25. ibid., p. 88 पर बीजक के 42वें सबद की पंक्तियों से उद्धृत

26. ibid., p. 89

27. ibid., p. 170 पर उद्धृत

28. वही, पृ. 57

29. वही, पृ. 60

30. वही, पृ. 63

31. "There are many matters in connection with the literature which still need elucidation; and if some day a competent Hindi scholar with sufficient leisure to make a critical study of the texts should be forthcoming, he may be able to throw light on some of these problems."
ibid., p. vii

अध्याय-12

शारलोत वोदविल के जुलाहे कबीर

क. खास जुलाहे कबीर की खोज

शारलोत वोदविल फ्रांस की लेखिका हैं। उन्होंने कबीर पर विशेष रूप से काम किया है। कबीर के अध्ययन में उनकी सबसे अच्छी बात यह है कि उन्होंने कबीर को जुलाहे के रूप में देखा है। कबीर पर उनकी महत्त्वपूर्ण पुस्तक का शीर्षक तक 'ए वीवर नेम्ड कबीर' है। आगे इसी पुस्तक की लम्बी भूमिका पर विचार किया जा रहा है। भूमिका अपने आप में एक पृथक पुस्तक का आकार लिए हुए है।

इस पृष्ठभूमि को यहाँ छोड़ा जा रहा है कि शारलोत वोदविल ने सन् 1974 में 'कबीर : वोल्यूम वन' शीर्षक से अपनी एक पुस्तक लिखी थी। इस क्रम में उनका इरादा 'कबीर : वोल्यूम टू' का लिखने का था लेकिन खुद उन्होंने इस सीरीज को आगे बढ़ाने से रोक दिया। 'ए वीवर नेम्ड कबीर' की प्राक्कथक वसुधा डालमिया-लुडरिज ने कारण बताया है कि क्यों शारलोत वोदविल ने 'कबीर : वोल्यूम टु' नहीं लिखी। इतना ही नहीं बल्कि उन्होंने 'कबीर : वोल्यूम वन' के पुनर्प्रकाशन की भी इजाजत नहीं दी।[1] कारण यह था कि 'कबीर : वोल्यूम वन' में संकलित कबीर वाणी की प्रामाणिकता के बारे में उनको सन्देह पैदा हो गया था। यह शारलोत वोदविल की विद्वत्ता की कसौटी है। वे अपने प्रति ईमानदार रह कर खरी उतरी हैं। वे कबीर पर अपने चिंतन में बदली हैं। शोध-कार्य की ऐसी अनुकरणीय ईमानदारी भारत के ब्राह्मण विद्वानों में नहीं मिलती। यहाँ ऐसी विद्वत्ता के दर्शन दुर्लभ हैं। लेकिन इसका मतलब यह नहीं है कि 'ए वीवर नेम्ड कबीर' में शारलोत वोदविल ने जो लिखा है, वह सब आँख मींच कर विश्वास करने लायक है। ऐसा स्वयं शारलोत ने भी नहीं माना है। यह उनका उद्देश्य नहीं है। बस, उन्होंने प्रामाणिकता के प्रश्न को और ज्यादा मजबूती के साथ सामने रख दिया है।

शुरू में ही कह देना चाहिए कि शारलोत वोदविल और डॉ. हजारी प्रसाद द्विवेदी

के कबीर संबंधित अध्ययनों में अंतर यह है कि जबकि डॉ. हजारी प्रसाद द्विवेदी ने कबीर के जुलाहे होने पर अपनी नाक-भौंह सिकोड़ी है, शारलोत वोदविल ने कबीर को जुलाहे के रूप में ही देखना चाहा है। यह छोटा फर्क नहीं है। यह फर्क दो विपरीत ध्रुवों की ओर चलने की संभावना लिए हुए है। डॉ. हजारी प्रसाद द्विवेदी की परेशानी यह थी कि कबीर जुलाहे क्यों थे और शारलोत वोदविल की खुशी यह है कि कबीर जुलाहे थे।

शारलोत वोदविल ने अपनी भूमिका के पहले अध्याय का शीर्षक 'द डिस्कवरी आफ कबीर' रखा है। यह शीर्षक अपने आप में महत्त्वपूर्ण है। इससे संकेत मिलता है कि कबीर की खोज की गई है। 'खोज' शब्द का अर्थ तब ज्यादा अच्छी तरह समझा जा सकता है जब पता चलता है कि कबीर का 'आविष्कार' नहीं किया गया है। यह खोज और आविष्कार का अंतर है। कोलम्बस ने अमरीका की खोज की थी, उसका आविष्कार नहीं किया था। खोज में यह बात मानी जाती है कि कोई चीज पहले से मौजूद है लेकिन आविष्कार में कोई चीज बनाई जाती है। शारलोत वोदविल द्वारा कबीर की खोज का अंतर है कि डॉ. हजारी प्रसाद द्विवेदी और अन्य ब्राह्मण विद्वानों ने कबीर का आविष्कार किया था। खोज में यह ईमानदारी बरती जानी होती है कि जो चीज जैसी है उसे वैसी ही माना जाता है लेकिन आविष्कार में ऐसी शर्त का कोई अर्थ नहीं है। ब्राह्मण विद्वानों ने कबीर का आविष्कार करने में उन्हें अपने मतलब का वैष्णव बनाया है। अब द्विज विद्वानों द्वारा कबीर का पुनराविष्कार भी हो रहा है। यदि डॉ. हजारी प्रसाद द्विवेदी ने कबीर का आविष्कार किया था तो अब डॉ. पुरुषोत्तम अग्रवाल कबीर का पुनराविष्कार करने में लगे हुए हैं क्योंकि आविष्कार वाले कबीर मिट चुके हैं। यहाँ जाना जा सकता है क्रि प्रभात त्रिपाठी ने डॉ. पुरुषोत्तम अग्रवाल पर लिखे अपने लेख का शीर्षक खासमखास 'कबीर का पुनराविष्कार'[2] रखा है।

ख. अहिंदू कबीर की खोज

कबीर के धर्म को ले कर तरह-तरह की बातें उठी हैं। कोई भी विद्वान इस बारे में भूल में नहीं है। भारतीय विद्वानों के सारे निष्कर्ष उनकी जाति के सापेक्ष आए हैं। सीधी-सी बात है, मुसलमान कोशिश करेंगे कि कबीर को सूफी सिद्ध किया जाए। ब्राह्मण कभी मान कर नहीं देंगे कि शूद्र और अछूत का कोई धर्म भी हो सकता है। सिक्ख विद्वान कभी नहीं चाहेंगे कि कबीर के पृथक धर्म की संभावना को तूल दी जाए। कायस्थ जाति के विद्वान कबीर को नए धर्म का संस्थापक स्वीकार करना चाहेंगे लेकिन उसमें वे धर्म की परिभाषा इस रूप में बदल देंगे कि कबीर का वह

धर्म ब्राह्मण के विरोध में तो हो पर हिंदू धर्म के दायरे में ही रहना चाहिए। इसी क्रम में शुरू-शुरू में ईसाई विद्वानों ने कबीर पर ईसाइयत का प्रभाव मानना चाहा था। लेकिन कबीर इन सब से दूर हैं। उनका अपना धर्म है जो पारंपरिक और प्राचीन है। शारलोत कबीर को इस रूप में समझने की तैयारी में हैं लेकिन ऐतिहासिक प्रमाण की जरूरत में चुप खड़ी हैं। वे सही लिखती हैं कि किसी भी विद्वान ने कबीर के धार्मिक-पक्ष का निष्पक्ष हो कर मूल्यांकन नहीं किया—"कबीर को अपने-अपने धार्मिक विश्वासों या सामाजिक वरीयताओं के साथ जोड़ कर देखने में इस वजह से ज्यादा आसानी हुई क्योंकि कबीर का व्यक्तित्व रहस्य के बादलों में ढक दिया गया था और उनका संदेश प्रामाणिकता की दृष्टि से अनिश्चित कर दिया गया था।"[3] वे लिखती हैं—"परिणाम यह निकला कि कबीर के संदेश की व्याख्या अखाड़े में सब के लिए सुलभ हो गई और आज तक स्थिति यही है। कोई भारतीय सन्त इतना ज्यादा उद्धृत और कुउद्धृत नहीं किया गया जितने कबीर किए गए। उनकी बेहद प्रशंसा की गई है लेकिन उन्हें ही समझने में सबसे ज्यादा भ्रांति और गलतफहमी फैलाई गई है।"[4] शारलोत वोदविल ने स्पष्ट माना है कि हिंदू विद्वानों द्वारा कबीर का हिंदूकरण करने की कोशिश की गई है। वे लिखती हैं—"कबीर की कथा का हिंदूकरण और उन्हें वैष्णव जीवन के आदर्शों के प्रति ढालने की प्रवृत्ति, जो 17वीं सदी की सांप्रदायिक रचनाओं से दीखनी शुरू हो जाती है, इस बात का सबूत है कि उनकी रचनाओं को प्रक्षिप्त किया गया है जो आज के संग्रहों में मिलता है"[5]। शारलोत वोदविल ने श्री गुरु ग्रंथ साहिब में संकलित कबीर के नाम पर कुछ पदों को प्रक्षिप्त माना है। वे ऐसे पद हैं जिनमें कबीर के जीवन पर आक्रमण होने पर उनका जादुई ढंग से बच जाना, वैष्णव संत के रूप में उनकी कहानी और प्रह्लाद आदि के नाम आना है। वे लिखती हैं—"पवित्र पक्षी सुखदेव, वैष्णव संत और शहीद प्रह्लाद और विद्वान बंदर हनुमान जैसे पुराने जमाने के पौराणिक भक्तों के नाम लेना कबीर के ब्राह्मणी शास्त्रों और हिंदू धारणाओं को जड़मूल से त्यागने के चरित्र से मेल नहीं खाता।"[6] उन्होंने कबीर के साहित्य में प्रक्षिप्त ढूँढ़ने की एक कसौटी भी तैयार की है। यह कसौटी उन्होंने कबीर ग्रंथावली, बीजक और गुरु ग्रंथ साहिब के लिए एक समान तय की है। उन्होंने लिखा है—"तीनों संग्रहों की तुलना करने पर यह सत्य सामने आता है कि कविता जितनी छोटी है, वह दो या तीनों संग्रहों में मिलती है। इससे अनुमान लगता है कि कबीर द्वारा रचित मूल रचनाएँ या तो दोहों, साखियों या श्लोकों में रही होंगी या फिर छोटे पदों में जिसमें चार या पाँच तुकांत पंक्तियाँ रही होंगी और पहली या अंतिम पंक्ति की टेक रही होगी। यह स्पष्ट है कि इस या उस संग्रह में प्राप्त लंबी कविताएँ या तो पूर्णतः नकली हैं या भारी मात्रा में प्रक्षिप्त कर दी गई हैं।"[7]

जब कबीर वाणी की प्रामाणिकता की बात उठती है तो शारलोत वोदविल

में यह कहने का साहस है कि रवीन्द्र नाथ टैगोर द्वारा कबीर के नाम पर किया गया कविताओं का संकलन ज्यादातर संदेहास्पद है। वे लिखती हैं–"दुर्भाग्य से, उन कविताओं की प्रामाणिकता पर प्रश्न उभरते हैं। ऐसा लगता है कि उनमें से ज्यादातर कविताएँ कबीर द्वारा रचित नहीं हैं।"[8] उन्होंने शिकायत की है कि 'उन कविताओं को ले कर प्रामाणिकता का प्रश्न कभी नहीं उठाया गया। न टैगोर ने खुद इस सवाल को उठाया और न उनके भारतीय और यूरोपीय प्रशंसकों ने इसे उठाया।'[9] वे मानती हैं कि यह दुख की बात रही कि पश्चिमी देशों की जनता के लिए एक लंबे समय तक कबीर के बारे में जानने का साधन टैगोर द्वारा की गईं इन कविताओं का अनुवाद ही रहा।[10] लेकिन सच्चाई यह थी कि पश्चिमी जगत के सामने कबीर को इस रूप में पेश करके हिंदू लोग अपना मतलब गाँठ रहे थे। कबीर ग्रंथावली के संपादक डॉ. श्याम सुंदर दास पर लिखती हुईं वे इस बात को स्पष्ट भी कर देती हैं। वे जानती हैं कि इसी मतलब गाँठने की दृष्टि से श्याम सुंदर दास ने माना था कि शायद कबीर का मुसलमान घर में लालन-पालन नहीं हुआ था और यदि हुआ भी हो तो उन पर इस्लाम का कोई प्रभाव नहीं पड़ा था। श्याम सुंदर दास के अनुसार, कबीर हिंदू विचारों में इतने ओतप्रोत थे कि संभावना बनती है कि वे ब्राह्मण के खून थे, या कम से कम हिंदू खून तो जरूर ही थे। तभी उन्होंने कबीर को पवित्र वैष्णव और उपनिषदों की व्याख्या के अद्वैतवादी माना था। शारलोत लिखती हैं कि ऊपर से श्याम सुंदर दास सांप्रदायिकता विहीन दृष्टि के दीखते हैं लेकिन वे सच में भीतर से कबीर का हिंदूकरण करने पर तुले हुए थे।[11]

शारलोत वोदविल को पता है कि कुछ लोग कबीर की बुद्ध से तुलना करते हैं लेकिन वे इस तुलना को सही नहीं मानतीं। उन्होंने लिखा है कि कबीर बुद्ध की तरह राजकुमार पैदा नहीं हुए थे। वे शूद्र और म्लेच्छ थे।[12] उन्होंने सीधी बात लिखी है कि परंपरा और कबीर के खुद के शब्द बताते हैं कि वे एक गरीब जुलाहे के रूप में पैदा हुए थे।[13] उन्होंने बिना संदेह की तनिक गुंजाइश छोड़े साक्ष्य अधिनियम के तहत निश्चायक सबूत मानते हुए लिखा है–"यह सत्य संशय रहित है कि कबीर निचली जाति के एक मुसलमान जुलाहे के रूप में पैदा हुए थे।"[14] शारलोत वोदविल डॉ. हजारी प्रसाद द्विवेदी की तरह यह कह कर भ्रम नहीं फैलाती हैं कि 'कबीर दास का लालन-पालन जुलाहा परिवार में हुआ था।'[15] शारलोत के ये ही शब्द कि कबीर राजकुमार नहीं थे और शूद्र तथा म्लेच्छ थे, कबीर को मक्खलि महान से जोड़ देते हैं। तब कबीर को अपने आजीवक होने की पूरी परंपरा मिल जाती है और वे किसी बौद्ध परंपरा के मोहताज नहीं रह जाते।

कबीर के धर्म के बारे में शारलोत वोदविल की दृष्टि काफी साफ होती गई है। 'हिंदू' शब्द का प्रयोग उन्हें भ्रमित कर देता है लेकिन वे सूर्य की किरण देखने को लालायित हैं जब वे कबीर पंथियों के बारे में लिखती हैं–"यद्यपि वे खुद को

हिंदू मानते हैं लेकिन कबीरपंथी मूर्तिपूजा के विरोध, पक्के एकेश्वरवाद, अपने चरित्र की ऊँचाई और जातिभेद से दुश्मनी के कारण हिंदुओं से विशेष हैं।''[16] कबीर के एकेश्वरवाद का शंकर के अद्वैतवाद से इस मामले में फर्क है कि शंकर 'विष्णु सहस्रनाम' का भाष्य भी तैयार करते हैं।

शारलोत वोदविल कबीर के गुरु रामानंद होने की किंवदंती में विश्वास नहीं करतीं। उन्होंने इस किंवदंती को इन शब्दों में पुरजोर नकारा है–''लेकिन, ऐसा लगता है कि कबीर कभी भी रामानंदी नहीं थे, न ही वे बैरागी थे जो प्रायः वैष्णव संन्यासी के नाम से जाने जाते हैं। यह निश्चित है कि कबीर ने किसी रामानंदी बैरागी से कभी दीक्षा नहीं ली थी और न उन्हें कभी तपस्वी के रूप में जाना गया है।''[17] उन्होंने यह भी माना है कि 'भले ही रामानंदियों ने यह माना हो कि जाति के प्रश्न पर उनके संस्थापकों ने ढील बरती हो लेकिन यह सारे रामानंदियों के बारे में सच है कि उन सभी ने शूद्रों को अपने पूजा-स्थलों से दूर रखा है।'[18]

कबीर के जीवन-काल के बारे में परेशानी पेश आती है। शारलोत ने बताया है कि ऐसा हिंदू जीवनीकारों के कारण हुआ है। कबीर के हिंदू जीवनीकारों का मानना है कि कबीर रामानंद के वास्तविक शिष्य थे और वे सिकंदर लोदी द्वारा सताए गए थे। सिक्ख धर्म से प्रभावित कुछ लेखक कबीर को गुरु नानक के समकालीन मानना चाहते थे। शारलोत ने लिखा है कि पाश्चात्य विद्वानों ने इस पर अपना संदेह व्यक्त किया है कि कबीर रामानंद के शिष्य थे।[19] उन्होंने लिखा है कि दबिस्तान में कुछ भी लिखा हो, लेकिन कबीर यती नहीं बने थे, न ही वे बैरागी थे।[20] उन्होंने कबीर को विवाहित भी माना है।[21]

ग. कबीर के सबसे ज्यादा नजदीक

शारलोत वोदविल ने कबीर को जुलाहों, बौद्धों और नाथों की पृष्ठभूमि में देखना चाहा है।[22] यह अच्छी बात है कि उन्होंने 'जुलाहे' के साथ-साथ 'कोरी' शब्द को भुलाया नहीं है।[23] इस संबंध में उन्हें अनार्य जातियों के डोम, कोल और द्रविड़ शब्द याद आते हैं।[24] जुलाहों के रूप में वे बंगाल के जुगियों से अपरिचित नहीं हैं।[25] उनकी दिक्कत यह है कि ब्राह्मणों के विरुद्ध बगावत का झंडा वे बौद्धों के हाथ में दे कर रह जाती हैं। इस मामले में वे इससे आगे जैन धर्म तक भी जाती हैं। भारत में इस्लाम में धर्म-परिवर्तन के बारे में वे लिखती हैं–''यह भी संभव है कि निम्न कारीगर जातियाँ, क्रांतिकारी बौद्ध और जैन धर्मों से पहले से ही प्रभावित थीं। इसी पृष्ठभूमि ने उनमें ब्राह्मणों के घमंड और कठोर हिंदू समाज व्यवस्था के प्रति विद्रोह की भावना भर दी।''[26] शारलोत को लगता है कि बुनकरों और दूसरी ऐसी

जातियों ने, विशेषकर उत्तर-पूर्व भारत में, बहुत पहले से ही बौद्ध मत अखत्यार कर रखा था।[27] उनके मतानुसार, पश्चिमी और दक्षिणी भारत में जैन धर्म ने वैश्य और व्यापारी जातियों में पहुँच बना रखी थी।[28] उन्होंने टाइटस के उद्धरण के आधार पर उस समय के बौद्ध धर्म को अपरिष्कृत भी कहा है।[29]

शारलोत वोदविल ने जुलाहों और अन्य जातियों के इस्लामीकरण को सहानुभूति से देखा है लेकिन उसकी पृष्ठभूमि वे बौद्ध धर्म की बता गई हैं। सच बात यह है कि बौद्ध धर्म भारत में कई श्रेय लेने का अधिकारी नहीं है। विद्वानों द्वारा भारतीय इतिहास के पूर्ण ज्ञान के अभाव में उस पर श्रेय थोंप दिए जाते हैं। बौद्ध धर्म क्रांतिकारी है लेकिन उतना क्रांतिकारी नहीं है जितना उसे मान लिया जाता है। इतना ही नहीं, कई जगह पर वह प्रतिगामी भी ठहरता है। कितना गलत लगता है जब प्रतिगामी कहने के बजाय बौद्ध धर्म को क्रांतिकारी कहा जाता है ! सच्चाई यह है कि बौद्ध धर्म, ब्राह्मण धर्म के विरुद्ध क्रांतिकारी है लेकिन आजीवक धर्म की तुलना में प्रतिगामी है। चूँकि हिंदी साहित्य के विद्वानों को आजीवक धर्म के इतिहास का ज्ञान नहीं है इसलिए अपने ज्ञान के अभाव में वे प्रतिगामी स्थलों पर भी बौद्ध धर्म को क्रांतिकारी होने का खिताब दे जाते हैं।

शारलोत वोदविल के पास इतिहास की जितनी सामग्री उपलब्ध है वे उसका अच्छे से अच्छा इस्तेमाल कर सकी हैं। उनका विश्लेषण उन्हें बौद्ध धर्म के पार तक ले जाता है। लेकिन बौद्ध धर्म से पार होना उन्हें प्रकाश में नहीं बल्कि एक नए धुंधलके में ले जाता है। फिर भी, यह धुंधलका ज्यादा अच्छा है जब वे संदेह में टटोलती हुई लिखती हैं—''यह कहना मुश्किल है कि इन क्षेत्रों के जुलाहे हिंदू धर्म से इस्लाम धर्म में धर्मान्तरित हुए थे या बौद्ध धर्म से क्योंकि उस समय में और उनके सामाजिक स्तर पर दोनों धर्म एकमेक हो गए थे। टाइटस ने जिसे 'बौद्ध धर्म का अपरिष्कृत रूप' कहा है, वह हिंदू मतों का और उनके अंधविश्वासों का मिश्रण था जिसमें तांत्रिक बौद्ध धर्म के कुछ सिद्धांत और व्यवहार ले लिए गए थे। ऐसा लगता है कि पहले बौद्ध और बाद में शैव रूप में सहजियों, सिद्धों और नाथ योगियों द्वारा प्रचारित यह मत उत्तर भारत में पूर्व मध्य काल से प्रचलित था।''[30] अंत में शारलोत ने कबीर को इस्लाम के बजाय नाथपंथ के ज्यादा जानकार बताया है। वे लिखती हैं—''यद्यपि कबीर ने नाथपंथी विश्वासों के प्रति कोई निष्ठा नहीं दिखाई है और गोरखनाथियों के वैयक्तिक तामझाम की तथा उनके अमरता के झूठे दावों की खिल्ली उड़ाई है, तो भी वे इस्लाम की कट्टर परंपरा के बजाय नाथपंथी परंपरा से ज्यादा अवगत प्रतीत होते हैं।''[31]

इसमें शारलोत क्या कहना चाहती हैं? यहाँ वे दो बातें कहना चाहती हैं :

1. कबीर नाथपंथियों के ज्यादा जानकार थे।
2. कबीर ने नाथपंथियों की खिल्ली उड़ाई है।

तीसरी बात वे यह नहीं कह सकीं कि :

3. कबीर नाथपंथी नहीं थे।

लेकिन चौथी बात वे यह भी नहीं कह सकीं कि :

4. कबीर नाथपंथी थे।

इस उलझन में शारलोत को दोष नहीं दिया जा सकता जबकि वे क्षिति मोहन सेन के बजरिए इस विचार-यात्रा से घूम कर आई हैं कि 'नाथपंथ हिंदू धर्म से स्वतंत्र और एक प्राचीन धर्म है।''[32] वे पुनः लिखती हैं–''धर्म के रूप में नाथपंथ हिंदू धर्म के भीतर नहीं है। कई लोगों की इस राय में सच्चाई लगती है कि यह एक पृथक धर्म है।''[33]

शारलोत ने मगहर के बारे में एक सही दृष्टिकोण अपनाया है। वे पूरी सच्चाई पर नहीं पहुँच सकीं लेकिन उन्होंने जो दिशा पकड़ी है वह उन्हें सच्चाई की ओर ले जाने वाली है। वे लिखती हैं कि कबीर के अधिकांश प्रसिद्ध कथन गोरखपुर के नजदीक मगहर से संबंधित हैं। यहाँ उनकी मृत्यु हुई थी और यहाँ के मुसलमानों की परंपरा के अनुसार वे दफन किए गए थे। मगहर एक प्राचीन स्थान है। कपिल वस्तु शहर की बर्बादी के बाद कुछ समय के लिए यह बौद्ध भिक्षुओं का प्रधान केंद्र था। स्थानीय विश्वास के अनुसार मगहर के आदिमवासी अनार्य जाति के डोम थे। आजकल, मगहर में ज्यादातर मुसलमान लोग हैं। इनमें मुख्य संख्या जुलाहों की है जो खेतीहर या कबीर की तरह के बुनकर हैं। काशी के हिंदू लोग मगहर को घृणा और तिरस्कार की भावना से देखते हैं। उनका विश्वास है कि जो मनुष्य पवित्र काशी में मरते हैं उन्हें भगवान शिव की अनुकंपा से मोक्ष मिलता है और जो मगहर में मरते हैं उनका पुनर्जन्म गधों के रूप में होता है।[34] उन्होंने अपनी पुस्तक में मोहन सिंह के शब्द भी उद्धृत किए हैं कि मगहर की बदनामी इस बात से जुड़ी हुई है कि इसका नाम बौद्ध धर्म, डोमों, निम्न जाति के शूद्रों और मुसलमानों के साथ जुड़ा हुआ है जिनमें सबसे पहले जुलाहे आते हैं।[35] यहाँ केवल यह बात जोड़ी जा सकती है कि शारलोत और मोहन सिंह बौद्ध धर्म के बजाय आजीवक धर्म का नाम नहीं ले पाए हैं। यह भूल प्राच्य और पाश्चात्य दोनों क्षेत्रों के विद्वानों से लगातार हो रही है। भूल से ब्राह्मण के विरोध का सारा श्रेय बौद्ध धर्म को दे दिया जाता है।

शारलोत वोदविल ने एक बात बहुत अच्छी लिखी है कि कबीर अकेले नहीं हैं। सच बात यह है कि भारत के इतिहास में कबीर अचानक नहीं आ धमके हैं। न ही वे अपने समय में अकेले हैं और न ही बिना अपने पिछले इतिहास के हैं। रैदास, धन्ना, पीपा आदि निर्गुण संत उनके समकालीन हैं। इसके अलावा, शारलोत ने कबीर की सांस्कृतिक और आध्यात्मिक पृष्ठभूमि की जटिलता को काफी दूर तक

ठीक-ठीक समझा है। वे लिखती हैं–"हम यह सोच सकते हैं कि कबीर के पैदा होने की तैयारी का काम उत्तर भारत और दक्षिण में 12वीं या 13वीं सदियों के आस-पास हो रहा था।"[36] हाँ, कबीर के उभरने की इस प्रक्रिया में इस्लाम के आगमन ने उत्प्रेरक का काम किया था। इस्लाम ने समाज के निचले तबकों में पहले से मौजूद व्यवस्था से असंतोष की गहरी अंतर्धाराओं को ऊपर लाने में मदद जरूर की थी। जनता के उन ब्राह्मण-विरोधी लोकप्रिय आंदोलनों ने अपनी स्वाभाविक अभिव्यक्ति उत्तर और मध्य भारत की देशी भाषाओं में पाई।[37]

शारलोत वोदविल का यह कयास एकदम सही है कि इतिहास में कबीर के पैदा होने की तैयारियाँ 12वीं या 13वीं सदियों में हो रही थीं। उधर, कबीर खुद अपनी पंद्रहवीं सदी को सुशोभित कर रहे हैं। लेकिन अगला प्रश्न यह है कि वह कौन-सा धर्म था जो कबीर के भूगोल में 14वीं सदी तक मौजूद था? यदि हम उस धर्म का नाम ले दें तो कबीर का अपनी परंपरा से सीधा संबंध जुड़ जाता है। कबीर को हिंदू और मुसलमान नहीं कहा जा सकता क्योंकि उन्होंने इन दोनों धर्मों को नकारा है। उन्हें बौद्ध और जैन मतावलंबी भी नहीं कहा जा सकता क्योंकि उन्होंने इन दोनों धर्मों का नाम लेकर विरोध किया है। उन्हें सिद्ध और नाथ भी नहीं कह सकते क्योंकि इनसे भी कबीर का धार्मिक युद्ध छिड़ा-हुआ है। उन्हें शैव, शाक्त और कापालिक में से भी कुछ नहीं कहा जा सकता और वैष्णव या सूफी में से कुछ कहना उन्हें गाली देनी हो जाएगी। वे चार्वाक या लोकायती नहीं थे। पर, फिर वे क्या थे ? बड़ा छोटा-सा उत्तर यह है कि धर्म के रूप में वे आजीवक थे। यह आजीवक धर्म कबीर के भूगोल में 13वीं, 14वीं और 15वीं सदियों तक मौजूद मिलता है।[38] सारी दूसरी बातें हैं जिनके आधार पर कबीर को आजीवक सिद्ध किया जा सकता है लेकिन यहाँ मृत्यु और पुनर्जन्म का एक ही मुद्दा है जिस बारे में शारलोत वोदविल भी मुतमईन हैं। कई चूकों के बावजूद वे यह लिखने में सफल हुई हैं–"अपनी परंपरा के प्रति सच्चे रहते हुए कबीर मृत्यु के बाद के जीवन से संबंधित नहीं हैं।"[39]

शारलोत वोदविल ने कबीर की भाषा को विशेष महत्त्व दिया है। जबकि विद्वानों के बीच यह बहस छिड़ी हुई है कि कबीर की भाषा कौन-सी थी, शारलोत ने हिंदुई को कबीर से जोड़ा है। उनके अनुसार, संतों के पास यह भाषा उनके ब्राह्मण विरोधी विचारों की संवाहिका बनी थी। वे लिखती हैं–"14वीं और 15वीं सदियों के दौरान पुरानी हिंदुई या खड़ी बोली लोक भाषा के रूप में ब्राह्मण-विरोधी और उदार विचारों की माध्यम बन गई थी। कहा जा सकता है कि हिंदुई भारतीय 'सुधारवाद' की भाषा थी।"[40] उन्होंने मानना चाहा है कि कबीर और अमीर खुसरो की भाषा वही पुरानी हिंदुई रही होगी जो उस समय बाजार की भाषा थी।[41] उस हिंदुई में फारसी शब्दों के चलन से वह पश्चिमोत्तर भारत में, बिहार और मध्य भारत के समेत गंगा की घाटियों में और महाराष्ट्र तक में बोली जाने वाली हिन्दुस्तानी भाषा बन गई।[42] इस

पुरानी मध्यकालीन हिंदुई भाषा ने नए विचारों और नए धार्मिक मूल्यों को दलित जातियों में फैलाने का बीड़ा लिया जो काम नाथपंथियों और सूफियों ने अपने हाथ में ले रखा था।[43] यह ब्राह्मणवाद से असहमति की भाषा थी।[44] उन्होंने यह अंदाज भी लगाया है कि यदि कबीर को कोई लिपि आती होगी तो वह अरबी-फारसी की लिपि रही होगी।[45] उन्होंने कबीर की शैली को विशेष माना है[46] और उन्हें भारत के तथा विश्व के महानतम कवियों में से एक माना है।[47]

संदर्भ

1. A Weaver Named Kabir: Selected Verses with a Detailed Biographical and Historical Introduction, Charlotte Vaudeville, Oxford University Press, YMCA Library Building, Jai Singh Road, New Delhi-110001, Oxford India Paperbacks, 1997, p. 7
2. कबीर का पुनराविष्कार, प्रभात त्रिपाठी, मधुमती, दिसम्बर 2000, राजस्थान साहित्य अकादमी, हिरण मगरी, सेक्टर-4, उदयपुर-313002
3. "The attempt to annex Kabir in support of one's own religious convictions or social preferences was made all the easier as Kabir's personality was clouded in mystery and the contents of his message remained uncertain." A Weaver Named Kabir, Charlotte Vaudeville, p. 34
4. "As a result, the interpretation of Kabir's message remained for a long time a 'free for all' and to some extent it remains so, even today. No Indian mystic was so much quoted and misquoted, so lavishly praised–and so misunderstood." ibid., p. 35
5. ibid., p. 65
6. "Allusions to the mythical great Bhaktas (devotees) of yore, such as the holy bird sukhdev, the Vaishnav saint and martyr Prahlad and the learned monkey Hanuman, do not fit in with Kabir's radical rejection of Brahmanical scriptures and Hindu lore." ibid., p. 137
7. ibid., pp. 144-5
8. "Unfortunately, the authenticity of those poems is very questionable: it does appear that most of them were probably not composed by Kabir."
ibid., p. 28
9. "The question of authenticity was apparently never raised either by Tagore himself or by his Indian and western admirers." ibid., p. 29
10. "Unfotunately, Tagore's version of the words of Kabir remained for a long time the only available document accessible to the westernized public." ibid., p. 29
11. "Though non-sectarian in his approach, the evident anxiety displayed by S.S. Das to 'Hinduize' Kabir appears somewhat coloured by the rising Hindu patriotism of the time." ibid., p. 31
12. "But, Kabir, unlike the Budha, was not born a prince : he was neither scholar nor aristocrat, but at the same time a Shudra (of non-Aryan, impure descent) and a mlechcha, a barbarian, since the social group to which he belonged was already islamized." ibid., p. 12
13. "Both tradition and Kabir's own words attest that he was born a poor Julaha—a Muhammedan weaver of the ancient Kashi, the modern Benaras." ibid., p. 12
14. "That Kabir was born a low-caste Muhammedan weaver is undoutable." ibid., p. 36
15. कबीर : कबीर के व्यक्तित्व, साहित्य और दार्शनिक विचारों की आलोचना, डॉ. हजारी प्रसाद

द्विवेदी, हिंदी ग्रंथ रत्नाकर कार्यालय, बम्बई-4, तृतीय परिवर्द्धित संस्करण, जुलाई 1950, पृ. 136

16. "Though they consider themselves as Hindus, the Kabir-panthis are remarkable for their opposition to idol-worship, their strong monotheism, the uprightness of their moral code, as well as their opposition to caste distictions."
A Weaver Named Kabir, Charlotte Vaudville, pp. 13-4
17. "Yet, it seems that Kabir was never a Ramanandi, not even a Bairagi, as Vaishnav ascetics in general were called. It is certain that Kabir never received the diksha from any Ramanandi Bairagi, and he was never known to be an ascetic."
ibid., p. 87
18. "Though stressing the liberal–mindedness of their respective founders in matter of caste, the Ramanandis uniformly tended to exclude Shudras from their place of worship." ibid., p. 89
19. "Western scholars have been inclined to doubt the fact that Kabir was actually Ramanand's disciple..." ibid., p. 54
20. "In spite of what the Dabistan says, Kabir did not take ascetic vows, nor did he become a bairagi or renouncer." ibid., p. 58
21. "In spite of the view held by a number of Kabir-panthis, there is hardly a doubt that Kabir was married." ibid., p. 59
22. ibid., p. 67
23. ibid., p. 70
24. ibid., p. 70
25. ibid., p. 70
26. "It is also likely that the low artisan castes had already been influenced by the unorthodox Buddhist and Jaina dharma, a background which had fostered in them a spirit of rebellion against Brahmanical haughtiness and the rigidity of the Hindu social system." ibid., p. 71
27. ibid., p. 71
28. ibid., p. 71
29. "a crude form of Buddism..." ibid., p. 72
30. "It is difficult to say whether the Julahas in those areas were converted to Islam from Hinduism or from Buddhism, since at that time and at their social level, both religions were amalgameted. The 'crude form of Buddhism' mentioned by Titus was a mixture of local Hindu cults and superstitions with some doctrines and practices borrowed from Tantric Buddhism. It appears that it had been popularized in Northern India from the earlier medieval ages, first under its Buddhistic and later under its Shaivite form, by the preaching of Sahajiya Siddhas and the Nath Yogis." ibid., p. 73
31. "Though Kabir does not adhere to Nath-panthi beliefs, though he ridicules the Gorakhnathi paraphernalia and even more their pretensions to immortality, he appears far more conversant with the Nath panthi tradition than with the Islamic orthodox tradition." ibid., pp. 77-8
32. "Nathism is an independent and ancient religion." ibid., p. 76
33. "As a religion, Nathism hardly comes within the pale of Hinduism and there appears to be some truth in the opinion held by some that it is a distinct religion." ibid., p. 99
34. "Some of Kabir's most famous utterances concern Magahar near Gorakhpur, the place where he departed from this world and where, according to Muslim tradition, he was buried. Magahar is an ancient site, reputed to have been the seat of the

Buddhist hierarchs for some time after the city of Kapilvastu was destroyed. According to local traditions, the first inhabitants of Magahar were a non-Aryan tribe belonging to the inferior Dom race, called Dom Katars. Nowadays, Magahar has a large Muslim population, the main group being precisely that of the Julahas, who in that area are either cultivators or weavers, like Kabir. The Hindus of Kashi held Magahar in contempt; moreover, according to popular belief, whilst those who die in holy Kashi reach salvation through Lord Shiva's grace, those who die in Magahar are reborn as asses!." ibid., pp. 61-2

35. "Magahar's ill repute, in opposition to Kashi, a stronghold of orthodox Brahmanism is easily explained, as noted by Mohan Singh, by "the prominent association of the place with Buddhism, with Doms, low-caste Sudras, and also with Mussalmans, among whom first come Julahas." ibid., p. 62
36. "We are inclined to think that this 'formative period' actually started earlier, around the twelfth or thirteenth century, both in Northern India and Deccan...." ibid., p. 93
37. "Even when the influence of Islam does not appear to have been direct, it certainly acted as a catalyst, helping to release and bring to the fore deep undercurrents which were already present in the lower strata of Indian society, as they reflected the culture of the masses and their religious aspirations. Those popular movements, generally anti-brahmanical in character, found their natural expression in the emerging vernaculars of Northern and Central India, which they powerfully contributed to develop." ibid., pp. 93-4
38. History and Doctrines of the Ajivikas: A Vanished Indian Religion, Dr. A. L. Basham, Luzac & Company Ltd., 46 Great Russell Street, London. W.C.1., 1951, pp. 184-86
39. "True to the tradidion he had inherited, Kabir is not concerned with life after death." A Weaver Named Kabir, Charlotte Vaudeville, p. 107
40. "During the course of the fourteenth to the fifteenth centuries, old Hindui or Khari Boli had become to be recognized as a lingua franca fit for the propogation of popular religious teaching–mostly unorthodox and anti-Brahmanical: one may say that Hindui was the language of the Indian 'Reformation'." ibid., pp. 122-3
41. ibid., p. 124
42. ibid., p. 126
43. ibid., p. 126
44. ibid., p. 128
45. "If the poor Julaha Kabir was somewhat acquainted with any script, it could only have been with that Arabo-Persian script." ibid., p. 128
46. ibid., p. 129
47. ibid., p. 130

अध्याय-13

गुई सोरमन के कबीर : महासंग्राम की रिपोर्टिंग

गुई सोरमन ने कबीर का विशेष अध्ययन नहीं किया है। कबीर को ले कर उनकी समस्या वैसी नहीं है जैसी अन्य विद्वानों की होती है। उन्होंने कबीर को महान माना है। उनका समाधान भी वैसा ही है।

गुई सोरमन की एक पुस्तक अंग्रेजी में 'द जीनियस आफ इंडिया' के शीर्षक से सन् 2001 में आई है। वे फ्रांसीसी हैं और उनका जन्म 1944 में हुआ है। उनके भारतविद होने में संदेह नहीं किया जा सकता जबकि वे कबीर के मामले में अपनी खामियों और खसूसियतों के साथ हैं। उन्होंने अपनी इस किताब के ग्यारहवें अध्याय का शीर्षक 'द रेबेल वीवर' रखा है। यह शीर्षक उन्हें सही और गलत एक साथ ठहराता है। वे सही इसलिए हैं क्योंकि उन्होंने इस शीर्षक में कबीर की बहुत इज्जत की है। इस शीर्षक से उनका इरादा कबीर को नीचे गिराने का बिलकुल नहीं है। लेकिन संदर्भ को सही न समझने के कारण उनसे अचानक भूल हुई है। सही बात यह है कि कबीर को 'रेबेल' नहीं कहा जाना चाहिए। यह उनके लिए उपयुक्त शब्द नहीं है। जब पुस्तक का शीर्षक–'द जीनियस आफ इंडिया' है तो कबीर को एक जीनियस ही कहा जाना चाहिए था। गुई सोरमन कह सकते हैं कि उनका मंतव्य यही है। खैर, कबीर को 'रेबेल' नहीं कहा जा सकता क्योंकि 'रेबेल' का अर्थ विद्रोही या बागी है। कबीर किसी व्यवस्था के विद्रोही या बागी नहीं थे। उनके लिए सही शब्द का प्रयोग करने में विरोधी या पृथक का भाव आना चाहिए। उनकी इस पृथकता या विरोधीपन में जीनियस की कोई कमी नहीं है। कहने का अर्थ यह है कि कबीर ब्राह्मण व्यवस्था के अंदरूनी और बागी पुरुष नहीं हैं बल्कि वे ब्राह्मण व्यवस्था से बाहरी और युद्धरत पृथक व्यक्ति और समाज हैं।

गुई सोरमन ने कबीर को भारत का राष्ट्रकवि कहा है। यह बिलकुल उचित और अच्छा खिताब है। उनके अनुसार, भारत में कबीर को शिक्षित लोग अपनी रचनाओं में उद्धृत करते हैं तथा अशिक्षित लोग उनकी कविताओं को जवानी गाते हैं।[1]

कालिदास और तुलसी को भारत के राष्ट्रकवि इसलिए नहीं कहा जा सकता क्योंकि उन्होंने भारत की दलित जनता का प्रतिनिधित्व नहीं किया है। लेकिन कबीर को भारत का राष्ट्रकवि मात्र कह कर संतोष नहीं किया जा सकता।

सोरमन ने कबीर के धर्म का मुद्दा उठाया है। उन्होंने रेनन की इस बात को भी माना है कि जो पंथ सफल हो जाता है वह धर्म बन जाता है। लेकिन इतनी बात समझ कर भी वे ब्राह्मण के बहकावे में आ गए हैं कि धर्म को ले कर भारत में स्थिति कुछ दूसरी है। स्थिति दूसरी और तीसरी नहीं है, केवल इतनी सी बात है कि ब्राह्मण दूसरों के धर्मों को मान्यता देने को तैयार नहीं है। आज वह पूरे इस्लाम और ईसाइयत को खा लेना चाहता है। वह इन महान धर्मों को अपने पंथ बनाने की मंशा में है जबकि वह खुद एक छुटक-सा धर्म है। मजाक-मजाक में वे कबीर को इसी रूप में पेश कर गए हैं कि वे किसी संस्थागत धर्म को नहीं मानते थे। अपने धर्म का पालन करने के लिए उन्हें किसी पूजा-पद्धति, पुजारी, मुल्ला और ब्राह्मण की जरूरत नहीं थी। उन्होंने मूर्तियों, प्रतिमाओं, मंदिरों और मस्जिदों को व्यर्थ की चीजें कह कर छोड़ दिया था। यह सब ठीक है लेकिन यह कबीर के धर्म का मर्म नहीं है। वे अपने संस्थागत धर्म के सदस्य थे। बस, वे हिंदू या मुसलमान नहीं थे।

सोरमन ने कबीर के लिए 'विद्रोही' विशेषण का प्रयोग बहुत सोच-समझ कर किया है। उन्होंने यह भी माना है–"निश्चित रूप से वे पहले भारतीय नहीं थे जिन्होंने विद्रोह किया है और न ही वे आखिरी विद्रोही हैं, लेकिन मेरे दिमाग में वे भारतीय विद्रोह के आदर्श उदाहरण हैं।"[2] अपने हिसाब से, उन्होंने कबीर को अंग्रेजी के 'रिवोल्ट' शब्द से जोड़ा है और 'रिवोल्यूशन' से नहीं। उन्होंने अंतर बताया है–"मैंने बगावत शब्द का प्रयोग किया है, क्रांति का नहीं, क्योंकि क्रांति के पीछे एक विचारधारा का लक्ष्यार्थ रहा करता है।"[3] ऐसा इसलिए हुआ क्योंकि सोरमन ने कबीर के चिंतन को आजीवक चिंतन से जोड़ कर नहीं देखा। वे ब्राह्मणों के साहित्य पर आश्रित हो कर रह गए हैं। उन्हें पता नहीं चल सका कि भारत में दलित और ब्राह्मण के रूप में दो पृथक धर्मों का, दो अलग सामाजिक व्यवस्थाओं का और दो पर्सनल कानूनों का ऐतिहासिक युद्ध चल रहा है। इस खुले युद्ध की बारीक प्रक्रिया से अपरिचित रहने के कारण वे कबीर के महायुद्ध को छोटा करके आँक गए हैं। जातिगत अन्याय के खिलाफ लड़ने वालों में सोरमन को यदि कोई कबीर से पहले याद आए हैं तो वे बुद्ध हैं। वे लिखते हैं–"कबीर से बहुत पहले बुद्ध ने जाति प्रथा के धार्मिक आधार को चुनौती दी थी।"[4] लेकिन बुद्ध ही भारत के इतिहास को समझने में सबसे बड़े धोखे हैं। बुद्ध एक क्षत्रिय और राजकुमार थे। उन्होंने जाति प्रथा के धार्मिक आधार को चुनौती दी थी लेकिन इसके सामाजिक आधार को चुनौती नहीं दी थी। वह चुनौती उस समय मक्खलि महान ने दी थी जो दास और कुम्हार थे। भारत के प्राचीन इतिहास

को बुद्ध और महावीर के माध्यम से समझना और मक्खलि महान के नाम से न समझना भारतविदों की बड़ी भूल का कारण है। लेकिन सोरमन ने अपनी कुछ भूल सुधार की है जब उन्होंने कबीर के बारे में लिखा है–"लेकिन कबीर आधुनिकों में सबसे पहले व्यक्ति हैं जिनकी कविता में इतना सामाजिक विद्रोह मिलता है।"[5]

अच्छा होता, सोरमन कबीर के विरोध को मक्खलि महान के चिंतन से जोड़ कर देखते लेकिन उन्होंने इसे इस्लाम से जोड़ कर देखा है। बुराई इसमें भी नहीं है क्योंकि इस मामले में आजीवक और इस्लाम में कोई अंतर नहीं है। आजीवक धर्म से अनजान रहने के कारण सोरमन इस्लाम को श्रेय देते हुए लिखते हैं–"अतीत में और आज भी मैं किसी दूसरे ऐसे व्यक्ति को नहीं जानता जिसने अपने तर्कों को इतनी शक्ति के साथ रखा है। मुझे लगता है, उनमें स्वतंत्रता की भावना हिंदू धर्म से नहीं आई जितनी इस्लाम से संपर्क के कारण आई। शुरू में भारत के गरीबों ने ठीक ही इस्लाम को मुक्ति दाता के रूप में देखा था।"[6] सोरमन ने लिखा है कि पाश्चात्य विद्वानों को इस्लाम की प्रशंसा अच्छी नहीं लगती। वे इस्लाम को कट्टर धर्म के रूप में ही देखते हैं। लेकिन उन्हें समझाते हुए सोरमन ने भारत में इस्लाम के बारे में सही लिखा है–"यद्यपि कबीर की रचनाएँ पाठ्यक्रम का हिस्सा हैं, यह मुश्किल से ही बताया जाता है कि यह राष्ट्र कवि मुसलमान था। कारण यह है कि ऐसा करने में यह बताना पड़ जाएगा कि वे मुसलमान क्यों बने थे। कबीर के माता-पिता इस्लाम में धर्मान्तरित बताए जाते हैं। वे मुसलमान इसलिए नहीं बने थे कि उन्हें मुगलों ने मुसलमान बनने के लिए बाध्य किया था बल्कि इसलिए बने थे क्योंकि निचली कौमों ने धर्मान्तरण को अपनी मुक्ति के रूप में देखा था। उन्होंने इस्लाम को मनुष्य की स्वतंत्र इच्छा शक्ति के रूप में लिया था। इस्लाम में मनुष्य इस जीवन में या अगले जीवन में अपने पिछले जन्मों के कर्मों के कारण किसी नियति का गुलाम नहीं था। वह अपने कर्मों के कारण अपनी मुक्ति पा सकता था। इस्लाम भारत में इसलिए सफल हुआ क्योंकि इसने लोगों को जाति प्रथा के चंगुल और ब्राह्मणों के दमन से मुक्त किया था। अब वे रात-दिन की बेइज्जती और सिर पर चढ़ी गुलामी के लिए अभिशप्त नहीं थे। स्पष्टतः, धर्मांतरण करने वाले लोग समाज के कमजोर वर्ग और अछूतों में से थे। आज दिन तक कट्टर हिंदू लोग इसे विश्वासघात कहते हैं लेकिन सच्ची बात यह है कि इसमें उन्होंने अपनी गुलामी को छोड़ने के सिवा कुछ अतिरिक्त नहीं किया था।"[7]

सोरमन कुछ बातों को हल्के ढंग से ले गए हैं। मसलन, उन्होंने कबीर का मूल्यांकन करते हुए लिखा है कि कबीर ने न इस्लाम को छोड़ा था और न हिंदू धर्म को बल्कि इनके मुल्लाओं और पुजारियों का विरोध किया था।[8] उन्होंने यह भी लिखा है कि कबीर सामाजिक क्रांति के नेता थे लेकिन उन्होंने समाज को बदलने से पहले व्यक्ति को बदलने की बात कही थी।[9] ऐसा इसलिए हुआ क्योंकि वे भारत

संबंधी जानकारी के लिए दलितों से सीधे संपर्क में नहीं हैं। कितनी भी होशियारी बरतते ब्राह्मण विद्वानों के मुखापेक्षी बनने से ऐसी चूक होनी संभव है। लेकिन सोरमन के साथ एक बात बड़ी अच्छी है कि वे कबीर को ले कर ब्राह्मणों के पुनर्जन्म वाले झूठ के चक्कर में नहीं आए। वे कबीर को बिल्कुल ठीक-ठीक समझते हैं जब लिखते हैं—"यदि हम इस कवि की सलाह माने और यह मान कर जिएँ कि मृत्यु अवश्यम्भावी है और अत्यंत निकट है तो मृत्यु हमें अचानक नहीं आ दबोचेगी और न तब कोई भय होगा। कबीर का समाधान गैर-पुरोहितवाद का है क्योंकि वे स्वर्ग-नरक में विश्वास नहीं रखते थे। कबीर के यहाँ न ईसायत की कोई पुनर्जीवित हो उठने की कथा है, न इस्लाम का स्वर्ग है, और न अंतहीन जन्मों और पुनर्जन्मों का भवसागर पार करने का चक्कर है जिसका ब्राह्मण लोग मनुष्यों को भय दिखाते हैं।"[10]

मेरी दृष्टि में, यह गुई सोरमन की कबीर को ले कर बड़ी प्राप्ति है कि कबीर पुनर्जन्म के सिद्धांत को नहीं मानते थे। इसके लिए वे बधाई के पात्र हैं।

संदर्भ

1. The Genius of India, Guy Sorman, Macmillan India Limited, 2/10, Ansari Road, Daryaganj, New Delhi-110 002, First Edition-2001, p. 171
2. "He was certainly not the first Indian to rebel nor is he the last but to my mind he is the perfect example of the Indian as a rebel." ibid., p. 175
3. "I use the word revolt not revolution because revolution has an ideological connotation." ibid. p. 175
4. "Long before Kabir, the Buddha had challenged the religious basis of the caste system." ibid. p. 176
5. "But Kabir was the first of the moderns to the extent that his poetry was what we today call social protest." ibid. p. 176
6. "I do not know of anyone else in the past or even today who has put forth such categorical arguments with so much force. It seems to me his sense of freedom came not so much from the Hindu religion as from his contact with Islam. Initially, the poor in India rightly saw Islam as a liberating force." ibid. p. 176
7. "Though the work of Kabir is part of the school curriculum, it is rarely mentioned that this national poet was Muslim, for that would mean having to explain why he became one. Kabir's parents are believed to be Muslim converts. They converted not because they were forced to do so by the Mughals but because conversion was perceived among the lower castes as a means to attain liberation and embrace a religion based on the free will of man. By the grace of Islam, man was no longer predestined in this life or the next by the deeds of his past lives; he could find salvation through his own deeds. Islam succeeded in India because it freed people from the shackles of the caste system and the oppression of the Brahmins; they were no longer condemned to eternal damnation and imminent slavery. Obviously those who converted came from among the weakest sections of society and the untouchables. Till this day extremist Hindus call it a betrayal but what have they betrayed save their bondage?" ibid. pp. 176-7.
8. ibid. p. 177

9. ibid. p. 178

10. "If....we follow the advice of the poet and live as if death is imminent, death would not catch us unawares and there would be no fear. Kabir's approach is anti-clerical, for he did not believe in heaven or hell; there is no resurrection, no Islamic paradise and no endless cycle of birth and rebirth that the Brahmins use to create fear." ibid. p. 184

अध्याय-14

लिंडा हेस : रेडिकल कबीर की खोज

लिंडा हेस ने डॉ. शुकदेव सिंह के साथ मिल कर कबीर के बीजक का अंग्रेजी में अनुवाद किया है। इस अनुवाद में निबंध और टिप्पणियाँ अकेली लिंडा हेस ने जोड़ी हैं। इस पुस्तक में उन्होंने एक लंबी भूमिका दी है। परिशिष्ट के रूप में उलटबाँसियों पर महत्वपूर्ण निबंध है।

लिंडा हेस की दृष्टि की विशेषता यह है कि कबीर के धर्म के बारे में वे हिंदू और मुसलमान विद्वानों की कोशिशों के बावजूद भ्रमित नहीं हुईं। वे कबीर में वह देख सकी हैं जो कबीर का अपना है। उन्होंने उस मत को अमान्य किया है जो कबीर के धर्म की स्वतंत्र और पृथक पहचान नहीं मानता। वे कबीर के साहित्य में समन्वयवाद का खंडन करती हुईं लिखती हैं–''कुछ आधुनिक व्याख्याकारों ने कबीर को हिंदू और इस्लाम धर्मों के समन्वयकर्त्ता के रूप में पेश किया है। लेकिन यह कबीर की सही प्रस्तुति नहीं है। जो परंपराएँ उन्हें अच्छी लगीं उन्हें अपनाने से उन्हें परहेज नहीं था लेकिन उन्होंने अपने समय के दोनों धर्मों से अपनी पृथक पहचान अलग बना कर रखी। उन्होंने दोनों धर्मों की कमियों पर भारी प्रहार किए और अपने शिष्यों में उसी तरह की पृथकता की पहचान और साहसिक भभक पैदा की।''[1] वे यह तय नहीं कर सकीं कि कबीर की अपनी परंपरा क्या थी। वे कई प्रश्नों की झड़ी लगा देती हैं जब पूछतीं और स्वयं उत्तर देती हैं–''क्या वे हिंदू थे? क्या वे मुसलमान थे? क्या उनके पूर्वज बौद्ध थे? क्या उन्होंने योग की साधना की थी? क्या उनके कोई गुरु थे? वे कौन थे? कबीर के धार्मिक जीवन के इन मूल तथ्यों को निश्चित न करने में उनकी परंपरा का हिस्सा मिलता है।''[2] यहाँ वे कबीर की धार्मिक परंपरा को नाम नहीं दे सकीं, इतने अंधेरे में यह काम सरल भी नहीं था, लेकिन उनके चिंतन में प्रशंसनीय बात यह है कि वे कबीर के अपने अध्ययन को ले कर हिंदू, मुसलमान, बौद्ध और योगियों के झाँसों से दूर खड़ी हैं।

उनकी बेहद सच्ची प्राप्ति यह है कि उन्होंने कबीर को पुनर्जन्म के पचड़े से

बाहर खड़े माना है। कबीर ने अपने श्रोताओं के अनेक भ्रम तोड़े थे लेकिन आज के पाठकों का भ्रम तब टूटता है जब वे मानते हैं कि कबीर पुनर्जन्म में विश्वास नहीं करते थे। लिंडा हेस ने कबीर के मृत्यु पर विचारों को बहुत महत्व दिया है। दो बातें एक साथ हैं—कबीर पुनर्जन्म को नहीं मानते थे और कबीर मृत्यु से नहीं डरते थे। पुनर्जन्म को न मानने में लिंडा हेस ने कबीर की निम्न दो साखियों को उद्धृत किया है :

1. मानुस जन्म दुर्लभ अहै, बहुरि न दूजी बार।
पका फल जो गिर परा, बहुरि न लागै डार।[3]

2. दोहरा कथित है कबीर, प्रतिदिन समय जो देखि।
मुये गए नहिं बाहुरे, बहुरि न आए फेरि।।[4]

लेकिन कबीर मृत्यु से डरते भी नहीं थे। इसके लिए लिंडा हेस ने इस सबद को उद्धृत किया है :

पंडित सोधि कहो समुझाई, जाते आवागमन नसाई।।
अर्थ धर्म औ काम मोक्ष कहु, कवन दिसा बसे भाई।
उत्तर कि दक्षिन पूर्व कि पश्चिम, स्वर्ग पताल कि माहीं।।
... ...
अनजाने को स्वर्ग नरक है, हरि जाने को नाहीं।
जेहि डर को सब लोग डरत हैं, सो डर हमरे नाहीं।।
पाप पुन्य की संका नाहीं, स्वर्ग नरक नहिं जाही।
कहैं कबीर सुनो हो संतो, जहाँ का पद है तहाँ तमाही।।[5]

अंग्रेजी में 'रेडिकल' एक बहुत महत्वपूर्ण शब्द है। मैं इस शब्द का अर्थ अन्य स्रोतों से भी जानता हूँ। एम. एन. राय ने 'रेडिकल ह्यूमेनिज्म' का प्रयोग किया था। उन्होंने अपनी पार्टी का नाम 'रेडिकल डेमोक्रेटिक पार्टी' रखा था और 'रेडिकल ह्यूमेनिस्ट' नाम से एक पत्रिका भी निकाली थी। बाद मे उन्होंने इसे 'न्यू ह्यूमेनिज्म' कहा था। लेकिन अब इस शब्द का इस्तेमाल बहुत हलके अर्थों में किया जा रहा है। इस शब्द का ऐसा हलका प्रयोग विलियम आर. पिंच ने अपनी पुस्तक 'पीजेंट्स एंड मोंक्स इन ब्रिटिश इंडिया' में रामानंदियों के बारे में किया है। वे इतने भर को 'रेडिकल' की परिभाषा में ले आते हैं कि कोई साधु या तो रामानुजी रहेगा या रामानंदी रहेगा।[6] उन्होंने अपने इस अध्याय का शीर्षक ही 'द राइज आफ रेडिकल रामानंदीज' रख दिया है।[7] डॉ. पुरुषोत्तम अग्रवाल को अपने मतलब के लिए यह 'शब्द' बहुत अच्छा लगा है। अपने लेख 'कबीर और रामानंद : क्या बताती हैं किंवदंतियां' में

उन्होंने इस शब्द के प्रयोग की भरमार ही कर दी है। विलियम आर. पिंच से शब्द के प्रयोग में एक जरा-सी चूक डॉ. अग्रवाल की विद्वत्ता को डूबते को तिनके का सहारा हो रही है।[8] डॉ. पुरुषोत्तम अग्रवाल के लेख पर अन्यत्र चर्चा की जाएगी लेकिन यहाँ इतना वता दिया जाए कि लिंडा हेस ने इस शब्द का सही प्रयोग किया है। सवाल सीधा-सा है, यदि रामानंद को या रामानंदियों को रेडिकल कहा जाएगा तो कबीर को क्या कहा जाएगा? मेरे हिसाब से रेडिकल से बड़ा शब्द दूसरा नहीं है और इसे कबीर के नाम के साथ जोड़ा जाना चाहिए, पुराणपंथी रामानंद या रामानंदियों के साथ नहीं। लिंडा हेस ने कबीर को ही रेडिकल माना है।[8] उन्होंने उन्हें मौलिक सुधारक कहा है।[9] उनकी दृष्टि में कबीर मौलिक ईमानदारी[10] के व्यक्ति हो कर मौलिक ईमानदारी को समर्पित एक महान जीवन थे।[11] लिंडा हेस के अनुसार, कबीर ने अपनी उलटबांसियों के माध्यम से सत्ता में मौलिक उलट-फेर की बात कही है।[12]

सच बात यह है कि पुनर्जन्म में विश्वास करने वाले किसी भी व्यक्ति को भारत में रेडिकल नहीं कहा जा सकता। वैदिक धर्म के किसी भी व्यक्ति के लिए पुनर्जन्म और वर्णाश्रम आपस में गुंथे पड़े हैं। एक को छोड़ कर दूसरा नहीं है। कोई व्यक्ति रामानुजी रहेगा या रामानंदी रहेगा—इससे दलित के लिए कोई फर्क नहीं पड़ता। रामानुजी होना या रामानंदी होना—यह द्विजों का आपसी मामला है। दलित के लिए दोनों पुनर्जन्म और वर्णाश्रम के लोग हैं। ऐसे द्विजों के आपस में दस भेद हैं पर दलित के लिए वे सब धान बाईस पसेरे हैं। किसी भी हालत में जाति प्रथा में आपद्धर्म के समयानुसार थोड़ी ढील देने को 'रेडिकल' जैसा चिंतन नहीं कहा जा सकता। वह व्यवहार के स्तर पर रणनीति होती है, शास्त्र के स्तर पर रेडिकलिज्म नहीं। द्विजों में रेडिकलिस्ट चिराग ढूँढे नहीं मिलेगा—तब विलियम आर. पिंच को रामानंदी वैष्णवों की एक पूरी जमात रेडिकलिस्ट बनी कैसे मिल गई है? मीमांसक कर्मकांडी हैं तो क्या वेदांती ज्ञानमार्गी होने से रेडिकलिस्ट हो जाते हैं? पुनर्जन्म, वर्णाश्रम और वेद को ब्राह्मणों के सारे ग्रंथ और आचार्य मानते हैं। पुनर्जन्म, वर्णाश्रम और वेद के पैकेज से छूटे हुए लोगों को ही रेडिकल कहा जा सकता है, अन्य को नहीं। इसलिए, शब्दों के इस्तेमाल में बहुत सावधानी बरतने की जरूरत है। डॉ. पुरुषोत्तम अग्रवाल जैसे पुराणविदों और किंवदंतीवादियों को यूरोप के इतिहास के ऐसे अच्छे और सशक्त शब्द गेंद की तरह नहीं पकड़ाने चाहिए।

संदर्भ

1. "Some modern commentators have tried to present Kabir as a synthesizer of Hinduism and Islam; but the picture is a false one...While drawing on various traditions as he saw fit, Kabir emphatically declared his independence from both the major religions of his country-men, vigorously attacked the follies of both, and tried to kindle the fire of a similar autonomy and courage in those who claimed to be his disciples."

The Bijak of Kabir, translated by Linda Hess and Sukhdev Singh, Essays and Notes by Linda Hess, Motilal Banarsidass, Bungalow Road, Jawahar Nagar, Delhi-110007, First Indian Edition, 1986, p. 5

2. "Was he a Hindu ? A Muslim ? Were his ancestors Buddhists ? Did he practice yoga ? Did he have a guru ? Who was it ? The impossiblity of ascertaining these basic facts about Kabir's religious life is part of his legacy of teaching." ibid., pp. 5-6
3. ibid., p. 29
4. ibid., p. 29
5. ibid., p. 35
6. "I favour the term 'radical' to describe these sadhus because they chose to elevate a core article of faith to force a reconstituted Ramanandi memory. The radical position demanded either allegiance or refutation: a Vaishnava was either a Ramanuji or a Ramanandi."
   Peasants and Monks in British India, William R. Pinch, YMCA Library Building, Jai Singh Road, New Delhi-110001, Edition, Oxford India Paperbacks 1999, p. 62.
7. ibid., p. 61
8. कबीर और रामानंद : क्या बताती हैं किंवदंतियाँ, पुरुषोत्तम अग्रवाल, बहुवचन-3, अप्रैल-जून, 2000, महात्मा गाँधी अंतरराष्ट्रीय हिंदी विश्वविद्यालय, 16, दूसरी मंजिल, सीरी फोर्ट रोड, नई दिल्ली-110049, पृ. 174-186
9. "Kabir was a poet, and a radical reformer..."
   The Bijak of Kabir, Linda Hess, p. 7
10. "...a radical honesty..." ibid., p. 21
11. "Dedicated to radical honesty..." ibid., p. 30
12. "...a radical overturning of power." ibid., p. 154

अध्याय-15

डेविड एन लोरेन्जन : मकड़ियों के जालों में

डेविड एन लोरेन्जन के काम की प्रशंसा करनी पड़ेगी। उन्होंने कबीर संबंधी अनेक किंवदंतियों का अध्ययन बड़ी वस्तुनिष्ठता और ईमानदारी से करना चाहा है। लेकिन ऐसा नहीं है कि उनसे असहमति नहीं जताई जा सकती। असल में, उन्होंने जो काम अपने हाथ में लिया है वह इसी स्वभाव का है कि उनसे सहमत या असहमत हुआ जा सकता है। किंवदंती ऐसा आधार नहीं है जिस पर प्रामाणिक रूप से और दिल खोल कर बहस की जा सके। किंवदंती खड़ी करने का मतलब ही यह है कि वास्तविकता से जानबूझ कर दूर हटा गया है। ऐसी हालत में, यदि व्याख्याकार से कोई भूल या चूक हो जाती है तो वह व्याख्याकार की गलती न हो कर किंवदंतीकार का दोष है। व्याख्याकार की सफलता इसी बात में है कि वह किंवदंतीकार के रचे हुए धोखों में न आ सके। इसके विपरीत, यदि वह किंवदंतीकार के धोखों में आ गया तो इसके लिए भी किंवदंतीकार को ही जिम्मेदार मानना पड़ेगा क्योंकि यह जाल उसी ने फैलाया है।

कबीर किसी पौराणिक और प्रागैतिहासिक काल के व्यक्ति नहीं थे। वे भारतीय इतिहास के ऐसे समय में जिए थे जो मध्य काल और मुस्लिम काल कहा जाता है। मुगल काल से ठीक पहले के वे इतिहास-पुरुष हैं। ऐसे समय के कर्मशील महापुरुष कबीर के बारे में ब्राह्मणों को किंवदंतियाँ खड़ी करने का कोई अधिकार नहीं था। वे अपने संतों के बारे में कुछ भी कहें या रचें लेकिन दूसरों के संतों के बारे में उन्हें प्रवाद फैलाने से बाज आना चाहिए था। मैं निश्चित रूप से कहना चाहता हूँ कि अनंतदास ने 'कबीर परचई' की किंवदंती पुस्तक लिख कर कबीर के मिशन को बहुत नुकसान पहुँचाया है।

मेरा मतलब इस बात से नहीं है कि डेविड एन लोरेंजन निरंजनी पंथ की 'कबीर परचई' को सर्वतोप्रमुख महत्व देते हैं और सन् 1693 की 'कबीर परचई' को अपनी पुस्तक में परिशिष्ट के रूप में रखते हैं। उन्होंने मेरे लिए अच्छा काम यह किया

है कि दोनों को संकलित रूप में रख दिया है। लेकिन मैं इनमें से किसी एक को भी महत्व नहीं दे रहा हूँ बल्कि दोनों को बारी-बारी से और एक साथ झूठी कह रहा हूँ। दोनों प्रतियों में आपस में भेद मौजूद हैं लेकिन मेरे लिए दोनों झूठी रचनाएँ हैं। मैं इनमें से किसी के भी धोखे में नहीं आ रहा हूँ। हमें दो झूठों में से एक को भी नहीं चुनना है—यही कबीर के अध्ययन का रास्ता है। 'कबीर परचई' की ये दोनों प्रतियाँ मेरे सामने कबीर के सामने वाली 'हिंदू-तुरुक' की डांडा-मेंडी बन गई हैं। मैं इनमें से किसी एक को कम या ज्यादा झूठ वाली क्यों कहूँ जबकि मेरे लिए ये दोनों पूरी की पूरी झूठी हैं?

डेविड एन लोरेन्जन ने कबीर संबंधी किंवदंतियों के बारे में लिखा है—''कबीर की किंवदंतियों में प्रत्यक्ष या अप्रत्यक्ष जो भी सामाजिक अभिप्राय हैं, उनका प्राथमिक उद्देश्य सामाजिक विषमता तथा आर्थिक शोषण का प्रतिवाद है, न कि प्रभुत्व के जो वर्तमान संस्थान हैं उन्हें वैध ठहराना। कबीर की किंवदंतियों में निर्धन व असहायों की विचारधारा अभिव्यक्त होती है, न कि धनी व प्रभुत्वशालियों की।''[1] इस उद्धरण में डेविड एन लोरेंजन की भारत के दलितों के प्रति उनकी सदाशयता में संदेह नहीं किया जा सकता पर यह ब्राह्मणों द्वारा खड़ी की गईं कबीर संबंधी किंवदंतियों की सही व्याख्या नहीं है। उनका ध्यान द्विजों द्वारा प्रक्षिप्त रचने की चातुरी पर नहीं गया। वे यह नहीं समझ सके कि अनंतदास की 'कबीर परचई' लोक साहित्य से निकल कर नहीं आई बल्कि प्रक्षेप रचने की बुद्धि से उतर कर लिखी गई रचना है। यह निम्न श्रेणी के किसान, मजदूर और कारीगरों के फायदे में नहीं बल्कि उन्हें नुकसान पहुँचाने के लिए अस्तित्व में आई हुई चीज है। विश्व में अन्यत्र किंवदंतियाँ किसी भी रूप में चली हों लेकिन भारत में इनका मूलस्रोत एक कारस्तानी प्रक्षिप्तकार होता है। यहाँ कबीर संबंधी एक ही किंवदंती को लिया जा सकता है। यह जगन्नाथ के पंडे के बारे में है। अनंतदास की 'कबीर परचई' में लिखा गया है :

जगनाथ का पंडा जरीया।
पाता फूटि पाव परि परीया।।
सो जल सीचि लीयौ मैं राषी।
हरि कृपा तै देष्यौ आंषी।।[2]

'जगन्नाथ का एक पंडा जल गया। बर्तन फूट गया और उसका गर्म पानी पंडे के पैर पर गिर गया। हरिकृपा से मुझे यहाँ-वहाँ का सब कुछ दीखता है। यहीं बनारस से पानी सींच कर मैंने उसे बचा लिया है।' सारे अन्य चमत्कारों के सिवा इस कथा में खास क्या है? खास बात यह नहीं है कि कबीर को बनारस की राजसभा में बैठ कर दूर जगन्नाथपुरी का सब कुछ दीख रहा है। खास बात यह भी नहीं है कि कबीर वहीं से उस पंडे के पैर पर पड़े गर्म पानी की आग को पानी डाल

कर मिटा रहे हैं। इस कथन में खासमखास बात यह है कि कबीर के मन में जगन्नाथपुरी कें पंडे की फिक्र सताई हुई दिखाई गई है। चिंता है तो एक पंडे की है, किसी अन्य की नहीं। कथा में उस समय किसी जुलाहे, चमार, भंगी, पासी, मुसहर की चिंता नहीं बताई गई है। वहीं काशी के गंगाघाट पर पंडे किसी अछूत को पीट रहे होंगे, उसकी चिंता 'कबीर परचई' के कथाकार अनंतदास को नहीं है। उस क्षण उसी राज के राजकर्मचारियों द्वारा किसानों और मजदूरों का लगान उगाहने में कितना शोषण और अत्याचार हो रहा होगा, वह अनंतदास का सरोकार नहीं है। कथा-निर्माण में कबीर के जातीय सरोकारों की हवा तक नहीं है। यदि रचनाकार कबीर-काव्य का सच्चा जानकार होता तो 'इक बांधे, इक मारै हो राम' की कल्पना करता। तो, इस किंवदंती में अनंतदास ने कबीर के द्वारा एक पंडे की फिक्र करवाई है। यही ब्राह्मणों का सारा लेखन-साहित्य होता है। कबीर से पंडे की सेवा कराई गई है, उस पंडे की जिसके बारे में कबीर ने कहा है—"पांडे, कौन कुमति तोहि लागी?"[3] कबीर को ब्राह्मणों का चिंताधारी नौकर बना दिया है जिनके बारे में कबीर ने पूछा है—"ब्राह्मण कीन कौन कौ काजा?"[4]

एक अन्य किंवदंती ब्राह्मणों को जिमाने की है। यह इस प्रकार आई है :

भगत बुलाइ महौछौ कीन्हौ। कछू न राख्यौ सगरौ दीन्हौ।
कोप्या बांभन अरु संन्यासी। करन चल्या कबीर की हासी।।
राजा कोई दे गयौ दर्बू। दे घाल्या सूद्रन कूँ सरबू।।
राजा परजा सब ही मांने। बांभन कहा घाटि करि जाने।।
कछू न राखी बात हमारी। नग्र मांझ ते देहु निकारी।।
ऐक कहैं नाक धरि काटौ। तातैं मिटै हमारौ आंटो।।
ऐक कहै हम तिन परि मरिहैं। जो कबीर कौ ऊपरि करिहैं।।
ऐसें रोस करत ही आए। हुते नग्र मैं सब उठि धाए।।
गुपती चक्र लीए संन्यासी। कौतिग देखन उमही कासी।।
चहुं दिस बाखर छेकी जाई। तब कबीर सनमुख भयौ आई।।।
आदर करि नीका बैसारे। कैसे मया करी पग धारे।।
बाभन क्रोध करैं दुरकारैं। निकरि नग्र तैं नहि तर मारैं।।
कौन चूक तैं मारौ मोही। रांम नाम चित राख्यौ पोई।।
कै मैं बाट तुम्हारी मारी। कै मैं तकी पराई नारी।।।
कै मैं घर काहू कौ फौरय्यौ। मांनस मारय्यौ कै धन चौरय्यौ।।
भगति करी तैं हमैं न बुलाऐ। सुद्र लोग सब आनि जिमाऐ।।
अब तौ हमैं रसोई दे रे। नहीं तौ हम तुम लागनि है रे।।
ठीगा ठीगी जबही देखी। कछु न कह्यौ कबीर बमेखी।।
अब तौ नाज नहीं घर मांहीं। ले आऊँ तुम बैठो छांहीं।।

इतनी कहि कबीर टरि गइऊँ। कैसौ कै मनि संसौ भइऊँ।।
तब हरि कारी कबीर की करा। आंनि दरब गैब का धरा।।
सोई दरब बनीया कूँ दीन्हां। भाँति भाँति का सौदा कीन्हां।।
मैदा चावर षांड बहुता। सकल रसोई घृत संजुगता।।
जनां च्यारि मजूर तहाँ घाल्या। सोई सौंज ले घर कूं चाल्या।।
बांभन देखि भयौ सुख भारी। कोई न जानैं चिरत मुरारी।।
तिन की महमां बहुत बढ़ाई। जनैं जनैं कूं सेर अढ़ाई।।
ऐक कहैं जुलह निध पाई। सौ दिवान सूँ कहीए जाई।।
ऐक कहैं नीकौ रे नीकौ। भली करी उदार है जी कौ।।
बीरा पांन देत सुख पावै। तब कबीर सब कै मनि भावै।।
मिटय्यौ क्रोध स्वारथ जब भईया। धनि धनि करि अपनैं घर गईया।।

दोहा — साचौ भगत कबीर है, कासी प्रगटय्यौ आइ।
जो या की निंद्य करै, सोई नरका जाइ।।[5]

'कबीर परचई' की इन पंक्तियों का गद्य की भाषा में अर्थ किया जा सकता है। यह इस प्रकार है :

"कबीर ने भगत बुला कर उनको एक बड़े भंडारे में जिमाया। अपने पास कुछ नहीं रखा और सब भक्तजनों को दे दिया। इस पर ब्राह्मणों और संन्यासियों को कबीर पर गुस्सा आया और वे कबीर की मजाक उड़ाने चल दिए। एक ने कहा—"कबीर को किसी राजा ने धन दिया है।" कबीर ने सब कुछ शूद्रों को दे डाला। कबीर राजा और प्रजा सबका सम्मान करता है लेकिन उसने ब्राह्मणों को छोटा माना है। उसने हमारी कोई इज्जत नहीं रखी, आओ, उसे हम नगर से बाहर निकाल दें। एक ने कहा—"उसकी नाक काट डालो, तभी समस्या का समाधान निकलेगा।" दूसरे ने कहा—"कबीर से पहले हम उन्हें सुलटें जो कबीर को इज्जत-सम्मान देते हैं।" इस प्रकार अपना गुस्सा प्रकट करते हुए, सारे ब्राह्मण और संन्यासी नगर में दौड़ पड़े। संन्यासियों ने गुप्ती और चक्र के हथियार ले लिए। कासी के सारे लोग इस कौतुक को देखने के लिए उमड़ पड़े। चारों ओर से कबीर की बक्खल घेर ली गई। तब कबीर उनके सामने आया। कबीर ने उनका आदर किया और उन्हें बैठने को कहा और पूछा—"आपने मेरे पास आने की कृपा किसलिए की है?" ब्राह्मण कबीर को क्रोध में दुत्कार रहे थे—"या तो नगर से बाहर निकल, नहीं तो हम तुझे मारेंगे।" कबीर ने पूछा—"ऐसी मुझ से कौन सी खता हो गई है जो आप मुझे मारेंगे? मैंने तो केवल रामनाम को अपने चित में धारण किया है। क्या मैंने तुम्हारा रास्ता रोका है? क्या

मैंने कोई पराई नारी बुरी निगाह से तकी है? क्या मैंने किसी का घर फोड़ा है? क्या मैंने किसी आदमी की हत्या की है या किसी का धन चुराया है?'' ब्राह्मणों और संन्यासियों ने कहा—''तूने भक्ति की लेकिन हमें नहीं बुलाया। तूने सारे शूद्रों को बुला कर जिमा दिया। अब हमें भोजन दे, नहीं तो हमारी तुझ से लड़ाई हो जाएगी।'' जब कबीर ने भाँपा कि उनके मन में क्या है तो कबीर ने बुद्धि-विवेक का परिचय दे कर उनसे जवाब में कुछ नहीं कहा। कबीर ने केवल इतना कहा—''अब तो घर में अनाज नहीं है। मैं कहीं से ले आऊँ, तब तक आप यहाँ छाया में बैठो।'' इतना कह कर कबीर वहाँ से टरक गया। भगवान केशव के मन में संशय पैदा हो गया कि अब क्या किया जाए। तब हरि ने कबीर का रूप धारण किया और गैब का धन ले लिया। वह धन बनिए को दे दिया। उसके बदले में दुकान से तरह-तरह का सौदा खरीदा। मैदा और खांड बहुत सारी ली। चावल भी लिए। घी समेत रसोई का सारा सामान ले लिया। चार मजूर पकड़े जो सामान को घर के लिए ले चले। जब ब्राह्मणों ने यह देखा तो वे मन में बहुत खुश हुए। उन में से किसी ने यह नहीं जाना कि यह मुरारी का किया हुआ काम है। बहुत महिमा बढ़ी। एक-एक आदमी को ढाई-ढाई सेर रसोई दी गई। उनमें से एक ने कहा—''इस जुलाहे को कहीं से धन मिल गया है। इसकी सूचना दीवान को दी जानी चाहिए।'' लेकिन दूसरे ने कहा—''अरे, उसने बहुत अच्छा किया। वह मन का उदार है।'' तब कबीर ने उन्हें पान के बीड़े दिए, इससे कबीर सबके मन को भा गया। जब पेट के स्वार्थ की संतुष्टि हो गई तो उनके मन का क्रोध जाता रहा। वे कबीर को 'धन्य हो, धन्य हो' कह कर सब अपने-अपने घर चले गए।

''कबीर सच्चा भक्त है। वह कासी में प्रकट हुआ है। जो कबीर की निंदा करेगा वह नरक में जाएगा।''

यह किंवदंती क्या कहती है? इसमें कौन बड़ा सिद्ध हुआ है? यह कबीर के हक में कितनी है? इसमें कबीर के मिशन का कितना नुकसान हुआ है? उत्तर यह है कि ब्राह्मण बड़े सिद्ध हुए हैं। कबीर से भक्त होने का धार्मिक टैक्स लिया गया है। टैक्स की उगाही रसोई के रूप में हुई है। शूद्र लोग जिमाए गए थे लेकिन ब्राह्मणों को ढाई-ढाई सेर की रसोई दी गई है। ब्राह्मणों के क्रोध को बुरा नहीं माना गया बल्कि कोप करने का उनका दुर्वासा वाला हक जताया गया है। आखिर, कबीर ब्राह्मणों को मैदा, चावल, खांड और घी के रूप में ढाई-ढाई सेर की रसोई क्यों बांध कर देंगे? हर हालत में ब्राह्मणों की आजीविका न कमाने की रह गई। कबीर भक्ति करें या न करें, काशी के ब्राह्मणों का यह कौन-सा अधिकार था कि वे कबीर से रसोई

माँग ? कबीर अपनी जुलाहीगिरी की खाते हैं, वे ब्राह्मणों को कहाँ से और क्यों रसोई देंगे? लेकिन इस किंवदंती में ब्राह्मणों की यही शर्त पूरी हुई है कि ब्राह्मणों से पूछे बिना कबीर ने भक्ति कैसे कर डाली। अब या तो रसोई दे, नहीं तो हम तुझे इस शहर में नहीं रहने देंगे—तुझे मारेंगे और शहर से निकाल देंगे। शूद्रों को खाना दे और हम ब्राह्मणों को न दे—यह बर्दाश्त से बाहर है। कहने का मतलब यह है कि यह किंवदंती ब्राह्मणों के हक में गई है। इसके रचनाकार भी ब्राह्मण अनंतदास हैं।

यदि अनंतदास की परचई वाले लेखक के मन में खोट न होता तो वे 'कबीर' को 'कवीर' क्यों लिखते? ऐसा क्यों हुआ कि परिशिष्ट 'ए' में दी गई सन् 1693 की हस्तलिखित प्रति की शुरूआत 'रामानंद को सिष कवीर'[6] के शब्दों से होती है? यहाँ रामानंद पहले हैं और कबीर बाद में हैं। फिर, 'कबीर' को 'कवीर' लिखा गया है? क्या अनंतदास को यह हक प्राप्त था कि वे 'कबीर' को 'कवीर' लिखें? क्या हिंदी भाषा में 'कबीर' लिखना मुश्किल है? क्या हिंदी भाषियों के लिए इस शब्द का उच्चारण करना कठिन है? यदि नहीं, जो सच है, तो यह अनंतदास के मन में क्या गड़बड़ भरी बात चली है? वे रामानंद को कबीर का शिष्य ही नहीं बता रहे हैं बल्कि 'कबीर' को 'कवीर' भी बना रहे हैं। यह मन की सफाई की बात नहीं है बल्कि उनके भीतर गहरी खींचतान चल रही है। वे 'कबीर की परचई' के बहाने रामानंद का माहात्म्य लिखने बैठ गए हैं।

डेविड एन लोरेंजन ब्राह्मण व्यवस्था की एक सीधी-सी बात को समझने में असफल रहे। किंवदंतियों पर लिखने से पहले वे कौटिल्य के अर्थशास्त्र और विष्णु शर्मा के पंचतंत्र को पढ़ लेते तो उनके लिए बात आसान हो जाती। यहाँ उन किताबों पर न जा कर पुण्य प्रसून वाजपेयी के एक लेख 'फासीवाद और लेखक' में के निम्न शब्द देखे जा सकते हैं—"...फासीवादी संस्कृति की दूसरी साजिश जन-आंदोलनों, असहमतियों, विरोधों और प्रतिपक्षियों को आत्मसात कर पचा लेना है। इसके लिए वह जन-आंदोलनों की संघर्ष शैलियों को सीखने, जीने, सुधारने और हस्तगत कर लेने के लिए खुद को तैयार करती है, इस बारीक फर्क के साथ कि जन-संघर्षों का सत्व समाप्त हो जाए और उनके सतही और स्थूल रूप बचे रहें।"[7] डेविड एन लोरेन्जन को ध्यान होना चाहिए था कि जिस देश और समाज के बारे में वे लिखने चले हैं वहाँ शंकर का दूसरा नाम 'प्रच्छन्न बौद्ध' है। भारत में द्विजों ने अपनी लड़ाइयाँ किंवदंतियों के आधार पर लड़ी हैं। लीजेंड खड़ी करना उनकी सुविचारित रणनीति है।

फिर भी, डेविड एन लोरेन्जन का दोष नहीं है क्योंकि उन्होंने यह भी लिखा है कि बाहर के विद्वानों से भारत के बारे में लिखते समय चूक हो सकती है। वे लिखते हैं—"बाहरी बुद्धिजीवी इन संदेशों की सुस्पष्ट व्याख्या बेहतर ढंग से कर सकते हैं, परंतु उन्हें अपने और किवदंतियों के निर्माताओं के बीच जो बहुत बड़ा ऐतिहासिक व मनोवैज्ञानिक अंतराल है, उसका सामना करना पड़ता है। कल्पना की एक संवेदी

उड़ान इस अंतराल को दूर तो कर सकती है, परंतु ऐसे बुद्धिजीवियों की किंवदंतियां के मूल ऐतिहासिक व मनोवैज्ञानिक संदर्भों में सीधी व संपूर्ण पैठ कभी नहीं हो सकती। फलस्वरूप किंवदंतियों के जो बहुत सारे सामाजिक, राजनैतिक व मनोवैज्ञानिक निहितार्थ हैं, वे काल्पनिक पुनर्निर्माण की पकड़ से अछूते रह जाते हैं।"[8]

ये अनंतदास कौन हैं? उनका समय कौन-सा है? उन्होंने इस क्षेत्र में क्या-क्या लिखा है? इन सारे प्रश्नों के उत्तर एक खास दिशा में जाते हैं। उनके नाम से 'कबीर परचई' के अलावा 'रविदास परचई', 'धन्ना परचई', 'पीपा परचई', 'नामदेव परचई', 'त्रिलोचन परचई' और 'अंगद परचई' भी मिलती हैं। अनंतदास की 'नामदेव परचई' सन् 1588 ईस्वी में लिखी हुई मानी गई है।[9] इसका मतलब है कि ये सारी परचइयाँ इसी वर्ष के आगे-पीछे लिखी गई हैं। खुद अनंतदास रामानंद के शिष्यत्व की रामानंद-अनंतानंद-कृष्णदास-अग्रदास-विनोदी-अनंतदास पीढ़ी में पड़ते हैं।[10] 'कबीर परचई' की सबसे पुरानी प्रति दादूपंथ की है जिसका समय सन् 1636 ई. निर्धारित है।[11] मैं कुछ भी गलत नहीं कर रहा हूँ जब अनंतदास को रामानंदी[12] और ब्राह्मण कह रहा हूँ।

पुनः दोहराया जाए कि अनंतदास रामानंदी हैं, ब्राह्मण हैं और कबीर के बहुत बाद के काल के हैं। इन बातों को यूँ भी कहा जाए कि अनंतदास कबीरपंथी नहीं हैं, जुलाहे नहीं हैं और कबीर के समकालीन नहीं हैं। इसका मतलब है कि उनके हित और स्वार्थ एक परवर्तीकालीन रामानंदी ब्राह्मण के हैं। उनकी कबीर के बारे में कोई प्रामाणिकता नहीं है क्योंकि उन्होंने इतिहास लिखने के बजाय किंवदंतियाँ खड़ी की हैं। वे इतिहासकार के बजाय किंवदंतीकार हैं।

ऐसा क्यों हुआ कि उन्हें दलित जातियों के संतों के बारे में इतनी सारी परचइयाँ लिखनी पड़ गईं? जरूर वह काल दलित जातियों के संतों की बढ़ोतरी का या रामानंद संप्रदाय के संकट का है। इस विषय पर मैं अलग से और ज्यादा विस्तार से लिख रहा हूँ।

संदर्भ

1. कबीर की खोज, संपादक राजकिशोर, वाणी प्रकाशन, 21 ए, दरियागंज, नई दिल्ली-110002, प्रथम संस्करण 2001, पृ. 34 : डेविड एन लोरेन्जन का अंग्रेजी लेख प्रेम कपूर द्वारा 'किंवदंतियाँ तथा इतिहास' शीर्षक से रूपांतरित।
2. Kabir Legends and Ananta Das's Kabir Parachai with a translation of the Kabir Parachai Prepared in collaboration with Jagdish Kumar and Uma Thukral and with an Edition of the Niranjani Panthi Recension of this work, David N. Lorenzen, Sri Satguru publication, 40/5, Shakti Nagar, Delhi-110007, First Indian Edition, 1992, p. 224
3. The Millennium Kabir Vani : A Collection of Pad-s, Winand M. Callewaert, in

collaboration with Swapna Sharma and Dieter Taillieu, Manohar publishers & Distributors, 4753/23, Ansari Road, Daryaganj, New Delhi-110002, First Published 2000, p. 261

4. कबीर वाङ्मय : खंड 1 : रमैनी : भावार्थ बोधिनी व्याख्या सहित, संपादक डॉ. जयदेव सिंह और डॉ. वासुदेव सिंह, विश्वविद्यालय प्रकाशन, चौक, वाराणसी, संस्करण 2000 ई., पृ. 29
5. Kabir Legends and Ananta Das's Kabir Parachai, David N. Lorengen pp.-141-46
6. ibid., p. 213
7. फासीवाद और लेखक, पुण्य प्रसून वाजपेयी, हंस, अगस्त, 2001, अक्षर प्रकाशन प्रा. लि., 2/36, अंसारी रोड, दरिया गंज, नई दिल्ली-110002, पष्ठ-53
8. कबीर की खोज, संपादक राजकिशोर, वाणी प्रकाशन, 21 ए, दरियागंज, नई दिल्ली-110002, प्रथम संस्करण 2001, पृ. 34-5 : डेविड एन लोरेन्जन का अंग्रेजी लेख प्रेम कपूर द्वारा 'किंवदंतियाँ तथा इतिहास' शीर्षक से रूपांतरित।
9. Kabir Legends and Ananta Das's Kabir Parachai, David N. Lorenzen, p. 11
10. वही, पृ. 9-10
11. वही, पृ. xii
12. वही, पृ. 79

अध्याय-16

विनान्ड एम. कल्लेवेयर्ट : कबीर-संगीति की तैयारी

बताया जाए कि जीवन की हर दूसरी बात की तरह ब्राह्मण विद्वानों ने कबीर के पाठ को उलझाया है। साहित्य और धर्म की दुनिया में इसे अच्छा काम नहीं कहा जा सकता। विरोधी से लड़िए लेकिन आमना-सामना करके। यह युद्ध की ईमानदारी नहीं है कि प्रक्षिप्त करने के तीर चलाए जाएँगे। अफवाह फैलाना युद्ध का अच्छा तरीका नहीं है। समाहार में इतिहास एक जगह खड़ा रह जाता है। विकास तब होता है जब विश्लेषण होता है।

विनान्ड एम. कल्लेवेयर्ट को कबीर की वाणी का पाठ तैयार करने में अच्छी खासी परेशानी का सामना करना पड़ा है। वे इस काम को पूरा कर भी नहीं सके हैं। उन्होंने विभिन्न पाठों का संग्रह जरूर कर दिया है। इसमें सही पाठ का निर्धारण करने में उनके संदेहों से लाभ उठाया जा सकता है लेकिन खास बात यह है कि कबीर की वाणी का सही पाठ तैयार करने की उनकी समस्या क्यों बनी? उनकी जो समस्या है वह ब्राह्मण विद्वानों की समस्या क्यों नहीं है? ब्राह्मण विद्वान प्रक्षेप से क्यों नहीं जूझते? प्रक्षेप की वैतरणी उन्हें जलाती क्यों नहीं है?

कबीर की वाणी को ले कर वे शंकित क्यों नहीं होते? डॉ. हजारी प्रसाद द्विवेदी सरपट क्यों चलते हैं? जब प्रक्षिप्त की समस्या आ बनी है तो उसमें मूल को तय क्यों नहीं किया जाता? मूल को तय करने में कठिनाइयाँ आ सकती हैं लेकिन उस दिशा में शुरूआत क्यों नहीं की जाती? इसका उत्तर यही है कि जिन लोगों ने कबीर की वाणी को प्रक्षिप्त किया है, आज के ब्राह्मण विद्वान उसी परंपरा के लोग हैं। इनका वश चले तो ये आज भी कबीर के नाम से प्रक्षिप्त रचना चाहेंगे। ये पैरोडी लिखने की परंपरा में हैं। अभी 25 वर्ष पहले सन् 1976 में डॉ. हजारी प्रसाद द्विवेदी ने कबीर की शैली पर ऐसी एक पैरोड़ी तैयार की थी। कुमार पंकज बताते हैं कि डॉ. हजारी प्रसाद द्विवेदी ने अपने शिष्य डॉ. नामवर सिंह के विरोध में उसे इलाहाबाद की एक गोष्ठी में पढ़ा था। वह इस प्रकार है :

संतो लगा कुंभ का मेला।
एक हिलोरा इधर से आया, एक हिलोरा उधर से आया।
फँसा भंवर में चेला।
चतुर चिकनिया सोहर गाँवै, साहब खड़ा अकेला।
संतो लगा कुंभ का मेला।[1]

इसलिए जो प्रक्षिप्त रचने की चाल में चल रहे हैं उन द्विज विद्वानों से कबीर की वाणी में प्रक्षिप्त ढूँढ़ने की अपेक्षा नहीं रखी जा सकती।

अगली शताब्दियों में पैदा होने वाले डॉ. रवींद्र नाथ टैगोर बीसवीं शताब्दी की आखिरी चौथाई में लिखी गई डॉ. हजारी प्रसाद द्विवेदी की इस पैरोडी को कबीर की मूल वाणी मान कर इसका विश्व स्तर पर 'कबीर की एक सौ एक कविताएँ' शीर्षक रख कर अंग्रेजी में अनुवाद कर देंगे। यदि कोई अगले धर्मवीर यह सिद्ध करेंगे कि यह रचना बीसवीं सदी में लिखी होने के कारण कबीर की रचना नहीं हो सकती तो अगले डॉ. पुरुषोत्तम अग्रवाल द्विज विद्वानों की परंपरा में कवि कबीर से अपना नाता जोड़ते हुए झट से यह लिख मारेंगे—"संभव है कि यह पाठ अप्रामाणिक ही हो, लेकिन यह संवेदना निश्चय ही कबीर की है।"[2]

कहना चाहिए कि एक ब्राह्मण विद्वान के नाते रवींद्र नाथ टैगोर को मूल कबीर को जानने की जरूरत नहीं पड़ी थी। उन्होंने कबीर के नाम से जो एक सौ कविताओं का अंग्रेजी में अनुवाद किया था, उनकी प्रामाणिकता की उन्होंने जाँच करने की जरूरत नहीं समझी। कल्लेवेयर्ट ने अपनी पुस्तक में शारलोत वोदविल को उद्धृत किया है—"इन कविताओं की प्रामाणिकता के बारे में गहरे सवाल हैं। लगता है, इन कविताओं में से अधिकांश कबीर की कविताएँ नहीं हैं।"[3] इस बारे में कल्लेवेयर्ट ने लिंडा हेस को भी अपने पक्ष में उद्धृत किया है। उनके अनुसार, लिंडा हेस ने अपनी एक अप्रकाशित रचना में टिप्पणी की है—"पुराने संग्रहों में सामाजिक रूप से बेहद चौकन्ने कबीर की तुलना में ये कबीर कम तीखे और ज्यादातर हर्षोल्लसित हैं।"[4] वे निष्कर्ष निकालते हैं—"लिंडा हेस की यह टिप्पणी मेरे एप्रोप्रियेशन के सिद्धांत से मेल खाती है।"[5]

कल्लेवेयर्ट इस बात से पूरे वाकिफ हैं कि कबीर का बुरी तरह समाहार किया गया है। इन समाहार करने वालों में पुराने रामानंदियों से ले कर बीसवीं सदी के डॉ. हजारी प्रसाद द्विवेदी तक शामिल हैं। असल में, इस महा समाहार में कबीर के सब कुछ पर चोरी से भी बढ़कर पूरा डाका डाला गया है। इस समाहार के लिए कल्लेवेयर्ट का अंग्रेजी में अपना शब्द 'एप्रोप्रिएशन' का है। वे लिखते हैं—"मतलबी लोगों द्वारा अपने वैचारिक हित या फायदे के लिए कबीर का बहुत जल्दी एप्रोप्रिएशन कर लिया गया था। इनमें गोरखपंथी और 17वीं शताब्दी के रामानंदियों से ले कर

हजारी प्रसाद द्विवेदी सरीखे ब्राह्मण लोग और 20वीं शताब्दी के दूसरे सामाजिक समूह शामिल हैं।"[6] कल्लेवेयर्ट डॉ. हजारी प्रसार द्विवेदी के बारे में अपना सच कहने से बिल्कुल नहीं चूके हैं। उन्होंने डॉ. द्विवेदी की पुस्तक 'कबीर' पर अपनी टिप्पणी इन शब्दों में लिखी है—"अपनी लंबी भूमिका में, जिसे मैं कबीर का ब्राह्मणवादी एप्रोप्रिएशन कहने से नहीं चुकूँगा, उन्होंने लगभग 45 पद या पदों की पंक्तियाँ सन् 1928 में श्याम सुंदर दास द्वारा संपादित पुस्तक से ली हैं।"[7] कल्लेवेयर्ट ने डॉ. द्विवेदी को एकदम सही पकड़ा है जब उन्होंने डॉ. द्विवेदी द्वारा संग्रहीत 'कबीर-वाणी' के बारे में लिखा है—"यद्यपि द्विवेदी ने इन पदों के श्याम सुंदर दास की पुस्तक से या अन्य बिना शिनाख्त के स्रोतों के संदर्भ नहीं दिए हैं।"[8]

ब्राह्मणों द्वारा कबीर का एप्रोप्रिएशन करने की प्रक्रिया में उनका क्या मंतव्य रहा होगा, इसे कल्लेवेयर्ट अच्छी तरह जानते-समझते हैं। वे लिखते हैं—"यदि बहादुर सिंह द्वारा राजस्थान के गायकों को लिपिबद्ध करने में ब्राह्मणों का प्रायोजन रहा होगा, जो बात सही भी है, तो उनके गीत ब्राह्मणों का विरोध करने में उतने साफ-सपाट नहीं रहे होंगे जैसे खुद कबीर के थे।"[9] कल्लेवेयर्ट ने बात के मर्म को पकड़ रखा है जब वे इससे पहले यह भी लिख चुके हैं—"हुआ क्या है? एक सामाजिक रणनीति के तहत एक बड़े आदमी के नाम के करिश्मे से, जो बहुत पहले गुजर गए थे, कुछ विचारों को बढ़ावा दिया गया है, जो यदि जीवित होते तो उन विचारों का समर्थन बिलकुल नहीं करते जो उनके नाम से अब प्रचारित-प्रसारित किए जा रहे हैं।"[10]

दलित चिंतक के सामने पाठों में प्रक्षिप्त ढूँढने का काम नया नहीं है। यह काम वे करते ही आ रहे हैं। ऐसा एक बड़ा काम बाबा साहेब डॉ. अंबेडकर ने पिछली शताब्दी में बुद्ध-वचन को ले कर किया था। बुद्ध-वचन को तय करना उनके सामने एक बड़ी चुनौती बन गई थी। उन्होंने अपनी महत्वपूर्ण पुस्तक 'दि बुद्धा एण्ड हिज धम्मा' में इस समस्या को निम्न शब्दों में दर्ज किया है—"जब हम दीघ निकाय आदि पालि ग्रंथों के आधार पर भगवान बुद्ध का जीवन चरित्र लिखने का प्रयास करते हैं तो हमें यह कार्य सहज प्रतीत नहीं होता, और उनकी शिक्षाओं की सुसंगत अभिव्यक्ति तो और भी कठिन हो जाती है। यथार्थ बात है और ऐसा कहने में कुछ भी अतिश्योक्ति नहीं कि संसार में जितने भी धर्मों के संस्थापक हुए हैं उनमें भगवान बुद्ध की चर्चा का लेखा-जोखा हमारे सामने कई ऐसी समस्याएँ पैदा करता है जिनका निराकरण यदि असंभव नहीं तो अत्यंत कठिन अवश्य है।"[11] उन्होंने समस्याओं को गिनाते हुए लिखा है—"पहली समस्या भगवान बुद्ध के जीवन की प्रधान घटना प्रव्रज्या के ही संबंध में है। बुद्ध ने प्रव्रज्या क्यों ग्रहण की? परंपरागत उत्तर है कि उन्होंने प्रव्रज्या इसलिए ग्रहण की क्योंकि उन्होंने एक वृद्ध पुरुष, एक रोगी व्यक्ति, तथा एक मुर्दे की लाश को देखा था। स्पष्ट ही यह उत्तर गले के नीचे उतरने वाला नहीं। ...इस परंपरागत मान्यता को स्वीकार करना असंभव है कि 29 वर्ष की आयु होने

तक सिद्धार्थ ने एक बूढ़े, रोगी और मृत व्यक्ति को देखा ही नहीं था और 29 वर्ष की आयु होने पर ही प्रथम बार देखा। यह व्याख्या तर्क की कसौटी पर कसने पर खरी उतरती प्रतीत नहीं होती।"[12] वे आगे लिखते हैं—"दूसरी समस्या चारों आर्य-सत्यों से ही उत्पन्न होती है। प्रथम सत्य है दुख आर्य सत्य? तो क्या यह चारों सत्य भगवान बुद्ध की मूल शिक्षाओं में समाविष्ट होते हैं? जीवन स्वभावतः दुःख है, यह सिद्धांत जैसे बुद्ध धर्म की जड़ पर ही कुठाराघात करता प्रतीत होता है।...प्रश्न पूछा जा सकता है कि क्या यह चारों सत्य भगवान बुद्ध की मूल शिक्षाएँ ही हैं अथवा ये बाद का भिक्षुओं द्वारा किया गया प्रक्षिप्तांश है?"[13] बाबा साहेब डॉ. अंबेडकर लिखते हैं—"एक तीसरी समस्या आत्मा, कर्म तथा पुनर्जन्म के सिद्धान्त को ले कर है। भगवान बुद्ध ने 'आत्मा' के अस्तित्व से इनकार किया। लेकिन साथ ही कहा जाता है कि उन्होंने 'कर्म' तथा 'पुनर्जन्म' के सिद्धांत का भी समर्थन किया है। प्रश्न पैदा हो सकता है, 'आत्मा' ही नहीं तो कर्म कैसा? 'आत्मा' ही नहीं तो पुनर्जन्म कैसा?... तो क्या 'आत्मा' के अस्तित्व को स्वीकार करने तथा 'कर्म' और 'पुनर्जन्म' के सिद्धांत को मान्य करने में भयानक असंगति नहीं है।"[14] वे चौथी समस्या का जिक्र करते हुए लिखते हैं—"एक चौथी समस्या भिक्षु को ही ले कर है। भगवान बुद्ध ने किस उद्देश्य से भिक्षु-संघ की स्थापना की? क्या उनका उद्देश्य एक (समाज-निरपेक्ष) आदर्श मनुष्य का निर्माण मात्र था? अथवा उनका उद्देश्य आदर्श समाज सेवकों की रचना का था जो जन सहायक के मित्र, मार्ग-दर्शक तथा दार्शनिक एक साथ हों।"[15]

बाबा साहेब डॉ. अंबेडकर एक दलित चिंतक थे। दलित चिंतक की इसी जिम्मेदारी से उन्होंने बुद्ध-वचन का अध्ययन शुरू किया था। उन्होंने संकेत दिया है कि बुद्ध-वचन के नाम पर बाद के भिक्षुओं ने प्रक्षिप्तांश रचे हैं। वे बौद्ध धर्म के अपने अध्ययन में प्रक्षिप्तकारों का सामना कर रहे हैं। लेकिन क्या बुद्ध-वचन के मुकाबले में कबीर-वाणी की स्थिति बेहतर है? उत्तर है कि ऐसा नहीं है। प्रक्षिप्तकारों ने बुद्ध-वचन का जो हाल किया था, कबीर-वाणी का उन्होंने उससे भी बदतर हाल कर रखा है। कबीर-वाणी में इस तरह प्रक्षिप्तों की भरमार खड़ी की गई है मानो सामने कोई कहने-सुनने वाला न खड़ा हो। कबीर की जीवन-कथा को किंवदंतियों से भर दिया और उनकी साहित्य-वाणी को प्रक्षिप्तांशों से पूरित कर दिया। अब कबीर का केवल नाम भर रह गया है, न कबीर की जीवन-कथा बची है जिसका अनुकरण किया जा सके और न उनकी वाणी शुद्ध रह गई है जिससे शिक्षा ली जा सके। अब पुराण-परचइयों के माध्यम से कबीर का जीवन पढ़ोगे तो कबीर विष्णु धाम की मौज- मस्ती में शयन करते हुए मिलेंगे और उनकी वाणी देखी जाएगी तो वह निर्गुण सबद के बजाय विष्णु पदों की भरमार से गैर-कबीरी हो गई है।

ऐसे में बहुत अच्छा हुआ कि विनांड एम. कल्लेवेयर्ट ने कबीर वाणी का एक महत्वपूर्ण संग्रह तैयार किया है। उन्होंने अपने संग्रह में 593 सबदों को संकलित

किया है। इस सामग्री के उनके आधार-स्रोत 11 हैं। यह संग्रह निराला इस रूप में है कि इस क्षेत्र के अन्य विद्वानों की तरह इसमें पाठांतरों को पाद-टिप्पणियों के माध्यम से नहीं बताया गया है बल्कि वे पाठ पूरे के पूरे ज्यों के त्यों दे दिए गए हैं। इस तरीके से दिए गए पाठांतरों को समझने में ज्यादा मदद मिलती है। कल्लेवेयर्ट का यह कदम बेहद अच्छा है। इससे विश्लेषकों को प्रक्षिप्त ढूँढ कर पाठ-निर्धारण करने में बड़ी आसानी होगी। आगे इस कार्य की सीमा बताई जाने के बजाय यह कहा जाना चाहिए कि खुद कल्लेवेयर्ट द्वारा तथा कबीर वाणी के अन्य विद्वानों द्वारा यह कार्य जारी रहना चाहिए। ऐसा ही काम साखी और रमैनी आदि के क्षेत्रों में भी किया जाना चाहिए। कसौटी निर्धारित हो और आधार-सामग्री उपलब्ध हो तो कबीर वाणी में से प्रक्षिप्त ढूँढ कर सही पाठ तैयार करने में किसी को मुश्किल पेश नहीं आनी चाहिए। खुद मेरे लिए यह कबीर-संगीति की तैयारी है। बाबा साहब डॉ. अंबेडकर ने जो काम बुद्ध को ले कर किया था वही काम मैं कबीर को ले कर कर रहा हूँ। इस मामले में बाबा साहेब के काम में और मेरे काम में फर्क नहीं है। उन्होंने बुद्ध-वचन में प्रक्षिप्त ढूँढ़े हैं तो मैं कबीर-वाणी में प्रक्षिप्त ढूँढ रहा हूँ। यदि कहीं फर्क है तो खुद बुद्ध और कबीर में है। फर्क यह है कि बुद्ध पुनर्जन्म को न मानने वाले नहीं थे और कबीर पुनर्जन्म को मानने वाले नहीं थे। यही कारण है कि अपनी पुस्तक में बाबा साहेब डॉ. अंबेडकर पुनर्जन्म के सिद्धांत को ले कर सबसे ज्यादा पशोपेश में पड़े हुए हैं। वे कबीर की कसौटी को बुद्ध पर लागू कर रहे थे जो संभव नहीं थी।

संदर्भ

1. 'यहाँ से कबीर को देखिए' बनाम 'कबीर को भगवा ?' कुमार पंकज, अक्षरा-55, सितंबर-अक्तूबर, 2001, मध्य प्रदेश राष्ट्रभाषा प्रचार समिति, हिंदी भवन, भोपाल, पृ. 70
2. कबीर से मेरा नाता, पुरुषोत्तम अग्रवाल, आलोचना, अप्रैल-जून 2000, राजकमल प्रकाशन प्राइवेट लिमिटेड, 1-बी, नेताजी सुभाष मार्ग, नई दिल्ली-110002, पृ. 285
3. "The authenticity of these poems is very questionable: it appears that most of them were probably not composed by Kabir...."
   The Millennium Kabir Vani: A Collection of Pad's by Winand M. Callewaert in collaboration with Swapna Sharma and Dieter Taillieu. Manohar Publishers & Distributors, 4753/23, Ansari Road, Daryaganj, New Delhi-110002, Edition 2000, p. 13
4. "This Kabir is less caustic and more constantly ecstatic than the sharp-eyed observer of society who appears in older collections." ibid, p. 16
5. "This observation agrees with my theory of appropriation." ibid., p. 16
6. "Kabir very soon was 'appropriated' by interested parties (from the Gorakhnathis and the Ramanandis in the 17th century to the Brahmins like Hazari P. Dvivedi or other social groups in the 20th century) for their own ideological purpose or benefit." ibid., p. 2

7. "In his long introduction which I cannot help calling a Brahmanical appropriation of Kabir, Dvivediji quotes about 45 pad-s (or lines of pad-s) from the Shyam Sundar Das edition of 1928." ibid., p. 15
8. "...although Dvivedi does not give the reference-number of these pad-s in the Das edition, nor from other unidentified sources." ibid., p. 15
9. "If the singers in Rajasthan recorded by Bahadur Singh are sponsored by Brahmins, as they are, their songs will not be as outspoken in their criticism of Brahmins as Kabir was." ibid., p. 2
10. "What we have here is a social strategy by which certain ideas are promoted using the charismatic name of a person who ceased to exist long ago, who may not even have supported the ideas that are now spread in his name." ibid., p. 2
11. भगवान बुद्ध और उनका धर्म, लेखक डॉ. भीमराव रामजी आंबेडकर, अनुवादक भदंत आनंद कौसल्यायन, भारतीय बौद्ध शिक्षा परिषद् जेतवन महाविहार, श्रावस्ती, बलरामपुर, उत्तर प्रदेश, द्वितीय संस्करण, 1970ए परिचय, पृ. 23
12. वही, पृ. 23-4
13. वही, पृ. 24
14. वही, पृ. 24
15. वही, पृ. 24-5

अध्याय-17

मोनिका बोएम टेटलबाख : सबूत की मांग

I

भारत सरकार की साहित्य अकादमी और काशी हिंदू विश्वविद्यालय के संयुक्त आयोजन में वाराणसी में 4 से 6 दिसंबर, 1999 तक तीन दिन की संत कबीर की 600 वीं जयंती के अवसर पर एक अंतर्राष्ट्रीय संगोष्ठी हुई थी। इसमें जर्मनी की मोनिका बोएम-टेटलबाख ने अंग्रेजी में अपना एक पर्चा 'हजारी प्रसाद द्विवेदी'ज कबीर के शीर्षक से पढ़ा था। पता यह भी चला है कि संगोष्ठी की शुरूआत इसी पर्चे से हुई थी। इसके कथ्य को तब समाचार-पत्रों में बहुत प्रमुखता से छापा गया था।

जाना यह जाए कि इस पर्चे का मुख्य उद्देश्य क्या है। लेखिका ने मुख्य उद्देश्य को अपने पहले पैरे में ही स्पष्ट कर दिया है। उनका उद्देश्य कबीर को ले कर डॉ. हजारी प्रसाद द्विवेदी की दृष्टि का मूल्यांकन करना है। इसके लिए अपने दायरे में उन्होंने डॉ. हजारी प्रसाद द्विवेदी की 'कबीर' नामक पुस्तक रखी है। उन्हें इस लेख को इसलिए लिखना पड़ा क्योंकि तब मेरी पुस्तक 'कबीर के आलोचक' प्रकाशित हो चुकी थी। इसलिए मोनिका ने पहले पैरे के अंतिम वाक्य में लिखा है कि डॉ. हजारी प्रसाद द्विवेदी की पुस्तक 'कबीर' की जाँच-परख इसलिए जरूरी हो गई है क्योंकि अभी हाल में उस पुस्तक पर दलित दृष्टिकोण से विचार किया गया है जिसमें उन मूल प्रस्थापनाओं की तीखी आलोचना की गई है जिन पर डॉ. द्विवेदी द्वारा तैयार की गई कबीर की तसवीर खड़ी है।[1]

ऐसा नहीं है कि मोनिका बोएम ने इस लेख में डॉ. हजारी प्रसाद द्विवेदी की दृष्टि का पक्ष लिया हो या समर्थन किया हो। उन्होंने केवल उनकी दृष्टि को समझना चाहा है। इस काम में वे काफी कामयाब हुई हैं। डॉ. द्विवेदी की वह दृष्टि सही है या गलत—यह उनके लिए एक अलग बहस की माँग रखती है। जहाँ जरूरत पड़ी, मोनिका ने डॉ. द्विवेदी की दृष्टि का विरोध जरूर किया है लेकिन फिर भी उसमें

ज्यादा रुचि नहीं ली। ऐसे अवसर पर पढ़े जाने वाले एक पर्चे की यह सीमा भी हो सकती है।

मोनिका बोएम ने डॉ. हजारी प्रसाद द्विवेदी वाले कबीर की प्रस्तुति इन शब्दों में की है—"कबीर सिर्फ एक सतत सरिता के बहाव का प्रतिनिधित्व करते हैं जो भारत में मुस्लिम संस्कृति के आने से न तो निर्णायक रूप से बदला था और न उसने दूसरा रास्ता पकड़ा था। कबीर संस्कृत की परंपरा से अनजान नहीं हैं बल्कि उसी धरातल से जुड़े हुए व्यक्ति हैं। द्विवेदी के लिए, संस्कृत और देशी भाषा, द्विज परंपरा और गैर-द्विज परंपरा हिंदी परंपरा में आपस में एक दूसरे से गुंथे हुए घटक हैं।"[2]

मोनिका बोएम टेटलबाख ने डॉ. हजारी प्रसाद द्विवेदी की पुस्तक 'हिंदी साहित्य की भूमिका' से भी इसी बात को उद्धृत किया है—"जहाँ तक भूमिका के कबीर का संबंध है, इस पुस्तक का केंद्र बिंदु यही है कि हिंदी साहित्य भारत की परंपरा के अबाध प्रवाह के साथ अभिन्न रूप से जुड़ा हुआ है। इस प्रवाह के बीच भक्ति साहित्य मुसलमानी प्रभाव द्वारा खड़ी का गई सांस्कृतिक बाधाओं की प्रतिक्रिया में नहीं लिखा गया बल्कि वह एक वृहत्तर जन-आंदोलन के रूप में पेश हुआ है जिसे रामानंद ने एक मोड़ दिया था—उन रामानंद ने जो पहले कट्टर ब्राह्मण थे लेकिन अब उन्होंने संतों की एक नई परिपाटी खड़ी की थी जिसमें व्यक्ति की ऊँचाई उसकी जाति या उसके पद से नहीं बल्कि उसकी भक्ति की सच्चाई से निर्धारित होती थी।"[3]

मोनिका बोएम ने डॉ. द्विवेदी के तर्क को सही समझा है कि वे एक आदर्श मनुष्य के निर्माण की बात करते हैं। वे लिखती हैं कि डॉ. द्विवेदी मनुष्य के निर्माण पर बल देते हैं।[4] इसे वे आदर्श मनुष्य की संज्ञा देते हैं।[5] लेकिन यह दलित और द्विज की बहुत पुरानी बहस का हिस्सा है। यह बहस सदा से चलती आ रही है। अभी पिछली सदी में यह बहस दलितों के बाबा साहेब डॉ. अंबेडकर और हिंदुओं के महात्मा गांधी के बीच चली थी। गांधी जी ने डॉ. अंबेडकर की पुस्तक 'एन्निहिलेशन आफ कास्ट' के खिलाफ लिखा था जिसका डॉ. अंबेडकर ने प्रतिप्रश्न पूछ कर गाँधी जी को बड़ा माकूल जवाब दिया था।

गाँधी जी ने लिखा था कि किसी धर्म की जाँच उसके सबसे निचले आदमियों के बजाय उसके सबसे श्रेष्ठ आदमी के द्वारा की जानी चाहिए। हिंदू धर्म ने चैतन्य, ज्ञान देव, रामकृष्ण परमहंस जैसे महापुरुषों को जन्म दिया है तो यह धर्म छोटा कैसे हो सकता है? डॉ. अंबेडकर ने इस सवाल के कई हिस्से करके पूछा था कि हिंदू धर्म के सबसे निचले दर्जे के लोगों की संख्या इतनी अधिक क्यों है और सबसे ऊँचे दर्जे के लोगों की संख्या इतनी कम क्यों है। डॉ. अंबेडकर ने लिखा था—"...महात्मा की यह दलील कि किसी धर्म का मूल्यांकन उसके सबसे श्रेष्ठ अनुयायियों के द्वारा किया जाना चाहिए हमारी कोई सहायता नहीं करती क्योंकि तब इसके सिवा कुछ

माना नहीं जा सकता कि जो बड़ा बहुमत नीचे है वह इस वजह से है कि उन्हें गलत आदर्शों को अपनाने के लिए कहा गया है।"[6] बाद में बाबा साहेब डॉ. अंबेडकर ने हिंदू धर्म के इन सवालों को अपनी पुस्तक 'रिडल्स इन हिंदुइज्म' में विस्तार से जाँचा-परखा था। निचोड़ यह है कि हिंदू धर्म किसी व्यक्ति को नैतिक और सदाचारी नहीं बनाता। मैं इससे भी आगे बढ़ कर कहना चाहता हूँ कि हिंदू धर्म में जिन्हें महापुरुष कहा जाता है, दलित दृष्टि से उनके चरित्र की जाँच की जाएगी तो वे महापुरुष की कोटि के नहीं रह जाएँगे चाहे वे बीसवीं शताब्दी तक के डॉ. रवींद्रनाथ ठाकुर हों, महात्मा गाँधी हों, या पंडित जवाहर लाल नेहरू आदि हों। इसके सिवा भी, यह अजीब स्थिति है, व्यक्ति के रूप में एक खिलाड़ी विश्व रिकार्ड तोड़ रहा है लेकिन उसकी टीम लगातार हार रही है। इसी को झिड़की देते हुए लिखा गया है :

गर्क हुए सब अहले सफीना और निकल कर तू बच आया;
डूब के मरना था तुझको तन्हा पार उतरने वाले।

देश हजारों साल से गुलाम बना पड़ा है और उस गुलाम देश के लोग महान पैदा हो रहे हैं—परिभाषाओं में जरूर कुछ गड़बड़ी है।

डॉ. हजारी प्रसाद द्विवेदी के लिए आदर्श व्यक्ति पैदा करने का मतलब यह नहीं है कि समाज को बदला जाए। इसका मतलब केवल यह है कि व्यक्ति अपूर्ण पैदा होता है और वह पूर्ण हो जाए। मनुष्य में कुछ आंतरिक दोष होते हैं, बस, वे दूर हो जाएँ, यही निर्दोष मनुष्य का बनना है। ऐसे आदर्श मनुष्य की प्राप्ति के लिए उस व्यक्ति को भीतरी रूपांतरण से गुजरना होता है।[7] रूपांतरण के इस काम के लिए गुरु की जरूरत होती है। डॉ. द्विवेदी की दृष्टि में कबीर के लिए ये गुरु ब्राह्मण रामानंद थे।

डॉ. हजारी प्रसाद द्विवेदी ने जिस आदर्श मनुष्य के निर्माण की बात कही है, मोनिका के अनुसार, दलित की दृष्टि में उसे असफल कहना एकदम उचित है।[8] लेकिन इतना ठीक लिखने के बाद वे अंत में फिर वही बात लिख गई हैं कि डॉ. द्विवेदी का उद्देश्य रामानंद के द्वारा कबीर का शुद्धिकरण करवा के उन्हें वैधता देने का या ब्राह्मणी परंपरा द्वारा उन्हें हड़पने का नहीं था बल्कि मनुष्य जीवन की गरिमा के लिए हठधर्मिता की जकड़नों से भारतीय सभ्यता की मुक्ति का था।[9]

II

मोनिका बोएम टेटलबाख ने अपने इस पर्चे में डॉ. हजारी प्रसाद द्विवेदी के चिंतन

को समझने की कोशिश की है जब वे लिखती हैं—"कबीर के व्यक्तित्व को अनावृत्त करते समय द्विवेदी ने पाठालोचन पद्धति की तरफ तनिक भी सावधानी नहीं बरती। उनका मुख्य उद्देश्य यह नहीं था कि कबीर की जीवनी के उन तथ्यों को इकट्ठा किया जाए जो इतिहास की कसौटी पर खरे उतर सकें। इसके बजाय उन्होंने उनके मनुष्य की ऐसी तंसवीर तैयार की जो व्यक्ति के स्तर पर स्वतंत्रता और गरिमा की हो।"[10] इस कथन में उनकी पहली आधी बात एकदम सही है लेकिन बाकी आधी बात सही नहीं है। डॉ. द्विवेदी का ऐतिहासिक कबीर से कुछ लेना-देना नहीं है, यहाँ तक मोनिका बोएम सही कहती हैं, लेकिन उनका मनुष्य की स्वतंत्रता और गरिमा से कोई ताल्लुक है, यह विचार सही नहीं है। सही विचार यह है कि अपने प्रतीक के कबीर की रचना करके वे दलित समाज की स्वतंत्रता और गरिमा के संघर्ष को दिग्भ्रमित करने की कोशिश कर रहे हैं। जब इतिहास के संघर्षशील कबीर नहीं रहे तो प्रतीक के कबीर की स्वतंत्रता और गरिमा भी वायवी और अमूर्त चीज हो जाती है।

मोनिका बोएम ने डॉ. हजारी प्रसाद द्विवेदी की दृष्टि का सूर को ले कर जिक्र किया है। सूर अंधे कैसे हुए? सूर की जीवनी क्या है? इस बारे में मोनिका बोएम सही लिखती हैं—"वे (डॉ. हजारी प्रसाद द्विवेदी) सूर की जीवनी के इस पक्ष के बारे में इतिहासकार द्वारा तैयार की गई सूर की सच्ची जीवनी का तिरस्कार करते हुए अपना मत रखते हैं। इतिहासकार सूर की जीवनी ऐतिहासिक सबूतों के आधार पर लिखते हैं, लेकिन उनके विपरीत, डॉ. हजारी प्रसाद द्विवेदी सूर की वास्तविक जीवनी लिखनी चाहते हैं।"[11] इस बहस को पूरी करने के लिए खुद उस मूलस्रोत को लिया जाए जिसे मोनिका बोएम ने लिया है। यह डॉ. हजारी प्रसाद द्विवेदी की लिखी पुस्तक 'सूर-साहित्य' है जो 'हजारी प्रसाद द्विवेदी ग्रंथावली' के चौथे खंड में संकलित है।

डॉ. हजारी प्रसाद द्विवेदी के पौराणिक मन ने इस पुस्तक में इतिहासकारों की जी भर कर खिल्ली उड़ाई है। सूर की जीवनी को ले कर वे व्यंग्य में लिखते हैं—"वास्तविक जीवनी? पंडितों ने अथक परिश्रम के बाद उनकी निकटतम वास्तविक जीवनी खोज निकाली है। और वास्तविक ग्रंथ तालिका? वह भी तैयार कर ली गई है! कहा जाता है, 'सूरसागर' में सवा लाख पद हैं; पर पंडितों ने देखा है, दस हजार भी नहीं हैं। कहा जाता है सूरदास ने अपनी प्रेमिका से आँखें फुड़वा ली थीं, पंडित-मंडली को इसका कोई प्रमाण नहीं मिला। कहा जाता है सूरदास को भगवान ने कुएँ में से निकाला था। पंडित लोग इन बच्चों की-सी बातों पर हँस कर रह गए हैं और फिर भी वास्तविक जीवनी तैयार है।"[12] वे इतिहासकारों के खिलाफ आगे लिखते हैं—"पंडित-मंडली मुझे क्षमा करे—मैं उसके परिश्रम और उसकी ईमानदारी का आदर करता हूँ—सूरदास की वास्तविक जीवनी वह नहीं है जो ऐतिहासिक प्रमाणों के आधार पर तैयार की गई है। उनका वास्तविक साहित्य वह नहीं है जो पुरानी कीट-क्लिष्ट पोथियों में लिखा गया है। कोटि-कोटि भारतवासी के हृदय पर वह साहित्य लिखा

हुआ है। वही उनका वास्तविक साहित्य है। उसमें सचमुच सवा लाख पद हैं—सवा लाख, असंख्य! और उनकी वास्तविक जीवनी इस प्रकार है... ।''[13]

इससे ज्यादा झूठ की तरफदारी और किन शब्दों में की जा सकती है? यह झूठ बोलने की कला नहीं है बल्कि झूठ बोलने का फासीवाद है। झूठ बोलने में विद्वान को झिझक ही नहीं है। आश्चर्य की बात यह है कि ऐसे लोगों को भिन्न-भिन्न उपाधियों से सुशोभित और संबोधित करके हिंदी वालों ने सब के सिर चढ़ा रखा है। हिंदी साहित्य में आजकल इतने आलोचक और समीक्षक भरे पड़े हैं पर किसी को यह नहीं दीखता कि डॉ. हजारी प्रसाद द्विवेदी इतिहास के खिलाफ सीधा झूठ बोल रहे हैं। यह विवेक-बुद्धि की कौन-सी खुराक है? साहित्य में सच्चाई की मजाक उड़ानी कब खत्म होगी? इस बात की किस को फिक्र है कि कबीर और सूर को इतिहास की सच्चाइयों से कटवा कर डॉ. हजारी प्रसाद द्विवेदी जैसे लोगों के द्वारा पौराणिक प्रतीक नहीं बनने देना है?

आचार्य रामचंद्र शुक्ल ने अपनी पुस्तक 'सूरदास' में लिखा है कि सूर का 'जन्मकाल संवत् 1540 के आसपास तथा मृत्युकाल संवत 1620 के आसपास अनुमित होता है।'[14] इस अस्सी वर्ष की आयु में मान लिया जाए कि उन्होंने सत्तर वर्ष तक पदों की रचना की है। यदि उन्होंने एक दिन में एक पद बिना नागा लगातार लिखा हो तो एक वर्ष में 365 दिन के हिसाब से कुल पदों की संख्या 25550 आती है। लेकिन सवा लाख की संख्या इस संख्या की पाँच गुनी है। जबकि भारत के संविधान ने हर नागरिक का यह कर्तव्य निर्धारित किया है कि वह 'वैज्ञानिक दृष्टिकोण, मानववाद, ज्ञानार्जन और सुधार की भावना का विकास करे'[15] तब डॉ. हजारी प्रसाद द्विवेदी सवा लाख पद की संख्या को वास्तविक मान कर अपनी सामान्य समझ से भी काम नहीं लेते। वैज्ञानिक दृष्टिकोण के नाते यह संख्या 25 हजार से भी कम हो जाएगी। वे लेखक होने का अपना यह साधारण धर्म भी नहीं निभा रहे हैं कि लोगों के मिथ्या ज्ञान को सही ज्ञान दे कर दूर करें।

डॉ. हजारी प्रसाद द्विवेदी द्वारा सूर की वास्तविक जीवनी क्या है? यह वास्तविक जीवनी वह है जो डॉ. रवींद्रनाथ ठाकुर ने अपनी कविता 'सूरदासेर प्रार्थना' में गढ़ी थी। शब्द कितना अच्छा चुराया है कि इसे 'वास्तविक जीवनी' कहा गया है जो विशुद्ध 'काल्पनिक जीवनी' है। विरोधियों के सच्चे शब्दों को पकड़ते हैं और उनमें काल्पनिक अर्थ भरते हैं। यह साहित्य नहीं बल्कि शब्दों पर डकैती है। इसमें सूर को एक प्रौढ़ युवक के साधु वेश में यमुना के किनारे दिखाया गया है। पौर-युवतियों का एक दल जब अपने पति और पुत्र की मंगल कामना के लिए वहाँ आता है तो साधु के हृदय से भगवान निकल भागता है—अर्थात मुख से कोई आशीष नहीं बरसाते। उसके हृदय में भगवान का पुनः प्रवेश इसी रूप में होता है कि पौर-युवती अपने पति-पुत्र की मंगल कामना को छोड़ कर उसके सामने मोहिनी मूर्ति वाली एक स्त्री के रूप में पेश हो जाए। इसी मानसिकता में वे साधु वेशधारी युवक पीछे-पीछे युवती

के घर तक चले जाते हैं। बताइए, ऐसे आदमी की आँखें न फोड़ी जाएँगी तो और क्या होगा? लेकिन इनके कविगुरु टैगोर ने साधु के मुख से पौर-युवती के लिए यह कहलवाया है कि तुम तीक्ष्ण काँटों से मेरी आँखें फोड़ दो। इन कवि-गुरु के अनुसार उस पौर-युवती ने साधु की बात मान कर उसकी दोनों आँखें फोड़ दीं। फिर, राधिका और कृष्ण का संवाद शुरू हो जाता है। डॉ. द्विवेदी लिखते हैं–"कहते हैं उस दिन से राधिका ने भारतवर्ष के घरों में आश्रय लिया और कृष्ण ने सर्वत्र।"[16]

राधिका ने घरों में आश्रय जरूर ले लिया लेकिन इसके परिणाम क्या निकल रहे हैं? इसी घर-घर में राधा होने की व्याख्या की वजह से सदाचार और कानून में फाँट पड़ गया है। कानून का अनुसरण करने के लिए भारत में किसी को सदाचारी होने की जरूरत नहीं है। इलाहाबाद के उच्च न्यायालय का इस बारे में कानूनी फैसला आया है। फैसले के शब्द इस प्रकार हैं :

> "वादिनी श्रीमती पायल शर्मा उर्फ कमला शर्मा हमारे सामने उपस्थित हुईं और उसने कहा कि वह हाईस्कूल के प्रमाण पत्र के अनुसार लगभग 21 वर्ष की है जिसमें उसकी जन्म तिथि 10-7-1980 दर्ज है। इस प्रकार वह वयस्क है और उसका अधिकार है कि वह कहीं भी जा सकती है और किसी के भी साथ रह सकती है। हमारी राय में, एक पुरुष और एक स्त्री, बिना आपस में शादी किए भी, यदि वे चाहते हैं तो एक साथ रह सकते हैं। समाज इसे सदाचारहीनता कह सकता है लेकिन यह गैर-कानूनी नहीं है। कानून और सदाचार में एक अंतर है।
>
> "2. चूँकि वादिनी वयस्क है, इसलिए हम निदेश देते हैं कि उसे स्वतंत्र छोड़ दिया जाए और वह कहीं भी जा सकती है तथा अपनी इच्छा के अनुसार किसी के भी साथ रह सकती है। वादिनी ने यह भी कहा है कि उसका जीवन खतरे में है। पुलिस उसकी सुरक्षा सुनिश्चित करेगी।"[17]

बताया जा सकता है कि अखबारों में इस निर्णय की काफी चर्चा हुई है। अखबारों ने बताया है कि इसमें जो पुरुष महोदय है वह शादीशुदा है। पिता अपनी बेटी को इस शादीशुदा पुरुष के साथ नहीं रहने देना चाहता था।[18]

जब ऐसी राधिकाओं के बच्चे पैदा होते हैं तो न्यायालय ने उसका समाधान इस फैसले में दे रखा है :

> "प्रश्न यह है कि यदि एक स्त्री लंबे समय तक लागातर किसी व्यक्ति के साथ रहती है और बच्चों का जन्म होता है, तो क्या इससे स्वतः यह तथ्य सिद्ध हो जाता है कि विवाह कानूनी था। जहाँ तक एक साथ रहने का प्रश्न है, एक रखैल किसी व्यक्ति के साथ जारकर्म

> में रह सकती है और अपने यार की सहमति से जार जीवन जी सकती है। एक साथ रहने का यह तथ्य, दोनों पक्षों के बीच वैध विवाह को सिद्ध करने के लिए अपने आप में पर्याप्त नहीं है।"[19]

हिंदुओं के इस राधावाद ने भारत की सुप्रीम कोर्ट को कठिनाई में डाल रखा है। वह खुद को कानून की व्याख्या में असहाय और लाचार समझती है। इसी राधावाद के कारण वह बच्चे की पैतृकता जानने के लिए रक्त-परीक्षण की वैज्ञानिक जाँच की अनुमति नहीं देती। औरत पराए मर्द से बच्चे पैदा कर सकती है लेकिन ऐसी संतान का पिता उसका पति ही माना जाएगा। सुप्रीम कोर्ट की राय में यह विधि कठोर है लेकिन वह मजबूर है। वह निर्णय देती है–"इसमें संदेह नहीं है कि ऐसी स्थिति कुछ मामलों में पति से ऐसी संतानों का भरण-पोषण करने की अपेक्षा कर सकती है जिनका वह संभवतः पिता न हो। किंतु विधानमंडल ही विधि की कठोरता में परिवर्तन ला सकता है, न कि न्यायालय। न्यायालय विधि द्वारा अपेक्षित साक्ष्य से भिन्न साक्ष्य को अपने निष्कर्ष का आधार नहीं बना सकता।"[20]

इसी संदर्भ में डॉ. हजारी प्रसाद द्विवेदी के इन शब्दों के अर्थ खुलते हैं–"कहते हैं उस दिन से राधिका ने भारतवर्ष के घरों में आश्रय लिया और कृष्ण ने सर्वत्र।"[21] भारत के दलित द्विजों के इस राधावाद को भारत से जड़मूल समाप्त करना चाहते हैं क्योंकि इससे उनकी बहू-बेटियों के सम्मान लुट रहे हैं। इसीलिए वे ऐसे कठोर कानून को बदलवा कर और उसे सदाचारी बनवा कर हाईकोर्टों और सुप्रीम कोर्ट की सहायता करना चाहते हैं। जब कानून बदल जाएगा तो न्यायालय ऐसे फैसले देंगे कि कोई स्त्री या कोई पुरुष व्यभिचार का जीवन व्यतीत नहीं कर सकता और अबोध पतियों पर दूसरों की संतानों के पालन-पोषण करने की और हिंदू उत्तराधिकार में संपत्ति हस्तांतरित करने की जिम्मेदारी जबरन नहीं थोपी जा सकती। दूसरों के घरों में अपनी संतान पैदा करना चोरी और डकैती से बड़ा अपराध है क्योंकि इसमें अपनी औलाद के लिए दूसरे की संपत्ति छीन ली गई है। बच्चे किसी के होंगे और उनका भरण-पोषण कोई और करेगा, शिक्षा-विवाह का खर्च कोई और उठाएगा, उत्तराधिकार में अपनी फैक्ट्री और मिल कोई और देगा–कितनी साफ लूट है!

डॉ. वीर भारत तलवार की तरह डॉ. हजारी प्रसाद द्विवेदी के ऐसे शब्द उद्धृत करने की भूल मोनिका बोएम से भी हुई है कि वे मनुष्य को मनुष्य से मनुष्य की तरह मिलने को कहते थे। उद्धृत करते समय मोनिका बोएम ने इसे अपनी कवितामय भाषा में मानववादी ईश्वरस्त्रोत का पदबंध कहा है। यह इस प्रकार है–"मनुष्य मनुष्य को मनुष्य की दृष्टि से देखे, यही सहज भाव है।"[22] लेकिन इस वाक्य से यह पता नहीं चलता कि ऐसा कहने वाले लेखक की करनी क्या है। विष्णु शर्मा का पंचतंत्र ऐसी कथाओं से भरा पड़ा है जिसमें ऐसे वाक्य बोल कर सामने वाले को धोखा दिया जाता है। उधर, कौटिल्य के अर्थशास्त्र की रणनीति झूठ बोल कर ही कामयाब होती है।

यह हर अद्वैत वेदान्ती कहता है कि ब्राह्मण और चांडाल में कोई भेद नहीं है। यदि वह ऐसा नहीं कहेगा तो तर्क में हार जाएगा। लेकिन बाद में पता चलता है कि वही अद्वैत वेदान्ती व्यवहार में ब्राह्मण और चांडाल में सारे भेद मानता है। शादी-व्यवहार के मामले में डॉ. हजारी प्रसाद द्विवेदी मनुष्य की हैसियत के न रह कर ब्राह्मण बन जाएँगे। मैंने अपनी पुस्तक 'कबीर : डॉ. हजारी प्रसाद द्विवेदी का प्रक्षिप्त चिंतन' में बताया है कि उनके गुरु विश्व-नागरिक के विरुद से नवाजे हुए डॉ. रवींद्रनाथ ठाकुर दलितों के आरक्षण के मामले में हिंदू और केवल ब्राह्मण बन गए थे।[23] हर झूठे आदमी की विशेषता यह है कि वह सबसे अच्छी बात बोलता है। कपट का मतलब ही यह है कि धोखा किया जाएगा। धोखा केवल झूठ बोल कर दिया जाता है। सच कथनी और करनी को एक करने से होता है। लेकिन हिंदी के द्विज आलोचकों ने मुझ पर यह रोक लगा दी है कि समीक्षा साहित्य का यह कोई तरीका नहीं है कि यह पूछा जाए कि लेखक ने जो लिखा है उसके अनुरूप उसने वैसा किया है कि नहीं। ऐसे में, डॉ. हजारी प्रसाद द्विवेदी के बारे में मोनिका बोएम के यह लिखने का कोई अर्थ नहीं रह जाता कि उन्होंने जिन कवियों का अध्ययन किया है, उन्होंने वैसा जीवन जिया होगा, जैसा उन्होंने लिखा है।[24] ये डॉ. हजारी प्रसाद द्विवेदी ही हैं जो सूर की ऐसी काल्पनिक जीवनी को वास्तविक जीवनी कहते हैं जिसका इतिहास और वास्तविकता से कोई नाता नहीं है। साहित्य को ये विद्वान ऊपर से ऊपर ले जाते हैं—उसका जीवन की सच्चाई से स्पर्श नहीं होने देते। इनके लिए साहित्य मन की रचना है, जैसा वह चाहे, रच दे। यहाँ आ कर कल्पना के घोड़ों पर कोई लगाम नहीं है। इसी के अनुरूप बाद में समीक्षक लोग कवि की जीवनी तैयार करेंगे और धमक यह है कि उसे 'वास्तविक जीवनी' भी कहेंगे। इस मामले में इनसे किसने पार पाया है ? साफ कह रहे हैं कि इतिहास की दृष्टि से यह सच है कि 'सूर सागर' में दस हजार पद भी नहीं हैं लेकिन इनके द्वारा सूर की 'वास्तविक जीवनी' लिखने में यही लिखा जाएगा कि 'सूर सागर' में सवा लाख पद हैं। यह पुराणों का धर्म है, इसमें बहत्तर पुराण पहले ही लिखे जा चुके हैं लेकिन आज भी हर द्विज विद्वान पुराण ही लिखता है। कम से कम डॉ. हजारी प्रसाद द्विवेदी का सारा साहित्य पुराण-साहित्य है। जिसे पढ़ना है वह जरूर पढ़े लेकिन कबीर के दलित विद्यार्थियों पर वह पाठ्यक्रम में डाल कर जबरन न थोंपा जाए।

III

मोनिका बोएम ने 'कबीर के आलोचक' में रखे गए मेरे विचारों को उसी तरह पेश किया है जैसे वे मैंने रखे हैं। यह उनका अधिकार है कि उन्हें मेरा कोई विचार सही न लगे। मेरे विचार से ऐसी एक भिन्नता उन्होंने रखी भी है जब वे लिखती हैं—"इतना

कहना पर्याप्त होगा कि मैं भी ऐसा नहीं मानती कि कबीर समाज सुधारक थे या उन्होंने कोई संप्रदाय संगठित किया था।"[25]

इतिहास लिखने में गलतियाँ कई तरह से होती हैं। कुछ गलतियाँ अनजाने में हो जाती हैं और कुछ गलतियाँ जान-बूझ कर की जाती हैं। उदाहरण दूर से न ले कर खुद मोनिका बोएभ के इस लेख से लिया जाए। इस लेख के पहले पैरे का पहला वाक्य इस प्रकार है :

> "Hazari prasad Dvivedi (1911-79) is rightly acclaimed an outstanding figure in the field of Hindi literature and literary criticism and a leading specialists of medieval religion and poetry."[26]

इस पहले पैरे के पहले वाक्य का पहला शब्द क्या है? यह "Hazariprasad Dvivedi (1911-79)" है। यह नाम भर है लेकिन इसमें इतिहास की एक बहुत बड़ी गलती लिखी गई है। गलती यह है कि इसमें लिखा गया है कि डॉ. हजारी प्रसाद द्विवेदी का जन्म सन् 1911 में हुआ था। यह साल एकदम गलत है। डॉ. हजारी प्रसाद द्विवेदी का जन्म इस साल में नहीं हुआ था। फिर किस साल में हुआ था? मेरे पास जानकारी है कि डॉ. हजारी प्रसाद द्विवेदी का जन्म सन् 1907 में हुआ था। मेरी इस जानकारी का सबूत क्या है? सबूत 'हजारी प्रसाद द्विवेदी ग्रंथावली' के प्रकाशन का है। इस ग्रंथावली के हर खंड के फ्लैप पर यही लिखा मिलता है कि उनका जन्म श्रावण शुक्ल एकादशी संवत 1964 (1907 ई.) को हुआ था।[27]

पता नहीं, मोनिका बोएम टेटलबाख ने डॉ. हजारी प्रसाद द्विवेदी के जन्म का यह साल सन् 1911 कैसे लिखा है ? हो सकता है, उन्होंने इसे किसी पुस्तक से लिया हो। यदि किसी पुस्तक से लिया है तो वह पुस्तक भी गलत साबित हो जाएगी। यह भी हो सकता है कि उन्होंने अपने मूल लेख में इसे 1907 ही लिखा हो लेकिन साहित्य अकादमी द्वारा इसकी कापी तैयार करते समय टाइपिस्ट से भूल हो गई हो जिसे सुधारा न जा सका हो।

अगली बात यह है कि ऐसा नहीं माना जा सकता कि मोनिका बोएम टेटलबाख अपनी इस गलती को सुधारना नहीं चाहेंगी। वे 'सोरी' कहेंगी और तत्काल इसे खुशी-खुशी सुधार लेंगी। हँसती हुई मुझे धन्यवाद भी देंगी। यही मेरी अपेक्षा है और यही होगा। पर ऐसा क्यों होगा? ऐसा इसलिए होगा क्योंकि वे एक इतिहासकार की दृष्टि लिए हुए हैं।

यह मोनिका बोएम टेटलबाख की बात हुई। लेकिन मेरा पाला दूसरे झूठे किंवदन्तीकारों से भी पड़ा हुआ है। उनके बारे में क्या कहा जाए? उदाहरण के लिए एक समीक्षक के रूप में डॉ. पुरुषोत्तम अग्रवाल ने मेरी ऐसी ही एक अन्य ऐतिहासिक

खोज की खिल्ली उड़ाई है। मैंने यह सिद्ध किया था कि चूँकि कबीर का निधन भारत में मुगल साम्राज्य के स्थापित होने से पहले हो गया था इसलिए कबीर की वाणी में 'मुगल' शब्द नहीं होना चाहिए। डॉ. पुरुषोत्तम अग्रवाल को मेरे मत के खिलाफ यह सिद्ध करने का अवसर था कि कबीर 'मुगल' शब्द का प्रयोग मुगलों के भारत में आने से पहले कर सकते थे। उन्हें अपनी बात को प्रमाणित करने के लिए तर्क देने चाहिए थे। लेकिन वे मेरी मेहनत की मजाक उड़ाते हुए लिखते हैं—"इस पद में आए 'मुगल' शब्द से पाठालोचन-निपुण विद्वान प्रेरित हो सकते हैं पाठ की प्रामाणिकता का प्रश्न उठाने के लिए। संभव है कि यह पाठ अप्रामाणिक ही हो, लेकिन यह संवेदना निश्चय ही कबीर की है।"[28] यूँ मेरी तबीयत खराब होती है—इनके सामने मैं कैसे अपना सिर पटकूँ?

हिंदू विद्वान मुझसे लड़ने बैठ गए हैं कि मैंने ऐसा क्यों लिख दिया है कि 'कबीर दलितों के किसी पुराने धर्म के प्रचारक या अपने किसी नए धर्म के प्रवर्तक थे।'[29] लेकिन इस बाबत मोनिका का उठाया हुआ सवाल एकदम वाजिब है। वे जिज्ञासु हैं लेकिन हिंदू विद्वान विधित्सु हैं। पक्के सबूत दे कर मोनिका को सहमत कराया जा सकता है लेकिन हिंदू विद्वानों की असहमति मेरे खिलाफ हर हालत में बनी रहेगी। इसीलिए उनसे मगजपच्ची की कोई जरूरत नहीं है। हिंदू विद्वानों के साथ संवादहीनता का सिद्धांत अपनाना ही उचित है। लेकिन मोनिका से संवाद स्थापित किया जा सकता है। कहा जाए कि मोनिका जब प्रमाण मांगती हैं तो इसमें कुछ बुरा नहीं लगता। यह किसी भी विदुषी का हक है। लेकिन जब ब्राह्मण विद्वान प्रमाण मांगता है तो उस पर हँसो आती है। हँसी इसलिए आती है क्योंकि वह प्रमाणों को मिटा कर प्रमाण मांगता है। मोनिका प्रमाणों को मिटाने में लगी हुई नहीं हैं जबकि ब्राह्मण विद्वान प्रमाणों को मिटाने में लगे हुए हैं। ब्राह्मण विद्वानों का कोई हक नहीं बनता कि वे मुझसे प्रमाण मांगे क्योंकि प्रमाण खुद उनके हाथों में है। जो मुर्गी को खा गया वह मुझसे प्रमाण मांग रहा है कि मुर्गी कहाँ है। उसे कौन बताए कि मुर्गी उसके पेट में है?

सबसे बड़ा प्रमाण कबीर को प्रक्षिप्त करने का है। कबीर के साहित्य को प्रक्षिप्त क्यों किया गया? दूसरे, कबीर के साहित्य को प्रक्षिप्त किसने किया? तीसरे, कबीर के साहित्य को प्रक्षिप्त करने की जरूरत या मजबूरी किन लोगों की थी? दलितों को ऐसी कोई जरूरत और मजबूरी नहीं थी कि कबीर की वाणी को प्रक्षिप्त किया जाए। यहाँ जोड़ा जा सकता है कि बुद्ध-वचन को इसलिए प्रक्षिप्त किया गया क्योंकि वे नए धर्म के संस्थापक थे। कबीर-वाणी को प्रक्षिप्त क्यों किया गया? क्या वे भी किसी अलग धर्म के संस्थापक या संवाहक थे? क्या ऐसा संभव नहीं है? किस व्यक्ति की वाणी को प्रक्षिप्त किया जाता है? ब्राह्मणों द्वारा तुलसी के साहित्य को प्रक्षिप्त करने की जरूरत क्यों नहीं पड़ी? इसी संदर्भ में सोचा जाए कि तुलसी के बजाय कबीर के साहित्य को क्यों प्रक्षिप्त किया गया?

मोनिका बोएम टेटलबाख को मैं ऐतिहासिक प्रमाण दे कर दलित पृथकता को मानने के लिए राजी कर सकता हूँ। दलित की ब्राह्मण से पृथकता दो मुख्य आधारों पर सिद्ध होती है। एक धर्म की पृथकता और दूसरी पर्सनल कानून की पृथकता। उन्हें धर्म की पृथकता इसलिए समझ नहीं आई क्योंकि वे डॉ. हजारी प्रसाद द्विवेदी के कहने में आ कर शायद यह मान चुकी हैं कि एक ही हिंदी भाषा के लोग दो धर्मों के नहीं हो सकते। लेकिन सच यह है कि बंगला भाषी हिंदू भी होते हैं और मुसलमान भी। मोनिका बोएम टेटलबाख को कबीर की धार्मिक पृथकता समझ में नहीं आ रही है तो वे दलित और द्विज के पर्सनल कानूनों की पृथकता के अध्ययन से बात शुरू करें। दलित और ब्राह्मण एक ही भाषा क्षेत्र में रहते हुए भी अपने-अपने पर्सनल कानूनों में भिन्न ही नहीं बल्कि विपरीत ध्रुवों के लोग हैं। इसके लिए डॉ. पी. वी. काणे के शब्द उनकी पुस्तक 'धर्मशास्त्र का इतिहास : प्रथम भाग' से उद्धृत किए जा सकते हैं जो इस प्रकार हैं—"वैदिक साहित्य में कुछ ऐसी उक्तियाँ हैं, जिन्हें हम विधवा-पुनर्विवाह के अर्थ में ले सकते हैं। 'पुनर्भू' शब्द से पर्याप्त प्रकाश मिलता है। किंतु विवाह-विच्छेद या तलाक के विषय में वहाँ कुछ भी प्राप्य नहीं है और पश्चातकालीन वैदिक साहित्य में भी हमें कुछ विशेष प्रकाश नहीं मिल पाता। धर्मशास्त्रकारों का सिद्धांत है कि होम एवं सप्तपदी के उपरांत विवाह का विच्छेद नहीं हो सकता। मनु (9/101) ने लिखा है—'पति-पत्नी की पारस्परिक निष्ठा आमरण चलती जाए, यही पति एवं पत्नी का परम धर्म है।' मनु ने एक स्थान (9/46) पर और कहा है—"न तो विक्रय से और न भाग जाने से पत्नी का पति से छुटकारा हो सकता है, हम समझते हैं यह नियम पुरातन काल में सृष्टिकर्ता ने बनाया है।" धर्मशास्त्रकारों का कथन है कि विवाह एक संस्कार है, पत्नित्व की स्थिति का उद्भव उसी संस्कार से होता है, यदि पति या पत्नी पतित हो जाएँ, तो संस्कार की परिसमाप्ति नहीं हो जाती, यदि पत्नी व्यभिचारिणी हो जाए तो भी वह पत्नी है, और प्रायश्चित कर लेने के उपरांत उसे विवाह का संस्कार पुनः नहीं करना पड़ता (विश्वरूप, याज्ञवल्क्य 3/253-254 पर)। हमने देख लिया है कि पुरुष एक पत्नी के रहते दूसरा या कई विवाह कर सकता है और कुछ स्थितियों में अपनी स्त्री को छोड़ सकता है। किंतु यह विवाह-विच्छेद या तलाक नहीं है, यहाँ अब भी विवाह का बंधन अपने स्थान पर दृढ़ ही है। हमने यह देख लिया है कि नारद, पराशर एवं अन्य धर्मशास्त्रकारों की अनुमति से एक स्त्री कुछ स्थितियों में यथा पति के मृत हो जाने, गुम हो जाने आदि से, पुनर्विवाह कर सकती थी, किंतु निबंधों एवं टीकाकारों ने इसे पूर्व युग की बात कह कर टाल दिया है। अतः विवाह-विच्छेद की बात धर्मशास्त्रों एवं हिंदू समाज में लगभग दो सहस्र वर्षों से अनसुनी-सी रही है, हाँ, परंपरा के अनुसार यह बात नीची जातियों में प्रचलित रही है। यदि पति उसे उसकी त्रुटियों के कारण छोड़ दे तो भी पत्नी भरण-पोषण की अधिकारी मानी जाती रही है। अतः इस प्रकार का

त्याग विवाह-विच्छेद का द्योतक नहीं रहा है। पश्चात्कालीन स्मृतियों एवं निबंधों में नारद को छोड़ कर कोई यह बात सोच ही नहीं सकता था कि पत्नी अपने पति का त्याग कर सकती है। नारद ने अवश्य कहा है कि नपुंसक, संन्यासी एवं जातिच्युत पति को पत्नी छोड़ सकती है। याज्ञवल्क्य (1/77) की टीका में मिताक्षरा का कहना है कि जब पति पतित (जातिच्युत) हो पत्नी उसके नियंत्रण से बाहर रहती है किंतु उसे तब तक जोहते रहना चाहिए जब तक कि वह प्रायश्चित द्वारा पुनः उसके नियंत्रण में चली जाती है। बड़े से बड़ा पाप प्रायश्चित से कट जाता है, अतः पत्नी अपने पति को सदा के लिए नहीं छोड़ सकती! (मनु 10/89, 12, 101, 105-196)। केवल त्याग या वर्षों तक बाहर रहने या व्यभिचार से हिंदू विवाह की इतिश्री नहीं हो जाती। कौटिल्य के अर्थशास्त्र (3/3) में...अंगीकृत रूप में (धर्म्य) विवाह का विच्छेद नहीं होता। कौटिल्य (3/2) ने लिखा है कि विवाह के ब्राह्म, प्राजापत्य, आर्ष एवं दैव नामक चार प्रकार धर्म्य हैं क्योंकि ये पिता के प्रमाण द्वारा स्वीकृत अथवा किए जाते हैं। अतः इन चारों प्रकार के विवाहों का विच्छेद कौटिल्य के मत से, संभव नहीं है।''[30] देखा जा सकता है कि इस लंबे उद्धरण से यह सिद्ध होता है कि तलाक को ले कर दलित और द्विज कानूनों में स्पष्ट अंतर है।

पुनः कहा जाए कि विदेशी विद्वानों से शिकायत नहीं की जा सकती। वे इस देश के लोग नहीं हैं। वे भारतीय समाज की कई अंदरूनी बातें नहीं जानते। उनके अध्ययन की कुछ वास्तविक सीमाएँ होती हैं। उसके बावजूद उन्होंने भारत-विद्या में द्विज विद्वानों को पीछे छोड़ रखा है। कारण यह है कि द्विज विद्वान सच्चाइयों को छिपाने में लगे रहते हैं। विदेशी विद्वानों का यह तरीका काबिले-तारीफ है कि वे हर किसी बात का प्रमाण मांगते हैं। यदि प्रमाण नहीं है तो वे अंधविश्वासी की तरह किसी द्विजविद् के कथन को सत्य मानने को तैयार नहीं हैं। जब मोनिका बोएम टेटलबाख कहती हैं कि उन्हें ब्राह्मण संस्कृति से अलग दलित संस्कृति का कोई अस्तित्व नहीं दीखता तो वे इस मायने में सही हैं कि मुझसे पृथक दलित संस्कृति के ऐतिहासिक प्रमाण माँग रही हैं। यदि मैं प्रमाण जुटा दूँगा तो वे मेरे सिद्धांत को सही मान लेंगी। लेकिन इस मामले में द्विज विद्वानों की क्या स्थिति है? उनकी स्थिति यह है कि यदि मैं ढेरों प्रमाण भी उपलब्ध कर सका तब भी वे मेरी बात को मान कर नहीं देंगे। यह बात द्विज के चिंतन की जानी-पहचानी है—'जाने हैं माने नहीं यही अचंभा मोय।'

मैं अपनी पुस्तक 'कबीर : नई सदी में' वे प्रमाण दे चुका हूँ जिनसे दलित संस्कृति द्विज संस्कृति से लड़ती हुई पृथक संस्कृति सिद्ध होती है। लेकिन उसे समझाने के लिए द्विज चिंतन के बारे में कुछ तथ्य बताए जाने आवश्यक हैं। विदेशी भारतविदों के लिए वे तथ्य इस प्रकार हैं :

1. उन्हें पता होना चाहिए कि द्विज विद्वानों ने इतिहास लिखने से सदा परहेज किया है। विशेष रूप से वे दूसरे धर्मों के इतिहास को नष्ट करते हैं।
2. विदेशियों ने हिंदू मंदिर तोड़े हैं लेकिन ब्राह्मण ने शूद्र को धर्म-साधना करने का अधिकार न दे कर शूद्रों के सारे मंदिर तोड़े हैं। शूद्र शंबूक की हत्या की पौराणिकता यही दर्शाती है।
3. द्विज विद्वान आज के आधुनिक और समकालीन प्रमाणों को भी नष्ट करते हैं, इसलिए उनके द्वारा पुराने ऐतिहासिक प्रमाणों को संजो कर रखने का कोई सवाल पैदा नहीं होता।
4. पृथक दलित संस्कृति की खोज दार्शनिकों की काले कमरे में उस काली बिल्ली की खोज नहीं है जो वहाँ नहीं है। अपने अगले अध्ययन में मैं इस तथ्य को संदेह से परे सिद्ध करने जा रहा हूँ।

यहाँ सबसे अंत में यह भी बताया जा सकता है कि सन् 2001 में साहित्य का नोबल पुरस्कार वी. एस. नायपाल को मिला है। नोबल पुरस्कार की अर्हता के लिए स्विस अकादमी ने उनकी मुख्य विशेषता यह मानी है कि उनका साहित्य हमें 'दमित इतिहास की मौजूदगी' स्वीकार करने को विवश करता है।[31]

संदर्भ

1. "That book also comends itself for examination because it has recently attracted attention from the Dalit perspective and aroused severe criticism of the very assumptions on which Dvivedi's image of Kabir is based."
   भारत सरकार की साहित्य अकादमी और काशी हिंदू विश्वविद्यालय के संयुक्त आयोजन में बनारस में 4 से 6 दिसम्बर, 1999 तक तीन दिन की संत कबीर की 600वीं जयंती के अवसर पर अंतर्राष्ट्रीय संगोष्ठी में पढ़ा गया आलेख 'हजारी प्रसाद द्विवेदी'ज कबीर' पृ. 1
2. "Kabir is representative of a single continuous stream of tradition that was neither crucially changed nor diverted by the advent of Muslim culture in India. Kabir is not alien to the Sanskritic tradition but shares with it the same ground. To Dvivedi, the Sanskritic and the Vernacular, the twice-born tradition and the non-twice-born tradition are integrally constitutive of the Hindi tradition." ibid., p. 4
3. "As far as the Kabir of the Bhumika is concerned, it is crucial to the central concept of the book that Hindi literature is integral to the uninterrupted stream of Indian tradition and that, within this stream, bhakti literature is not a reaction against cultural obstacles created by Muslim influence but a broad popular movement...in which the turning point was set by Ramanand, the erstwhile orthodox brahmin, who would establish a new genealogy of saints in which superiority was no longer decided by caste or rank but by the sincerity of one's bhakti." ibid., p. 6
4. "This thrust is on the formation of man..." ibid., p. 5

5. "...an exemplary human being." ibid., p. 5

6. "...obviously the argument of the Mahatma that a religion should be judged by its best followers carries us nowhere except to pity the lot of the many who have gone wrong because they have been made to worship wrong ideals."
Dr. Babasaheb Ambedkar: Writings and Speaches, Vol. I. The Education Department, Government of Maharashtra, Mantralaya, Bombay-400032, Edition-14th April, 1979, p. 88

7. "...perfection needed to be preceded by transformation."
Hazari Prasad Dvivedi's Kabir, by Monica Boem Tettleback, p. 8

8. "Such a man was the exemplar of Dvivedi's vision of mankind, a utopian vision which from the Dalit perspective can legitimately be considered a failure." ibid., p. 14

9. "However, what he had in mind was not the purging of Kabir by Ramanand and his legitimization and usurpation by brahmin tradition, but the liberation of Indian civilisation from dogmatic fetters for the sake of human life in dignity." ibid., p. 14

10. "Dvivedi did not heed particular text-critical caution while allowing the personality of Kabir to unfold. His main goal was not the accumulation of biographical facts that would stand the test of historical scrutiny, it rather was the creation of the image of man as an individual endowed with freedom and dignity." ibid., p. 10

11. "He introduces his version of this part of Sur's biography by a conscious denunciation of the veracity of the historian's image of Sur. Unlike the historians who build Sur's biography on the foundation of historical proofs, he wishes to establish Sur's 'real biography', 'vastavik jivani'." ibid., pp. 5-6

12. हजारी प्रसाद द्विवेदी ग्रंथावली-4, राजकमल प्रकाशन प्राइवेट लिमिटेड, 8, नेता जी सुभाष मार्ग, नई दिल्ली-110002, प्रथम संस्करण, अगस्त, 1981, पृ. 122

13. वही, पृ. 122

14. सूरदास, आचार्य रामचंद्र शुक्ल, नागरी प्रचारिणी सभा, वाराणसी, प्रथम संस्करण, संवत 2044, पृ. 83

15. भारत का संविधान, 1 सितंबर 1991 को यथा विद्यमान, भारत सरकार, विधि न्याय और कंपनी कार्य मंत्रालय, विधायी विभाग, राजभाषा खंड, सिविल लाइंस, 110054, तीसरा संस्करण, 1991, पृ. 15

16. हजारी प्रसाद द्विवेदी ग्रंथावली, खंड-4, राजकमल प्रकाशन प्राइवेट लिमिटेड, पृ. 124

17. "Petitioner Smt. Payal Sharma alias Kamla Sharma appeared before us and stated that she is about 21 years of age which is borne out from the High School Certificate which shows that her date of birth is 10-7-1980. Hence she is a major and she has the right to go anywhere and live with anyone. In our opinion, a man and a woman, even without getting married can live together if they wish. This may be regarded immoral by society but it is not illegal. There is a difference between law and morality.
"2. Since the petitioner is a major, we direct that she be set at liberty and she can

go anywhere and can live with any one as she desires. Petitioner further states that her life is in danger. The police will ensure her security."

Payal Sharma alias Kamla Sharma alias Payal Katara V. Superintendent, Nari Niketan Kalindri Vihar, Agra : A.I.R. 2001 Allahabad 254.

18. अमर उजाला, मेरठ संस्करण, दिनांक 2 जून, 2001 और 6 जून, 2001
19. "The question is whether a woman living with another person continuously for a long time and giving birth to children, by itself, shall prove the fact that the marriage was valid. So far as the question of living together is concerned, a mistress may live with the person in adultery and lead an adulterous life with the consent of her paramour. This fact of living together, by itself, would not be sufficient for proving a valid marriage between the parties."

    Mst. Lolo V. Mst. Durghatiya: AIR 2001 Madhya Pradesh 188
20. गौतम कुन्दू बनाम पश्चिमी बंगाल और एक अन्य (1994) 3 उम. नि. प. 141 (150)
21. हजारी प्रसाद द्विवेदी ग्रंथावली-4, राजकमल प्रकाशन प्राइवेट लिमिटेड, पृ. 124
22. Hazari Prasad Dvivedi's Kabir, by Monica Boem Tettleback, p. 10
23. कबीर : डॉ. हजारी प्रसाद द्विवेदी का प्रक्षिप्त चिंतन, डॉ. धर्मवीर, 21-ए, दरियागंज, नई दिल्ली-110002, प्रथम संस्करण, 2000, पृ. 78-83
24. "For the poets he studied, his ideal was that they should have lived as they taught." Hazari Prasad Dvivedi's Kabir, by Monica Boem Tettleback, p. 10
25. "Sufficient it to say that I, too, neither see Kabir as a social reformer nor the organiser of a sampraday." ibid., p. 13
26. ibid., p. 1
27. हजारी प्रसाद द्विवेदी ग्रंथावली-4, राजकमल प्रकाशन प्राइवेट लिमिटेड, 8, नेता जी सुभाष मार्ग, नई दिल्ली-110002, प्रथम संस्करण, अगस्त, 1981, फ्लैप
28. कबीर से मेरा नाता, पुरुषोत्तम अग्रवाल, आलोचना, अप्रैल-जून, 2000, प्रधान संपादक नामवर सिंह, राजकमल प्रकाशन प्राइवेट लिमिटेड, 8, नेता जी सुभाष मार्ग, नई दिल्ली-110002, पृ. 285
29. कबीर के आलोचक, डॉ. धर्मवीर, भूमिका, पृ. 7
30. धर्मशास्त्र का इतिहास, प्रथम भाग, डॉ. पी. वी. काणे, अनुवादक, अर्जुन चौबे काश्यप, उत्तर प्रदेश हिंदी संस्थान, महात्मा गाँधी मार्ग, लखनऊ, तृतीय संस्करण, 1980, पृ. 346-47
31. "The Trinidad-born British author, Sir V.S. Naipaul, won the Nobel Literature prize today for works that "compel us to see the presence of suppressed histories" The Swedish Academy said."

    Naipaul Wins Nobel Prize, The Hindu, Thiruvanthapuram edition, 12/10/2001

संदर्भ साहित्य

I. हिंदी पुस्तकें :

1. आदि श्री गुरु ग्रंथ साहिब, दूसरी सैंची, अनुवाद मनमोहन सहगल, लिप्यंतरण नंद कुमार अवस्थी, भुवन वाणी ट्रस्ट, मौसम बाग, सीतापुर रोड़, लखनऊ-226020, द्वितीय संस्करण, 1987-88
2. कबीर अकेला, डॉ. रमेश चंद्र मिश्र, संत साहित्य संस्थान, 3611 नेताजी सुभाष मार्ग, दरिया गंज, नई दिल्ली-110002, प्रथम संस्करण, 1999
3. कबीर : आधुनिक संदर्भ में, डॉ. राजदेव सिंह, लोक भारती प्रकाशन, 15ए, महात्मा गाँधी मार्ग, इलाहाबाद-1, संस्करण 1999
4. कबीर : कबीर के व्यक्तित्व, साहित्य और दार्शनिक विचारों की आलोचना, डॉ. हजारी प्रसाद द्विवेदी, हिंदी ग्रंथ रत्नाकर कार्यालय, बंबई-4, तृतीय परिवर्द्धित संस्करण, जुलाई 1950
5. कबीर की खोज, संपादक राजकिशोर, वाणी प्रकाशन, 21 ए, दरियागंज, नई दिल्ली-110002, प्रथम संस्करण, 2001
6. कबीर के आलोचक, डॉ. धर्मवीर, वाणी प्रकाशन, 21 ए, दरियागंज, नई दिल्ली-110002, द्वितीय संस्करण, 1998
7. कबीर ग्रंथावली, डॉ. पारसनाथ तिवारी, राका प्रकाशन, 40-ए, मोती लाल नेहरू रोड, इलाहाबाद-211002, पुनर्मुद्रित संस्करण 1989
8. कबीर ग्रंथावली, संजीवनी व्याख्या सहित, संपादक एवं भाष्यकार डॉ. भगवत स्वरूप मिश्र, विनोद प्रकाशन मंदिर, हास्पिटल रोड, आगरा-3, तृतीय संस्करण, 1977
9. कबीर : डॉ. हजारी प्रसाद द्विवेदी का प्रक्षिप्त चिंतन, डॉ. धर्मवीर, वाणी प्रकाशन, 21 ए, दरियागंज, नई दिल्ली-110002, प्रथम संस्करण, 2000
10. कबीर वाङ्मय : खंड 1 : रमैनी : भावार्थ बोधिनी व्याख्या सहित, सम्पादक

डॉ. जयदेव सिंह और डॉ. वासुदेव सिंह, विश्वविद्यालय प्रकाशन, चौक, वाराणसी, संस्करण 2000
11. कबीर वाङ्मय : खंड 2 : सबद, संपादक डॉ. जयदेव सिंह और डॉ. वासुदेव सिंह, विश्वविद्यालय प्रकाशन, चौक, वाराणसी-221001, संस्करण 1998
12. कबीर वाङ्मय : खंड 3 : साखी : भावार्थ बोधिनी व्याख्या सहित, सम्पादक डॉ. जयदेव सिंह और डॉ. वासुदेव सिंह, विश्वविद्यालय प्रकाशन, चौक, वाराणसी-221001, तृतीय संस्करण 2000
13. कबीर समग्र : प्रथम खंड, संपादक और लेखक प्रो. युगेश्वर, हिंदी प्रचारक संस्थान, पो. बा. 1106, पिशाचमोचन, वाराणसी-221010, द्वितीय संस्करण 1995
14. कबीर समग्र : द्वितीय खंड, लेखक डॉ. युगेश्वर, हिंदी प्रचारक पब्लिकेशंस प्रा. लि., सी-21/30, पिशाचमोचन, वाराणसी-221010, प्रथम संस्करण 1997
15. कबीर साहब, सम्पादक विवेकदास, कबीर वाणी प्रकाशन केंद्र, सद्‌गुरु कबीर मंदिर, कबीरचौरा मठ, वाराणसी, प्रथम संस्करण, 1978
16. गालिब : व्यक्तित्व और कृतित्व, लेखक नूरनबी अब्बासी और डॉ. नुरूल हसन नकवी, शब्दकार, 2203, गली इकौतान, तुर्कमान गेट, दिल्ली-110006, प्रथम संस्करण, अगस्त 1969
17. णाय कुमार चरिउ, सम्पादक-अनुवादक, डॉ. हीरा लाल जैन, भारतीय ज्ञानपीठ प्रकाशन, बी/45-47, कनाट प्लेस, नई दिल्ली-110001, द्वितीय संस्करण, 1972
18. दीघ निकाय, अनुवादक भिक्षु राहुल सांकृत्यायन और भिक्षु जगदीश काश्यप, भारतीय बौद्ध शिक्षा परिषद्, बुद्ध विहार, रिसालदार पार्क, लखनऊ-226001, द्वितीय संस्करण, 1979
19. धर्मशास्त्र का इतिहास, प्रथम भाग, डॉ. पी. वी. काणे, अनुवादक, अर्जुन चौबे काश्यप, उत्तर प्रदेश हिंदी संस्थान, महात्मा गाँधी मार्ग, लखनऊ, तृतीय संस्करण, 1980
20. परंपरा का मूल्यांकन, राम विलास शर्मा, राज कमल प्रकाशन प्राइवेट लिमिटेड, 8, नेता जी सुभाष मार्ग, नई दिल्ली-110002, प्रथम संस्करण, 1981
21. भगवान बुद्ध और उनका धर्म, डॉ. भीमराव राम जी आंबेडकर, अनुवादक भदंत आनंद कौसल्यायन, भारतीय बौद्ध शिक्षा परिषद, श्रावस्ती, बलरामपुर, उत्तर प्रदेश, द्वितीय संस्करण, 1970
22. भारत का संविधान, 1 सितम्बर 1991 को यथा विद्यमान, भारत सरकार, विधि, न्याय और कम्पनी कार्य मंत्रालय, विधायी विभाग, राजभाषा खंड, सिविल लाइंस, दिल्ली-110054, तीसरा संस्करण, 1991
23. विश्व गुरु सद्‌गुरु कबीर साहिब का मानव-संदेश, महंत बसूदास कबीरपंथी,

बहुजन कल्याण प्रकाशन, 360/193, मातादीन रोड, लखनऊ, अष्टम संस्करण, 1996

24. सतगुरु कबीर विरचित बीजक, टीकाकार अभिलाष दास, पारख प्रकाशक कबीर संस्थान, प्रीतम नगर, इलाहाबाद-211001, परिशोधित एवं परिसीमित पंचम संस्करण, 1993
25. सत्यार्थ प्रकाश, महर्षि दयानंद सरस्वती, आर्ष साहित्य प्रचार ट्रस्ट, 455 खारी बावली, दिल्ली-110006, 28वाँ संस्करण, अक्टूबर 1982
26. संत कबीर, राम कुमार वर्मा, साहित्य भवन लिमिटेड, इलाहाबाद, प्रथम बार, 1943
27. सूरदास, आचार्य रामचंद्र शुक्ल, नागरी प्रचारिणी सभा, वाराणसी, प्रथम संस्करण, संवत 2044
28. हजारी प्रसाद द्विवेदी ग्रंथावली, खंड-3, राजकमल प्रकाशन प्राइवेट लिमिटेड, 8, नेता जी सुभाष मार्ग, नई दिल्ली-110002, प्रथम संस्करण, अगस्त, 1981
29. हजारी प्रसाद द्विवेदी ग्रंथावली, खंड-4, राजकमल प्रकाशन प्राइवेट लिमिटेड, 8, नेता जी सुभाष मार्ग, नई दिल्ली-110002, प्रथम संस्करण, 1981
30. हिंदी की आत्मा, डॉ. धर्मवीर, समता प्रकाशन, 30/64, गली नंबर 8, विश्वास नगर, शाहदरा, दिल्ली-110032, पहला संस्करण, 1989

II. Enlish Books:

1. A Weaver Named Kabir : Selected Verses with a Detailed Biographical and Historical Introduction, Charlotte Vaudeville, Oxford University Press, YMCA Library Building, Jai Singh Road, New Delhi-110001, Oxford India Paperbacks, 1997
2. The Bijak of Kabir, Translated by Linda Hess and Sukdev Singh, Essays and Notes by Linda Hess, Motilal and Banarsidass, Bungalow Road, Jawahar Nagar, Delhi-110007, First Indian Edition, 1986
3. Dr. Baba Saheb Ambedkar : Writings and Speeches, Volume I, Edited by Vasant Moon, Education Department, Government of Maharashtra, Bombay-400032, Edition 14 April, 1979
4. Dr. Baba Saheb Ambedkar : Writings and Speeches, Volume 14, Part-Two, Section IV, Dr. Ambedkar and the Hindu Code Bill.

Edited by Vasant Moon, Education Department, Government of Maharashtra, Ist Edition 1995

5. Kabir and His Followers, Rev. F.E. Keay, Co-publiched by Aravali Books International, W-30 Okhla Industrial Area, Phase-II, New Delhi, Edition 1997
6. Kabir and the Kabir Panth, Rev. G.H. Westcott, Munshiram Manoharlal Publishers Pvt. Ltd., Post Box 5715, 54 Rani Jhansi Road, New Delhi-110055, Second Revised Edition 1986
7. Kabir Legends and Ananta-Das's Kabir Parachai with a Translation of the Kabir Parachai prepared in Collaboration with Jagdish Kumar and Uma Thukral and with an Edition of the Niranjani Panthi Recension of this work by David N. Lorenzen, Indian Books Centre, 40/5, Shakti Nagar, Delhi-110007, First Indian Edition, 1992
8. The Genius of India, Guy Sorman, Macmillan India limited, Delhi, First Published, 2001
9. History and Doctrines of the Ajivikas: A Vanished Indian Religion, Dr. A. L. Basham, Luzac Company Ltd, 46, Great Russell Street, London, W.C.I, 1951
10. The Millennium Kabir Vani : A Collection of Pad-s, Winand M. Callewaert in Collaboration with Swapna Sharma and Dieter Taillieu, Manohar Publishers & Distributors, 4753/23, Ansari Road, Daryaganj, New Delhi-110002, First Published 2000

III. पत्र-पत्रिकाओं में लेख और अन्य आलेख

हिन्दी :

1. अमर उजाला, मेरठ संस्करण, 2, जून, 2001
2. अमर उजाला, मेरठ संस्करण, 6, जून, 2001
3. आशावादी दार्शनिक–कबीर, ठाकुर प्रसाद सिंह, सर्वनाम-39, जुलाई-सितंबर 1995, ई-11, सादतपुर, दिल्ली-110094
4. ऐसे तो नहीं कबीर, मोहन कृष्ण वोहरा, जनसत्ता, 8 अप्रैल, 2001, दिल्ली
5. कबीर और रामानंद : क्या बताती हैं किंवदंतियाँ, पुरुषोत्तम अग्रवाल,

वहुवचन, अप्रैल-मई-जून 2000, महात्मा गाँधी अन्तरराष्ट्रीय हिंदी विश्वविद्यालय, 16, दूसरी मंजिल, सीरी फोर्ट रोड, नई दिल्ली-110049, पृ. 174-186

6. कबीर और विपक्षी मुद्दे, राममूर्ति त्रिपाठी, अक्षरा, सितंबर से अक्टूबर, 2001, मध्य प्रदेश राष्ट्रभाषा प्रचार समिति, हिंदी भवन, भोपाल, पृ. 64-67
7. कबीर का पुनराविष्कार, प्रभात त्रिपाठी, मधुमती, दिसंबर 2000, राजस्थान साहित्य अकादमी, हिरण मगरी, सेक्टर-4, उदयपुर-313002
8. कबीर की वास्तविक शक्ति ये है कि उन्होंने राम के साथ अपना संबंध जोड़ा, पंडित विष्णुकांत शास्त्री, राष्ट्रभाषा संदेश, संत कबीर व्याख्यान विशेषांक, 15 मई, 2000, हिंदी साहित्य सम्मेलन प्रयाग, इलाहाबाद-211003
9. कबीर की संकीर्ण व्याख्या, वेदप्रकाश, हिंदुस्तान, नई दिल्ली, 26 अगस्त, 2001
10. कबीरदास के मूल स्वरूप पर पड़े आवरण, विष्णु कांत शास्त्री, समकालीन भारतीय साहित्य, मार्च-अप्रैल 2000, साहित्य अकादमी, रवीन्द्र भवन, 35 फिरोजशाह मार्ग, नई दिल्ली-110001, पृ. 5-17
11. कबीर पर कब्जे की लड़ाई, वीर भारत तलवार, पल प्रतिपल, आधार प्रकाशन प्राइवेट लिमिटेड, एच. सी. एफ., 267, सेक्टर-16, पंचकूला-134113, हरियाणा, अक्तूबर-दिसंबर, 1997, पृ. 44-57
12. कबीर : पुनर्विचार का समय, डॉ. राम स्वरूप चतुर्वेदी, आलेख, दिल्ली में आयोजित एक गोष्ठी में प्रस्तुत
13. कबीर : संत या/और भक्त, विष्णु कांत शास्त्री, समकालीन भारतीय साहित्य, मार्च-अप्रैल 2000, साहित्य अकादमी, रवीन्द्र भवन, 35 फिरोजशाह मार्ग, नई दिल्ली-110001
14. कबीर से मेरा नाता, पुरुषोत्तम अग्रवाल, आलोचना, सहस्राब्दी अंक एक, अप्रैल-जून 2000, राजकमल प्रकाशन प्राइवेट लिमिटेड, 1-बी, नेता जी सुभाष मार्ग, नई दिल्ली-110002, पृष्ठ 282-290
15. कुछ और किताबें : कबीर अकेला, समीक्षक श्री भगवान सिंह, समकालीन भारतीय साहित्य, मार्च-अप्रैल 2001, साहित्य अकादमी, रवीन्द्र भवन, 35 फिरोजशाह मार्ग, नई दिल्ली-110001, पृ. 188-190
16. 'जात ही पूछो साधु की...' अस्मितावादी अतिचार के सामने कबीर की कविता, पुरुषोत्तम अग्रवाल, बहुवचन-6, महात्मा गाँधी अंतरराष्ट्रीय हिंदी विश्वविद्यालय, 16, दूसरी मंजिल, सीरी फोर्ट रोड, नई दिल्ली-110049, पृ. 311-325
17. फासीवाद और लेखक, पुण्य प्रसून वाजपेयी, हंस, अगस्त 2001, अक्षर प्रकाशन प्रा. लि., 2/36, अंसारी रोड, दरियागंज, नई दिल्ली-110002
18. भारतीय चिंतन और कबीर, डॉ. वासुदेव सिंह, परिचय-2, अप्रैल 2001,

बड़ा महादेव कालोनी, पीर नगर, गाजीपुर-233001, पृ. 23-34
19. मेरी-तेरी उसकी बात, राजेन्द्र यादव, हंस, अगस्त, 2001, अक्षर प्रकाशन प्रा. लि., 2/36, अंसारी रोड, दरियागंज, नई दिल्ली-110002
20. 'यहाँ से कबीर को देखिए' बनाम 'कबीर को भगवा?', कुमार पंकज, अक्षरा, सितंबर से अक्टूबर 2001, मध्य प्रदेश राष्ट्रभाषा प्रचार समिति, हिंदी भवन, भोपाल

English

1. Naipaul Wins Nobel Prize, The Hindu, Edition Thiruvanthapuram, 12/10/2001
2. Hazariprasad Dvivedi's Kabir by Monika Boehm-Tettleback, International Seminar on 600th Birth Anniversary of Sant Kabir, Sahitya Akademi and Benaras Hindu University, 4-6 December 1999, Varanasi

IV वाद-निर्णय

हिंदी

1. गौतम कुन्दू बनाम पश्चिमी बंगाल राज्य और एक अन्य (1994) 3 उम. नि. प. 141

English

1. Mst. Lolo V. Mst, Durghatia : AIR 2001 Madhya Pradesh 188
2. Payal Sharma alias Kamla Sharma alias Payal Katara V. Superintendent Nari Niketan, Kalindri Vihar, Agra : AIR 2001 Allahabad 254

V. 'कबीर के आलोचक' और 'कबीर : नदी सदी में' पर लेख और प्रतिक्रियाएँ :

हिंदी

1. अकादमिक संस्थानों में बुद्धिजीवी, वीर भारत तलवार, समयांतर, जनवरी-फरवरी,

2001, 79 ए, दिलशाद गार्डन, दिल्ली-110095
2. अपने युग की जलती मशाल थे कबीर, शक्ति त्रिवेदी, कुबेर टाइम्स, नई दिल्ली, 1998
3. अपने-अपने कबीर, संपादकीय, जनसत्ता, दिल्ली संस्करण, 22 मई, 2001
4. आओ बनाएँ भगवान, ओमा शर्मा, जनसत्ता, 15 दिसम्बर, 2000, नई दिल्ली
5. आखेटधर्मी आलोचना का समर्थ प्रतिपक्ष 'कबीर के आलोचक', प्रो. भवदेव पांडेय, वर्तमान साहित्य, जनवरी 99, पृ. 59-62
6. आज की जरूरत, डॉ. योगेंद्र, हंस, अक्षर प्रकाशन प्रा. लि., 2/36, अंसारी रोड, दरियागंज, नई दिल्ली-110002, पृ. 9
7. 21वीं सदी के कबीर डॉ. धर्मवीर, श्यौराज सिंह बेचैन, राष्ट्रीय सहारा, नई दिल्ली, 5 नवम्बर, 1998
8. पुस्तक 'इक्कीसवीं सदी में अंबेडकरवाद' का अध्याय-8 'इक्कीसवीं सदी में अंबेडकरवादी सामाजिक क्रांति के अग्रदूत बुद्ध और कबीर', लेखक, रघुवीर सिंह, अतिश प्रकाशन, 9-बी, पाकेट एफ-1, जी-8 एरिया, हरिनगर, दिल्ली-110064, प्रथम संस्करण 2001
9. उत्तर-आधुनिकता को चुनौती देता कबीर-विमर्श, श्री भगवान सिंह, समकालीन भारतीय साहित्य, जनवरी-फरवरी, 2001, साहित्य अकादमी, रवीन्द्र भवन, 35, फिरोजशाह मार्ग, नई दिल्ली-110001, पृ. 152-155
10. उत्तर-आधुनिक समाज में साहित्य और उसका वास्तविक पाठक, देवेंद्र चौबे, हंस, अक्तूबर, 1998, पृ. 38-40
11. उनका कहना है, डॉ. नामवर सिंह, नवभारत टाइम्स, नई दिल्ली, दिनांक 16 अप्रैल, 1998
12. उन दोऊ ने राह गंवाई, अरुण कुमार त्रिपाठी, जनसत्ता, दिल्ली, 20 दिसम्बर, 1999
13. एक 'कुजात' कवि की प्रशंसा में..., राजेंद्र यादव, हंस, अप्रैल, 1998
14. ऐसे तो नहीं कबीर, मोहन कृष्ण वोहरा, जनसत्ता, 8 अप्रैल, 2001, दिल्ली
15. कब पूरा होगा समतामूलक समाज का सपना, डॉ. श्यौराज सिंह बेचैन, राष्ट्रीय सहारा, 2 सितम्बर, 1998
16. पुस्तक 'कबीर अकेला' का अध्याय-11 कबीर वाणी : समीक्षा के दायरे में, लेखक डॉ. रमेशचंद्र मिश्र, सन्त साहित्य संस्थान, 3611, नेताजी सुभाष मार्ग, दरियागंज, नई दिल्ली-110002, प्रथम संस्करण, अक्टूबर, 1999
17. कबीर और रामानंद : क्या बताती हैं किंवदंतियाँ, पुरुषोत्तम अग्रवाल, बहुवचन, अप्रैल-मई-जून, 2000, महात्मा गाँधी अंतरराष्ट्रीय हिंदी विश्वविद्यालय, 16, दूसरी मंजिल, सीरी फोर्ट रोड, नई दिल्ली-110049, पृ. 174-186

18. कबीर और विपक्षी मुद्दे, राममूर्ति त्रिपाठी, अक्षरा, सितंबर से अक्टूबर 2001, मध्य प्रदेश राष्ट्रभाषा प्रचार समिति, हिंदी भवन, भोपाल, पृ. 64-67
19. कबीर का दुख, डॉ. नामवर सिंह, जनसत्ता, नई दिल्ली, 27 जून, 1999
20. कबीर की बढ़त, अशोक वाजपेयी, जनसत्ता, दिल्ली, 19 अगस्त, 2001
21. कबीर की वास्तविक शक्ति ये है कि उन्होंने राम के साथ अपना संबंध जोड़ा, पंडित विष्णु कांत शास्त्री, राष्ट्रभाषा संदेश, संत कबीर व्याख्यान विशेषांक, 15 मई, 2000
22. कबीर की संकीर्ण व्याख्या, वेदप्रकाश, हिंदुस्तान, नई दिल्ली, 26 अगस्त, 2001
23. 'कबीर के आलोचक' पर गोष्ठी, युद्धरत आम आदमी, अक्टूबर-दिसंबर, 1998, पृ. 55-60
24. कबीर के आलोचकों पर दलितवादी दृष्टि, चंचल चौहान, हिंदुस्तान, नई दिल्ली, 26 अक्तूबर, 1997
25. कबीर के जीवन से संबंधित कुछ किंवदंतियाँ, नवीन पंत, योजना, फरवरी 2001, कमरा नंबर 538ए, योजना भवन, संसद मार्ग, नई दिल्ली-110001, पृ. 44-5
26. कबीर के विचार और चिंतन का एकाकी चित्रण, प्रेम प्रकाश भाटिया, योजना, कमरा नंबर 538ए, योजना भवन, संसद मार्ग, नई दिल्ली-110001, पृ. 46-48
27. कबीर को दलित राजनीति का औजार बनाने की कोशिश पर चिन्ता जताई, अजित राय, जनसत्ता, दिल्ली, 9 दिसम्बर, 1999
28. कबीर पर कब्जे की लड़ाई, वीर भारत तलवार, पल प्रतिपल, आधार प्रकाशन प्राइवेट लिमिटेड, एच. सी. एफ., 267, सेक्टर-16, पंचकूला-134113, हरियाणा, अक्तूबर-दिसम्बर, 1997, पृ. 44-57
29. कबीरदास के मूल स्वरूप पर पड़े आवरण, विष्णु कांत शास्त्री, समकालीन भारतीय साहित्य, मार्च-अप्रैल 2000, साहित्य अकादमी, रवीन्द्र भवन, 35 फिरोजशाह मार्ग, नई दिल्ली-110001, पृ. 5-17
30. कबीरवादियों पर शक की एक नजर, राज किशोर, राष्ट्रीय सहारा, हस्तक्षेप, शनिवार, 27 जून, 1998
31. कबीर से मेरा नाता, पुरुषोत्तम अग्रवाल, आलोचना सहस्राब्दी अंक एक, अप्रैल-जून 2000, राजकमल प्रकाशन प्राइवेट लिमिटेड, 1-बी, नेताजी सुभाष मार्ग, नई दिल्ली-110002, पृ. 282-290
32. कमी किस बात की है 'कबीर के आलोचक' में, श्यौराज सिंह बेचैन, समय सरोकार, अप्रैल, 1998, पृष्ठ 30-38

33. कमी किस बात की है 'कबीर के आलोचक' में, श्यौराज, सिंह बेचैन, समय सरोकार, मई, 1998, पृष्ठ 27-28
34. कवि कबीर की खोज, पुरुषोत्तम अग्रवाल, कथादेश, नवंबर, 1998, पृ. 53-58
35. कहै कबीर सुनो भई साधो... ..., पुरुषोत्तम अग्रवाल, राष्ट्रीय सहारा, 20 सितंबर, 1998
36. 'कुछ और किताबें : कबीर अकेला', समीक्षक श्री भगवान सिंह, समकालीन भारतीय साहित्य, मार्च-अप्रैल 2001, साहित्य अकादमी, रवीन्द्र भवन, 35 फिरोजशाह मार्ग, नई दिल्ली-110001, पृ. 188-190
37. 'जात ही पूछो साधु की...' अस्मितावादी अतिचार के सामने कबीर की कविता, पुरुषोत्तम अग्रवाल, बहुवचन-6, महात्मा गाँधी अंतरराष्ट्रीय हिंदी विश्वविद्यालय, 16, दूसरी मंजिल, सीरी फोर्ट रोड, नई दिल्ली-110049, पृ. 311-325
38. डॉ. हजारी प्रसाद द्विवेदी : सूर्य पर पूरा ग्रहण, संदर्भ प्रकाशन जगत, दिसंबर 1998 और जनवरी 1999, 21-ए, दरियागंज, नई दिल्ली-110002, पृ. 5 और पृ. 16
39. तर्क से अधिक पूर्वग्रह, अरविंद त्रिपाठी, जनसत्ता, नई दिल्ली, 10/10/1999
40. तू मेरी पीठ खुजा मैं तेरी, प्रमोद सिंह, दलित हितैषी, फरवरी, 1999, सी-1/98, जनता फ्लैट, रोहिणी, सेक्टर-5, नई दिल्ली-110085
41. दलित विमर्श और हिंदी आलोचना, डॉ. धर्मवीर, राष्ट्रीय सहारा, नई दिल्ली, 8 नवंबर, 1998
42. दलित विमर्श की किताब है 'कबीर के आलोचक', कार्यालय संवाददाता, हिंदुस्तान, नई दिल्ली, 6 अक्तूबर, 1998
43. दलित विमर्श की पुस्तक : 'कबीर के आलोचक', प्रस्तुति अंगद तिवारी, कल के लिए, दिसंबर 1998, अनुभूति प्लानिंग कालोनी, बहराइच, उत्तर प्रदेश-271801, पृ. 67-8
44. दलित साहित्य की अवधारणा, वीर भारत तलवार, इंडियन इंस्टीट्यूट आफ एडवांस स्टडी, राष्ट्रपति निवास, शिमला में पठित व बाद में पत्रिकाओं में प्रकाशित लेख
45. परिक्रमा : हिंदी साहित्य 1998 : औरों के बहाने, भारत भारद्वाज, हंस, फरवरी 1999, पृ. 97
46. पाठकीय प्रतिक्रियाएँ, डॉ. पुरुषोत्तम अग्रवाल, मधुमती, दिसंबर 2000, राजस्थान साहित्य अकादमी, उदयपुर
47. पुस्तक प्राप्ति : कबीर : नई सदी में, हिंदुस्तान, नई दिल्ली, 13/5/2001

48. बहस, डॉ. धर्मवीर और कँवल भारती, हस्तक्षेप, राष्ट्रीय सहारा, नई दिल्ली, 18 जुलाई, 1998
49. बात बोलेगी, लीलाधर मंडलोई, वर्तमान साहित्य, जनवरी 1999, पृ. 51
50. भारतीय चिंतन और कबीर, डॉ. वासुदेव सिंह, परिचय-2, अप्रैल 2001, बड़ा महादेव कालोनी, पीर नगर, गाजीपुर-233001, पृ. 23-34
51. मीडिया में दलितों की भागीदारी का सवाल, श्यौराज सिंह बेचैन, राष्ट्रीय सहारा, नई दिल्ली, 8 अक्तूबर, 1998
52. राजनीति का सबसे ज्यादा बुरा प्रभाव हिंदी आलोचना पर पड़ा, नगेंद्र, जनसत्ता, मुंबई, 11.06.1999
53. वर्ष के दलित साहित्य से गुजरते हुए, डॉ. श्यौराज सिंह बेचैन, राष्ट्रीय सहारा, मेरठ संस्करण, 16 जनवरी, 2000
54. वस्तुनिष्ठता कितनी दुःसाध्य है..., संपादकीय, पहल, अंक 64-65, मार्क्सवादी आलोचना विशेषांक, 2000
55. शब्द-संसार, कबीर के आलोचक, इब्बार रब्बी, नवभारत टाइम्स, 3 दिसंबर 2000, नई दिल्ली
56. शब्द-संसार, कबीर : नई सदी में, इब्बार रब्बी, नव भारत टाइम्स, 8 अप्रैल, 2001, नई दिल्ली
57. समकालीन सृजन-संदर्भ, भारत भारद्वाज, हंस, मई 2001, अक्षर प्रकाशन प्रा. लि., 2/36, अंसारी रोड, दरिया गंज, नई दिल्ली-110002
58. संतो, पांडे निपुन कसाई : वैदिक-पौराणिक वैचारिक सांचे की व्यर्थता पर एक टिप्पणी, मुरली मनोहर प्रसाद सिंह, हंस, अप्रैल, 1998, पृ. 88-90
59. सत्ता-समीकरणों के सांस्कृतिक रक्षा-कवच, राजेंद्र यादव, हंस, फरवरी 1999, पृ. 4
60. साहित्य का द्विजत्व, राज बहादुर, हंस, जुलाई, 2001, नई दिल्ली, पृ. 9
61. सिमटता संसार, देवेंद्र चौबे, आजकल, जनवरी, 1998, पृ. 13
62. हिंदू और मुसलमानों में टकराव नहीं चाहते थे कबीर, राष्ट्रीय सहारा, नई दिल्ली, 21 अगस्त, 1998
62. हंस की परिक्रमा या मंदिर की, श्यौराज सिंह बेचैन, हंस, अप्रैल 2001, पृ. 52-3
64. हिंदी समाज : दूसरी परंपरा का प्रश्न, डॉ. पुरुषोत्तम अग्रवाल, जनसत्ता, दिल्ली, 10 सितम्बर, 2001

English

65. Complete eclipse of the sun : Dwivedi's Kabir, Dharam Veer, Translated by Priyadarshan, Hindi : Language, Discourse, Writing, Mahatma Gandhi International Hindi University, 16, Second Floor, Siri Fort Road, New Delhi-110 049, pp. 188-207
66. Hazariprasad Dvivedi's Kabir by Monika Boehm-Tettleback, Paper presented at the International Seminar on 600th Birth Anniversary of Sant Kabir, Sahitya Akademi and Benares Hindu University, 4-6 December 1999, Varanasi.
67. Kabir Ke Alochak : Deconstructing, reconstructing Kabir, Sudhish Pachauri, Hindi : Language, Discourse, Writing, Mahatma Gandhi International University, 16, Second Floor, Siri Fort Road, New Delhi-110049, pp. 208-217.
68. Whose Kabir ?, Monika Horstmann, Hindi : Language, Discourse, Writing, Mahatma Gandhi International Hindi University, 16, Second Floor, Siri Fort Road, New Delhi-110049, pp. 177-187.

●●●